中公文庫

回　顧　録（上）

牧野伸顕

中央公論新社

上巻　目次

下巻内容

回顧録

上巻

一　幼年時代

文久元年―明治四年　1861―1871

文久元年（一八六一）　伊太利王国建設。和宮御降嫁。露帝農奴解放を布告。米国南北戦争始まる。

文久三年（一八六三）　リンカーン奴隷廃止令を布告。薩英戦争。

明治元年（一八六八）　明治維新。官軍江戸城接収（四月）。天皇御即位（八月）。

明治二年（一八六九）　版籍奉還聴許。太平洋鉄道及びスエズ運河完成す。

明治四年（一八七一）　廃藩置県。普仏戦争終る。巴里コミュウン。


幼い時のことといってほとんど何も覚えていない。確かな記憶が残っているのは七、八歳の頃からだろうか。その頃はまだ藩のあった時分で、まだ学校というものはなく、その代りに鹿児島の城下には十五、六の郷中《ごうじゅう》があった。

郷中とは藩の子弟の教育を目的とする一種の少年団のような組織で、私は住居が新照院だったので新照院郷中に属していた。郷中では四書五経の素読、これは大学から始まったが、その他に剣術や手習を教えた。剣術は真影流で、これは大分やらされた。遊びとしては大名歌留多《かるた》が盛んに行われ、種々の名目で遠足に行くことも多く、「木刀切り」と称して、木刀にする木を切りに山に入って行ったり、また藩公（島津家）の先祖の墓が伊集院にあるので、ここにお参りする「伊集院参り」も遠足の名目の一つだった。その他に「胆だめし」と称して、城山の上に墓地があったが、そこに夜一人で行かされる。途中で悪戯《いたずら》者《もの》におどかされたりして、なかなか恐かった。それからたしか「詮議」と言って、一種の口頭試験が時々行われたが、これは例えば、道を歩いている時に長屋から唾を吐いた者があって、それが自分に掛かった、その場合にどうするかとか、或いは、誰かに道で会って侮辱された、その場合どうするか、とかというようなことを問われるので、我々に常識を持たせ、臨機応変の措置を取ることを教えるという意味で行われ、特に士族の威儀を仕込む意味もあったと思う。

十歳位の時から城外の聖堂、これはどこの藩にもあったが、その聖堂に読書を学びに行くことになり、これには各郷中が隊を組んで行く。新照院から聖堂までと言えば、鹿児島の城下の端から端まで歩くことになるので、途中でよその郷中を二つか三つ通らなければならない。時にはよそのものと衝突が起ることがあり、私たちの郷中は二十人位だったが、隣の平《ひら》という郷中は遥かに優勢で、ここを通る時には相当な覚悟が必要だった。或る時そのような衝突が起って、私は溝に落ち込んだのを覚えている。

郷中の少年は八、九歳より十五歳までで、その後は「ニセ」と称して課業には加わらず、先輩として相談事などに加わり、一方聖堂に通学するものもあり、他郷中の同輩と交わり協学するものあり、専ら人格養成に努め、藩の仕途に就くものもあった。士族は多くは微禄にして書記の如き下役を拝命し、四石の扶持《ふち》にありつき、家政の補助を営みたるものも少くなかった。当時は四石取りの二、三男は一種の階級を為し、維新後大臣大将の栄職に登ったものにしてここに門出したものも多数あった。

私は文久元年に生れたのだが、それから一週間ばかりして父大久保利通が御小納戸という役に任官の披露会を催した。これは父やその同志たちの中では最初の高い役目への任官で、それを祝うために大勢の同志が父の宅に集まった。私は生れたばかりでまだ名が付いていなかった。それでその時高崎正風（後の御歌所所長）という人の提言で、今度の出世で同志の志が伸びたという意味で私には伸熊という名を付けることになった。それが私の名前の由来で、私の兄は彦熊といい、熊という字は鹿児島の名前に沢山ある。

その頃は幕府の勢力がまだ盛んであって、討幕ということはまだ考えられず、公武合体で行こうというのが責任者等の意見で、それがしかしようやく王政復古まで進出しようという時期だった。

ここで当時藩内の情勢に付き一言加えておきたい。文久年間の年数は僅かであったが、近世史における政治的な渦巻に顕著な波動を起し、薩藩内にもその一端が現れた。従来藩政の首脳は門閥出の保守派に固められ、現状維持に執着し、内外思潮の蔓延にはなるべく掛り合わざる態度に始終した。然るに藩内の壮年層には身分は大概低かったが人材輩出し、これらは西郷を筆頭として広く四方の同志と交わり、見識も高まり、偸安を許さざる時勢なるを痛感し、薩藩はこれと考えを同じゅうする諸藩と共に進んで幕府を改革し、朝廷の藩屏《はんぺい》となりて叡慮を安んじ奉るべしと固く決心したが、君側の因循《いんじゅん》姑息《こそく》到底頼むべからざるを覚悟して同盟の有志四十七名は脱藩して京地に馳せ参じ、事を挙げんとその手筈に焦心中、事発覚し、藩主はその忠誠を諒として軽挙を戒め、時至れば自分親《みずか》ら兵を率いて出仕すべし、有志諸氏にも期待する所ありしばらく隠忍して待つべし、と情ある諭告文を精忠組宛てに下付せられ、ここにおいて志士等も上意に服した。この一事あって始めて藩主と有志等の間に事情の疎通するものあって、この輩の代表人物の登用となり、藩政に参与する道も開かれたのであったが、大久保の御小納戸拝命はこの時の人事で、大いに意義ある出来事として一同の慶事と悦ばれたのだった。

私が生れたのは加治屋町で、その翌年に新照院に移った。加治屋町はごく狭い区域で、西郷、大久保、東郷などという人傑が生れた所で、その中でも西郷、大久保、それから早死した長沼嘉兵衛が最も親しかった。私の祖父は大久保次郎右衛門という人で、これは客好きで自分の家に若い者を集めるのを好み、また幾らか裕福だったと見えて、夜そういう若い人たちを呼んで来ては、鶏汁などを振舞ったそうである。西郷の家は近所だったので、父の家に来ることが最も多かったが、大山さん（巌）もよく往来で私の祖父に会って、「今夜来ないか、鶏を食わせてやる」というような招待を受けたと話しておられた。しかしこの大久保次郎右衛門は、後にいわゆる秩父騒動に加わったので遠島になった。

私が生れてから間もなく、文久二年に島津久光が上京し、朝廷に幕府の改革を建議して勅許を得、大原三位が勅使となり、久光は兵を率いて随行して江戸に下向したが、この時久光の側近者の一人として大久保も、ともに江戸に下った。この出来事は島津家にとって大事件であって、まだ遠島中だった西郷の宥免を得ようとして奔走していた大久保はこれを好機とし、この際に内外に衆望を得ていた西郷の赦免を願い出た。これは幸いに効を奏して、久光の一行が鹿児島を立つ前に西郷が帰って来た。それで大久保が西郷に久光下向の経緯を話して、西郷も一緒に来ることを勧めると、西郷は先君斉彬公逝去のためにひどく落胆していて、大久保に、斉彬公は長く江戸に滞在し、当時の優れた大名たちとも親しく交際していたのだが、久光のごとき田舎ごろが今更江戸に行って何が出来るか、と放言したりなどして、とにかく覚え宜しくなかったが、色々取り計らいもあって、結局西郷は先発して下関で久光の一行を待つことになった。

ところがその一行が下関に着いて見ると西郷はおらず、久光は非常に立腹した。そして西郷が行方不明のまま一行は兵庫まで行ったが、西郷はここにもいなかった。これについて、西郷は既にその名が各藩に知れ渡っており、途中で久光の一行を待ち合せるべき内命にも拘らず、何か他藩のものと勝手に行動していると久光に曲言するものがあって、非常にその感情を害した。大久保はまだ任官後日も浅く、他の側近者ほど久光との馴染みもなく、西郷の挙動も不明で、久光に対して自由に弁護することも出来ず、事態は甚だ窮迫し、切腹も命じ兼ねまじき光景に直面して、兵庫に着いてから八方手を尽して西郷を探した。その結果西郷が京都にいることが解ったので、大久保は京都に行って見ると、西郷は薩摩藩の留守居役本多弥右衛門というものと宇治に遊びに行って留守だった。大久保は宇治に行って西郷に会い、西郷が陰謀を企てているということを聞いて非常に驚いていることを話した結果、西郷は単にその時の情勢が極度に切迫しているのを知って、実際どうなっているのかを探りに、久光より一足先に京都に来たのだということが解った。

大久保は久光の許に戻って、西郷のために陳弁したが、久光は西郷に会おうとせず、全く西郷に切腹を命じそうな見幕で、その時久光の側近にあって久光の気に入りだった中山尚之助という者も、久光と西郷との意志の疎通を計ろうとせず、極めて冷淡だった。大久保が絶望の余り、西郷と二人で兵庫の浜辺を逍遥して、西郷にともに刺し違えて死ぬことを提言したのはこの時のことである。しかし西郷は、自分はともかくとして、この際大久保が後のために残らねばならぬことを説いて承知せず、結局西郷は罪を得て鹿児島まで護送され、再び遠島ということになった。

大原三位の江戸下向の顚末は既に歴史に載っていることで、ここで細かく言う必要はない。例の生麦事件は久光が江戸から帰って来る途中の出来事で、その時松方さん（正義）

が久光の駕籠《かご》脇にいたが、前方が騒々しくなり頻りに砂埃が立つので何事かと思っていると、騎馬の英人数名が久光の行列を遮《さえぎ》ったので、衛士が彼らを斬ったことが解った。その時久光が駕籠の窓を開けて、何が起ったのか聞いた。松方さんがその旨を返事すると、久光は、「そうか」と言ってまた駕籠の窓を締めた。一行は英人が復讐しに来ることを気遣って、直ちに東海道に入り、その晩は保土ヶ谷に宿泊して警戒したが、何事もなかった。横浜には当時英兵が駐屯していた。

その結果が英国の軍艦による鹿児島の砲撃となったのであるが、勿論私は何も覚えていない。その頃ちょうど新照院の私たちの新宅が落成したので、私も負ぶわれて避難の意味を兼ねて加治屋町から移った。この戦いは激戦であって、英国側も相当な損害を蒙った。こちらの弾が英国の軍艦の汽罐に旨く当り、艦長が戦死したりして、後から見て言えば、勝負は五分五分だったというのが正しいのではないかと思う。この戦いで桜島に近接した目立たぬ小島に砲台が築いてあることに敵は気付かずにいた。そして海岸近くに碇泊していた一艘の軍艦は、錨を棄てて逃げなければならなかった。勿論この時それだけの成果を収めることが出来たのは、島津斉彬公の賢明な防備施設に負う所が多い。しかし当時こちら側も相手についていかに無智だったかということは、東郷、大山、それから西郷の弟というような、二十歳前後の有為な一群の青年が蜜柑売りに化けて向うの軍艦に乗り込み、敵を斬り倒すことを目的とする抜刀隊を組織したということでも解る。その場で潔く働けばいいという考えだったのだろうか。敵艦隊は七艘から成り、そのような方法で戦争の大勢を制し得ただろうか。私はこの企てがあったことを非常に興味深いことに思っている。この時日本では初めてあの円い鉄の弾ではない、先が尖《とが》っている瓶形をした爆烈弾を知った次第である。

明治維新の時のことは、別にこれと言って私の記憶に残っていない。皆官軍となって戦争に出て行ったので、その負傷者が沢山鹿児島に帰って来た。そしてこれは土佐、佐賀、長州などでも同じことだったが、これらの軍人の多くは、戦争では手柄を立てても、鎮定の後平和の機構運用の時期に入っては、皆が役人として有能な訳ではなく、従って取り立てられず、結局その大部分は所を得なかった。当時旧来の弊風を一掃するという意味で遷都論が起り、初めは大阪その他の近畿地方、それから東京に遷都ということになった。従って役人になったものは皆東京に行き、出世しない不平党ばかりが鹿児島に残った。その頃中井弘蔵という人がいて、これは格別に働きはなかったが、世才のある人で交際が広く、維新の元勲らの知遇を得て工部省の役人になったが、あの中井が役人になる位なら、という訳で同郷人の間ではすこぶる不評判だった。それで中井は職を辞して国に帰り、頻りに桐野利秋らに馳走したりしてその感情を柔げることを謀り、評判を取り直した後再び東京に来てまた役人になった。

いつの世でも同じことで、論功行賞は困難な問題であり、多数の兵員に至っては微々たるものだった。上の方のものには賞典禄を賜わったが、これは皆一応は辞退し、大久保は結局授かった千八百石を駒場の農学校に寄付した。もっとも戦功があった普通の士族が必ずしも事務には適せず、終戦後は多くは帰省して無事に苦しんだ一方、前記中井のごとき参戦もせず、交際に長《た》けたものが月給取りになり、帝都生活に安んじたりするのは不都合だという不平はこの一例に限らず、参戦諸藩の士族には相当多かった現象だったと思う。

維新後数年間に各地に現れた騒乱の原因も、不遇な士族の動きに発したものが少くなかったようである。ただし士族の対策については政府も大いに意を用い、猪苗代開墾や北海道開拓がその結果として立案実行され、広く各地に士族の授産場が設置され、仕事を与えることに努力が注がれた。また薩長の藩閥ということがよく言われたが、天下を私しないという考えと、広く人材を求めるという建前から、どの藩にはどういう人物がいる、これを使って見ないかというような人事に関する相談が、当時の要路者の手紙を見ると非常に多い。幕府側のものでも有能なものは盛んに登用された。勝、榎本、大久保（一翁）、大鳥、山岡など、枚挙に遑《いとま》がない位である。しかし人事については政府部内にもとかくの議論があったようで、木戸さんでもその頃の採用振りには不満を抱いておられた。

私が初めて上京したのは明治四年の春で、その前年の暮に政府を強化する目的で久光を上京させるために、岩倉公が勅使として鹿児島に来られ、私の父も随行して来たので、私も父とともに上京することになった。当時大西郷も鹿児島にいて、猟をしたり、温泉に行ったりして、気楽に日々を過していたが、これもその時の一行に加わって東京に向った。これはすべて廃藩置県を断行する下準備だったと思う。

これは西園寺公の直話であるが、公などは新政府の成立と同時に廃藩置県が行われるものと考えておられた。こういう気分は少数の達観した人々の間には動いていたかとも思われる。公がその頃から既にいかに進歩的な思想を持っておられたかを示すものとして、或る時兄の徳大寺卿から、お前の考えでは各藩の人物を登用して、人物さえ優れていれば陪々臣のものでも大納言にでも何にでもしようというのか、と問われて、勿論そうですと答えたと話されたこともある。維新当時の公卿の中では、三条さんが気魄があるということで、勤王派によって頭目に推され、大臣家の出でもあり、復古の初期には常に運動の首位に置かれた。しかしいよいよ慶応三年十二月討幕の朝議を決し、新政府の樹立を画するに臨んでは、条公は不在でもあったが、公卿としての推進力たる資格を最も備えていたのは岩倉公だった。

今少し当時の世相を顧みれば、王政復古は国内における新時代の思潮によって最も高く叫ばれた呼び声だった。そしてその実行については、雲上側近の上層部には徳川幕府の勢力が扶植されていて、堂上一団の力では到底達成が不可能だった。また他方勤王諸藩に至っては、国内全般の信用が絶対的なものではなく、ここにおいて公卿の有為な分子と前記諸藩とが結託協力して全般の結合を計ることとなった。この場合に三条、岩倉のような卓越した公卿は最も力強い協力者となるが故に、維新前後においてこの両卿の存在がなかったならば、その遂行上多大の困難が生じたことが想像されるのであり、また当時両卿への信頼がいかに厚かったかも了解出来る。大久保はこの事情に直面して早くから既に両卿の後継者を養成する必要を感じ、岩倉公に宛てた手紙で、閣下方の跡継ぎを予備することは今日の急務であり、ついては今後は見聞を広くするために外国の知識を実地に習得させる目的の下に、速かに卿の両子（岩倉具定兄弟）、西園寺、柳原（前光）等を留学させて然るべき旨を切言した。これは実現されて、この人々はいずれも後に枢要の位置に就いた。

話は後に戻るが、この時上京の途中で大西郷と大久保は三田尻で上陸して長州の木戸等と会見し、大久保は板垣等に会うために更に土佐に行き、その後に出京したのだと思う。明治四年各藩の代表者の間にこのように頻繁な交渉があり、後にこれらの人々が東京で出会ったのは創業時代でもあり、各種の重要問題についての相談もあったのだろうが、廃藩置県がその首位を占めていたことは疑いの余地がない。

伊瀬地と言って、後に師団長になった鹿児島県人の話によると、自分は明治四年に編制された御親兵の部隊長として出京したが、これは何か事が起るかも知れないので皇居守護に備えるためだという噂があったことを記憶している、その頃のことを思い合せるに、それは廃藩置県の準備の一端だったと信じているということだった。

廃藩置県、版籍奉還の熟語は普通の用語であるが、その重要性については一般に認識されているかどうか疑問である。今や財産税、財閥解散その他、農地法、供出米問題などについての曲折尽きざる有様、また他方終戦後に現れたるがごとき、軍部の蓄積したる糧食、器具等の横領事件等、数々の不祥な出来事が現出しつつある今日の国情を見る時は、彼の挙は背私向公、超利害的なる点において最も尊ぶべき維新新政の英断にして、海外は勿論日本の歴史上にもその類例を見ざるほどの偉業なりしを今更思い、驚嘆する次第である。二百五十余の藩主が例外なく、進んで数百年来所領の土地、政権を朝廷に奉還したるがごとき公義心の徹底せる行為は、人事として最高度の美挙として特筆すべきものと思う。慶長頃の戦争時代の不安は遠ざかり、各藩は長い間平和の安佚に慣れ、福禄の享楽を満喫しつつある時代に、上下ともにその先祖伝来の住地食禄を放棄したることは、精神的な圧力の刺激に基因せるに外ならず、則ち新日本建設のために王政復古の統一政治を強行する意欲は強烈を極め、それがためにすべて私事を擲《なげう》ったのである。

歴史上の筋書としては簡単に記述することが出来るが、当時政治上の実際問題としてこれを平穏裡に実行するに当っての、その取り扱い方についての周到な苦心は察するに余りあり、まずその絶対に必要であることを、当時の実状に徴して主なる方面に納得させることがなされねばならず、しかも政府の基礎は未だ固定せず、その信用も従って一般に厚くなく、早まって軽挙提議すれば取り返し難い蹉跌《さてつ》を見ることもあるべく、当時人心がまだ落ち付かない状勢に鑑み、慎重な注意を必要としたのだった。従って政府の首脳は機の熟するのを待望し、両三年後時到れりと見て断行の段取りとなったのである。

これに先立ち、その当時木戸の屋敷が九段にあって、ここまで大西郷、大久保が出向き、木戸の所には井上馨が控えていて書記役を勤め、大西郷、大久保には大山巌、西郷従道が随行してこれは別室に待っていた。この会合で最後の議が纏まり、発表の手続きも確定し、急速に太政官で正式の廟議を開くことまで話し合わされたということである。これは私が大山さんから直接に聞いた話である。そして発表後格別の出来事もなく経過したのは、全くそれまでの手続きが行き届いていたためだった。

さきに西園寺公の追懐談を引用したが、これは公に限ったことではなく、廃藩置県は復古の精神、またその根本義からすれば当然の帰結ともいうべきであり、現にこの議を建議したものもあったと聞いている。しかし政府はこれを抑えて、濫りにこの問題に触れないように警戒していた。

これは山県公の昔話であるが、自分たちは政府がいつまでもこの問題を取り上げようとせず、等閑に附し置くのを慨嘆し、同志と話し合って自分がまず以て大西郷を説くことに決し、尋ねて行って大いに意気込んで縷々《るる》進言すると、翁は鄭重に聞いておられるので、さてその応答如何と気遣っていたところが、極めてあっさりと、それは宜しいでしょう、やろうじゃありませんかと一言いわれた。自分は呆気に取られたが、また非常に安心を覚えた、ということである。これによっても首脳側においては既に議が熟して居ったことが解る。

更にこの頃の事情を物語るものとして一、二の挿話がある。前記九段の会合の後、大西郷は自宅に帰らず、弟従道方に寄宿した。それは藩主より太政官の会議に上さるべき議題について質問あるを恐れ、わざと留守したのだということである。これも大山さんの直話である。

また春嶽公の「昨夢記事」に、或る時久光公来訪し時事談の折、廃藩置県について不平を洩らされ、兼ねて西郷、大久保に軽挙を謹むべき旨申置きたるに無断専行に出でたと言われたそうである。あれほどの大事件なれば裏面に種々の出来事伏在したりと思わるにつけても、当局の苦心が察せられるのである。

別な方面の思い出があるが、自分がウィーン駐在中、或る日同地在勤の独逸《ドイツ》大使を訪問したるにその書斎にて引見した。大使は卓上の一冊の本を示し、これは自分の伯父が公使として日本に在勤中のことを書いたものであるが、その中に廃藩置県ということがある。自分には到底会得出来ぬ不思議なことだと思う、と言って、説明を求められたので、概要を述べたところが、そうだったのか、と驚いて、それは他の国では出来ないことだと嘆賞したのが時々念頭に浮ぶ追懐であるが、先に内外に類例のないことと言った例証にもなると思う。かく長々と廃藩置県について述べたのは、今の人に維新当時の先輩がいかに国事に献身的に奉仕したかを知るための参考にして貰いたいからである。

その頃の私が子供心に大西郷や大久保から受けた印象を言えば、この人たちは普通の人たちよりも一桁《ひとけた》上の人間であるという感じがした。私が偉いと思った周囲の人たちでさえこの両人を特別扱いするのを見たためもあろうか、とにかく押し付けられる気分がした。体も大きかった。そして西郷は身なりを構わない人で、御承知のような薩摩飛白《さつまがすり》の筒袖を着て平気だったが、それでも船宿などに行く時には気になったと見えて、私の父の衣服に着換えた。大久保は背が高く、西郷は太っていたので間に合ったのであろう。

私が東京に出たのはちょうど大山さんが欧州から帰って来られた後で、万事西洋風にしておられ、欧州で始められた語学を継続の意味で、築地の島原の角にあったモノオというフランス人の家に寄宿しておられた。大山さんはまだ独身だった。語学もあまり達者な方ではなかったが、父が大山さんに、私たちもいずれは外国に遣《や》らなければならないが、というような話をしたらしく、私と兄の二人は語学修得のために、そのモノオという人の家に五、六カ月の間大山さんと一緒に住まわされた。私が外国人を見たのはその時が初めてで、私が最初に習った外国語はそのようなわけでフランス語だった。その頃築地にホテル・メトロポールという旅館があって、そこに住んでいるスイス人に私たちは大山さんと夕食に呼ばれて行ったことがあった。これが私が正式の洋食をたべた最初である。その時ホテルに覗《のぞ》き眼鏡があって、普仏戦争の写真を見た。これは当時の私にとって実に珍しいものに思われた。

その頃欧米に使節を派遣することが既に議されていて、私たちの本宅からは使が寄越されて私よりも二つ上の兄が呼ばれて行くことが度々あった。これが兄も洋行の準備であることが解ったので、私も兄と一緒に西洋に行きたくてたまらず、家に寄った時にそのことを言うと、周囲のものが煽てるのでますます行きたくなった。とうとう父にねだって、ようやく兄と一緒に行くことを許された。

二　アメリカ行き　明治四年―明治七年　1871―1874

――岩倉使節一行の欧米視察――

明治五年（一八七二）　郵便創設。学制頒布。国立銀行創設。新橋横浜間鉄道開通。太陽暦採用。徴兵令制定。

明治六年（一八七三）　ウィーン国際大博覧会開催。征韓論に破れ、西郷隆盛ら辞職す。

明治七年（一八七四）　副島種臣ら民選議院設立を建白。佐賀の乱起る。大久保利通清国に差遣。


この欧米への使節派遣は、廃藩置県とともに、明治以後の我が国の基礎を作った最も重要な出来事として挙げられなければならない。殊に使節の首脳は政府の中心たる人々だったから、国内政治に経験にも富み、英米等先進諸国の国力の優越を来したる由来を認識する明達の為政家揃いにて、自ら将来日本を啓発指導するに相当の抱負を持ち、帰国後はこれを実行に移す資格もあり、また現に諸般施設の上に履行したのであって、普通有りがちの視察などとは全く性質を異にした、他に類例をあまり見ない事件だったのである。

使節派遣の表向きの理由は、一番困難な仕事だった廃藩置県が無事に行われたので、新政府が出来たことを世界の各国に披露し、修交を新たにするというのであって、それと合せて欧米各国における産業その他制度文物の事情を視察するということにあったが、この方がむしろ使節派遣の主な眼目だった。仕事が大変なだけに人選が極めて厳重で、大分長引いたが、結局明治四年の暮に、岩倉、木戸、大久保、伊藤、山口の五名（岩倉公が正使、その他は副使）が使節として派遣されることになった。

大久保は当時大蔵卿で、その時分の大蔵省は今日の大蔵省、内務省、農林省、商工省、逓信省等の仕事を兼ね、ほとんど政府の半分で、その大久保が使節になって行っては後が困ると言うので井上馨らが相当反対したが、使命が重大であるのに鑑み、大久保も行くことになった。その他随行員としては今日で言えば次官、局長級の地位にあるもの、陸海軍の有力な分子等五、六十人、及び諸藩の藩主（鍋島、毛利、前田等）、これにも随行員が付いて、例えば金子堅太郎はこの時福岡藩主の黒田に従って行ったが、そういう顔触れで政府の首脳部はほとんど総出となったので、出掛けて行くものと残るものとの間に約束が出来、留守中には何ら大事な取り決めを行わないということにし、政府に残る人々と使節との間に覚書が作成されてこれに双方が調印した。

この時のことについて特筆すべきは、初めて女の留学生が一緒に加わって派遣されたことで、これは黒田開拓使長官（清隆）の建議に基くものだった。その趣旨は、これからは女子も社会的に相当な役割を演じることになり、外国人との交際というようなこともあることだろうから、この際に女も留学させるべきだというのであって、この時米国に派遣された女子留学生の費用は開拓使が出した。このことがあったのは黒田さんにしては珍しいことで、その人物はむしろ頑固な方であり、明治の初期には重きを為した人で、巌公が古《いにし》え忠義の臣と言いたるは黒田のごとき人を指したのであろうと評されたこともあった。ただ、大変な酒好きで、飲み過ぎで晩年はあまり振わなかった。私は黒田内閣の時余儀なくその秘書官を勤むることになったので、この間のことで記憶に残っているのは、黒田さんが函館戦争後榎本武揚の助命に尽力された関係で、榎本さんがよく黒田さんの所に酒の相手に来られたが、その態度は黒田さんに対していつも極めて慇懃《いんぎん》だったということである。また黒田さんは開拓使の雇いとして北海道に大勢の米国人を招き、その中には相当優秀な人もいて、女子留学生の建議も最初はその人たちから出たことではないかと思う。もっとも黒田さん自身も維新後、暫時渡米した経験があった（黒田さんのことはなお他に追加することもあろう）。

そのようにしてとにかく人選が決り、我々は勢揃いをしていよいよ出発することになった。その時分のことなので、服装も区々《まちまち》で、私などは、今でも覚えているが、赤い地の碁《ご》盤縞《ばんじま》のフランネルのシャツを着て、着物も子供服というようなものはまだなくて大人の服をそのまま小さくしたものを作り、その恰好で紐育《ニューヨーク》まで行った。ちょうど京浜間の鉄道工事が着手された頃で、軌道だけ横浜から品川の台場の傍まで出来ていたが、米国に着いて初めて汽車に乗るのでは体面に係わるというので、皆品川の浜辺まで行き、プラットフォムの設けなどないので露天で汀より汽車に乗って横浜まで行った。横浜では米国の領事が岩倉大使一行を送別して、その席上で岩倉公は日本人として初めての卓上演説をやった。それは答辞の形でなさったのだ。一行は六、七十人の人数で、勿論誰も海外の経験なく、その世話を一緒に来た米国公使のデロング夫妻が実によくしてくれた。一行の女たちは振袖だった。

我々が乗ったのは太平洋汽船会社の船で、その時は大変大きな船だと思ったが、実際は三千噸《トン》なかったかも知れない。外輪式でアメリカ号と言った。これは余談だが、明治神宮外苑の絵画館に、岩倉大使一行が横浜を出る時の光景を画いた絵がある。その絵を画く時に作者の山口蓬春が、使節の一行が波止場からアメリカ号までランチで行ったか、艀《はしけ》で行ったか、その人々の中で存命者は私一人というので、私の所へ聞きに来たことがあった。私も覚えていなかったので外務省に調べて貰ったところが、大使一行の日記にランチで行くと書いてあるのが見付かったので、蓬春にそれを知らせてやったら大変喜んだ。蓬春が画いた絵には一艘のランチの後から艀が二、三艘付いて行き、蓬春の話ではその艀に子供が二人画いてあって、それが私たち兄弟なのだということなのだが、私もその絵を見たがよく解らなかった。同絵画館は明治御代の歴史的に顕著の事件が画題となっているのであり、その画題に選ばれていることから察しても、岩倉大使の派遣がいかに重要視されたかが解るのである。

他に使節とともに米国に行った年少者の中には旧幕人の川村昇平という人の息子、私より四つか五つ年上の山県伊三郎（山県公の養子）、それから元岩国藩主の叔父で、後年男爵議員として貴族院の研究会を牛耳っていた吉川、これがその時十三歳、一番年下が津田梅子で九歳、その次が私で、その時十一歳だった。船の上では食卓での作法とか、着物の着方とか、西洋流のそういう行儀を毎日習わされた。皆そういうことには頓着しない連中ばかりで、もっとも真面目にやってはいたが、その中に安場保和という立派な経歴ある人物で、後に愛知県、福岡県の知事、元老院議員等を歴任した人がいて、それが、自分はそんなことを習うために洋行を思い立ったのではないと言って、アメリカに着くとすぐ帰ってしまった。もっとも我々の中にも旧幕時代に渡欧した福地源一郎とか、安藤太郎など居ったが、これもしかし西洋に関する知識はいい加減なものだった。

岩倉公は普段は羽織、袴で、公の場合は衣冠束帯を着けておられた。それだからホテルから正式の訪問に出掛けられる時などは、ホテルの周囲は見物だかりで大変な人出であった。まるで見世物か何かのようで、それにまた万事開国主義で行こうという折でもあり、これではいけないからというので、使節が米国へ滞在中に大礼服を制定する議が起り、本国に掛け合って、これは使節が米国にいる内に間に合わすことは出来なかったが、欧州に行ってからは皆大礼服だった。今用いられているのは大体その時に制定されたものである。

サンフランシスコに着くと市長の主催で大歓迎会が開かれたが、私たちはまだ子供なので、そのために用意された大きな食堂の設備を見せて貰っただけだった。この宴会の席上で伊藤さんが初めて食卓演説をされた。英語で答辞を述べられたのだが、伊藤さんは英語はあまり達者な方ではなかったが内容は含蓄があった。我々は太平洋を越えて貴国に修交の大使命を奉じて来たのであるとの意味もあったと思う。

我々はここで初めてホテルに泊った。サンフランシスコは当時まだ新しい土地だったが、それでも我々の眼には大きな建物ばかりで、それだけでも米国がいかに物質的に富んでいるかが感じられた。ここにいる僅かの間でも、使節の人々がその任務の遂行に抱いていた熱意の程が知られる一挿話がある。それは使節の一行がサンフランシスコに着いてから間もなく、鹿児島県の岩山敬義という人が、数年前よりカリフォルニアで牧畜の研究をしていることが解った。殖産、興業のことを常に念頭に置いていた大久保は、それを聞くと岩山を呼んで、これは使節一行が帰国すればすぐにも着手しなければならないことだからと言って、岩山に研究が一段落を告げたら本国に帰って牧場を経営することを委嘱した。それで岩山は日本に帰り、牧場を始めたが、それが今日の三里塚の牧場である。その他の人々も、使節がサンフランシスコに滞在中あちこち視察に出掛けたが、我々は遊ぶばかりで何も知らずに過した。それから、この時の航海はハワイには寄らずに、日本からサンフランシスコに直航して二十四日間かかった。その間に、別に船に酔って悩まされた記憶はない。

サンフランシスコには長くはいなかった。ちょうどアメリカ横断鉄道が完成された頃で、サンフランシスコから汽車に乗ってロッキー山脈に取り掛ろうとする時、雪が非常に積って汽車が動かなくなり、我々はユタ－州のソルトレークという町で二週間ばかり滞在した。これはブリガム・ヤングが始めたモルモン宗の中心で、折角ここまで来たついでに会ったらどうかというような話もあったが、大使は、自分は米国の大統領に謁見が第一の任務で、途中でそういう特殊の人には逢わないと問題にされなかった。しかし一夫多妻を宗旨とする宗徒ではあり、一行のものは皆モルモン宗に興味を持った。ヤングは十七人の妻を持っており、その十七人目が非常に気に入り、私はこれが十七人目の妻の住居だと言ってその家を示されたのを覚えている。また彼は子供が数十人もあって、自分の子供たちだけのために学校が設けられていた。その他にソルトレークにはプールがあって、そこに私たちは始終泳ぎに行った。

我々がシカゴに着いたのは大火があった後で、市では我々に消防の演習などをして見せた。その時に罹災民救恤《きゅうじゅつ》の意味でだったと思うが、大使は確か五千円だったかを寄付された。その時のことに関連して奇遇の思い出がある。後年第一次大戦後の媾和会議に出席した時ストーンというAP通信社の社長がパリーに来ていたが、これはシカゴの出で、岩倉大使の一行がシカゴに来た時、その接待の下働きをしたということだった。大変な日本贔屓《びいき》で、そしてウィルソンのことは学者であって敷居が高く、近づきにくい独尊的な人だと、あまりよく言っていなかった。

ワシントンでは使節一行は大変もてた。ハミルトン・フィッシュが国務長官で、非常によく世話をしてくれ、使節がワシントンに行ったのは全く儀礼的な意味からだったが、米国側の態度があまりに好意的なので、条約改正の交渉を開始することも可能なことが感じられ、しかしそのための委任状を持って来ていなかったので、大久保と伊藤がそれを取りに一旦日本に帰った。これは委任状がそう簡単には与えられないことが予想されたから、両副使がその任に当ったのだと思う。果して帰って来て見ると種々のごたごたがあり、委任状を取って米国に戻って来るまでに三、四ヵ月掛った。しかしいよいよ交渉を開始する段になって、最初に米国と新しい条約を結べば、それには最恵国条款というものを入れなければならず、これを後に新条約を結ぶべき各国に利用される恐れがあるので、条約改正は各国に対して同時に行った方が有利だということになり、この際交渉することは止めになった。

この間に使節の一行は絶えず方々の視察に出掛け、試験場、工場、学校、造船所等を見学したが、これは単なる視察ではなく、日本に帰った後にすぐにそれらの建設に着手出来ることを目標としての研究で、繰り返して言うが、決して今のいわゆる見学ではなくて、見学の結果を早速実行に移すための下準備を目的としていた。それ故にこれは大変な仕事で、使節の使命から言えば、この方がむしろその欧米派遣の主眼目だった。

ワシントンで覚えているのは、カピトルの塔に登ったことだ。最初私は米国から独逸《ドイツ》に行くつもりでいて、兄はフランスに行く筈だったが、使節の一行は人数も多く、子供がいるのは厄介だったためでもあろうが、二人とも米国に残ることになった。実に小さなことが一生を制する動機となるもので、私が使節の一行に加えられたのも、兄だけが行って後に置き去りにされるのが嫌だったからで、それで父の所に行って私も一緒に行きたいと言うと、よかろうということで同行を許されたのだが、子供の語学は耳より入るものであり、これが一番確かで、右のような次第で語学を身につけることが出来たのである。もし私が最初の計画通り独逸へ行っていたらどうだったろうか。独逸で勉強したために後々まで親独派になり、今では戦争犯罪人というようなことになっていたかも知れぬが、全く怪我みたいなことで米国に置いて行かれたために、いつとはなしに親米派で通ることになってしまった。考えて見ると不思議なことである。

私たちは初め、ハドソン河の河べりにあるピークスキルという小さな町の、幼年学校みたような所に入れられた。その付近のウェストポイントには米国の有名な士官学校があり、その頃二人で撮った写真を見ると、私たちは軍服のようなものを着ている。そこの学校には私たちの他に、江川太郎左衛門の息子の英武という人が、私たちの後から入って来たか、或は既に入っていた。その時分この人は二十歳位で、後に大蔵省の役人になったが、これには家来が付いていた。その学校にいた日本人はこの三人だけだった。しかし私たちがそこにいたのはあまり長い期間ではなく、それからどういう関係だったか、ハイランド・フォールスという避暑地の或る家庭で、そこに前からいた相馬永胤という人と一緒に住むことになった。この町がどこにあったのか、今では覚えていない。

それから間もなくして、私たちは高橋新吉という大蔵省の役人で、紐育の領事、長崎税関長等を歴任し、後に九州鉄道の社長になった人の周旋で、フィラデルフィアのマントア・アカデミーという、正式の中学校に入学した。これはウェスト・フィラデルフィアという、当時はまだ郊外だった所にあったが、一体にフィラデルフィアは商工業の中心地ではなく、その近くのピッツバーグというような大工業地とは違って、品のいい、静かな町だった。校長はヘースティングといって、付近にあったエピスコパリアン派の教会の長老の一人で、そのためにその学校は宗教的な色彩が非常に強かった。校長の住宅の一翼が寄宿舎になっていて、そこに私も入れて寄宿生が十四、五人いたが、学校の生徒一同は一週間に三遍宛、教会に行かされた。金曜に catechism と言って、礼拝とは別な宗教雑話のようなものがあり、日曜には午前と午後に礼拝に行った。それより三度の食事ごとに、まず食事の前に校長が祈りをやって、聖書の二、三行を読み、食事が終ると皆椅子に突伏して祈りをやらされた。一年ほど立って、どの位宗教心が出来たかを験すつもりだったのだと思うが、私は校長夫婦に呼ばれた。Lord's prayer という祈りがあって、それを知っているかと最初に尋ねられたが、これは何遍となく聞かされているので、否でも応でも覚えてしまう。それでそれを暗誦すると夫婦は非常に喜んだ。そしてよほど有望だと思ったらしくて、次には、誰がお前を作ったかと聞いた。これは勿論、神が作ったと答えるべきだったのだろうが、私は全く何の気もなしに、私の両親が私を作りました、と返事した。そうすると夫人が真赤になってしまって、もう帰ってよろしいと言われ、宗教問題はそれきりになった。やはり見込みはないと愛想をつかされたらしい。

当時のアメリカ人の宗教熱を示す一端として、私は寄宿舎でアメリカ人の子供と一緒に大きなベッドに寝ていた。ところがその子供の親から手紙が来て、お前はこの頃 heathen（異教の野蛮人）の子供と一緒にいるそうだが、穢らわしいことだから気を付けろ、と言って来た。そしてそれを受取った子供が面白がって、家からこんなことを言って来たと言って、私にその手紙を見せてくれた。しかし宗教の方はそのような次第で落第だったが、学業の方では他の子供に譲らぬ位にやって、その点では校長にも喜ばれた。学課は算術、歴史、地理、その他にラテン語等があった。しかしとにかく十一歳から十四歳までの間、一番勉強しなければならない時に外国にいて、日本の学問は何も出来ていないのだった。この点には自分でも気付き、父もそれを感じたのだと思うが、そろそろ日本に帰った方がよかろうというので、私たちは帰国することになった。もう一つ、このヘースティングという人の面目を示すものとして、西暦一八七一年に普仏戦争が終った時、学校にバゼーヌというフランス人の子供が来ていたが、それに向って校長は食堂でみんなの前で、フランスはカトリックだから負けたのだと言って憚らなかった。よほど宗教に凝《こ》った、言わば偏屈な人間で、それが私のような異教徒をその学校に入れたのは一応不思議ではあるが、私の父の関係もあり、経済の問題も関聯していて、一人でも生徒が多ければそれだけ授業料が殖えるというようなことも察せられる。

米国に滞在中の印象と言っても、子供のことだから特に観察など出来たわけはないが、ただ感じたのは、一体フィラデルフィアはクエーカー宗徒の平和主義的な気分が強く、そこにいたのでアメリカは非常に平和的なピューリタン主義な国だという印象を受けた。そしてその後アメリカの西部が開け、貿易が発達し、富の蓄積が顕著になるに従って海外への投資も増加して、第一次大戦後にはアメリカが世界において指導的な地位を占めるに至っても、この変化を頭に入れて、アメリカというものに対する気分を変えるのに大分時間が掛った。

学校では一人だったが、寂しいというようなことは全然なかった。野球も盛んにやったし、喧嘩もした。小遣いは一週間に五十仙《セント》貰って、貰うとすぐ果物屋と菓子屋に飛び込み、一日か二日で使ってしまった。留学の費用は一月六、七十弗《ドル》ですんだのではないだろうか。日本の金にして百円かからなかったろうと思う。子供でも、目に触れる建物その他がすべて立派で、念が入っていて、日本などとは全くの別天地であることが残念でたまらないという気分はあった。それで明治五年に虎ノ門の元工部省の敷地だった所に工部大学が落成し、それが洋式の建築であって写真が米国に送られて来た時は非常に嬉しくて、学校の友達に自慢して見せて廻った。これは外国人が設計したので今なれば大規模とは言われないが、関東の大震災の後まで残って、その時調べて見たところが主要な箇所には耐震装置が施してあった。とにかく当時としては優秀な建築で、これを修復して保存しようという議が起り、実現されかけたが、その費用が相当かかることが解ったので中止になり、結局取り壊された。

　話は少し前に戻るが、私が鹿児島から出て来た時分の東京は、まだ乗物と言えば馬か駕《か》籠《ご》で、それから暫くしてようやく人力車が出来た。そして道は狭くて真中が蒲鉾《かまぼこ》型に盛り上っていて、大きな車輪付きの乗物は通れなかった。まだ市内には虎ノ門その他櫓建ての番所付きの城門が残っていて、毎晩六時になるとそれが皆締った。通行人は誰何《すいか》せらるるのである。築地の精養軒あたりには番所があって、外国人の居留地に行く時帯刀のものはそこで刀を預けることになっていた。

　その時分の店は越後屋というのが一番大きな呉服屋だったが、これも平屋で、その他は薬屋などでやや大きなものがあるだけだった。下町には問屋などがあったが、一体に東京は屋敷町が多くて、私たちの家があった霞ヶ関なども両側に大名屋敷が並び、その光景は広重の錦絵に画いてある通りで、交通は不便であり、大概の用は歩いて足すという風で、文化的という点からみればその内容は極めて貧弱だった。例の参覲《さんきん》交代の制度で、大名は一定の期間江戸に在住し、期明きには留守居が用を達し、屋敷の始末をして、大名屋敷の用達をするために下町があった。それがその当時の組織で、下町は全く大名屋敷の御用聞きのために存在した。江戸は要するに二百五十余の大小名の参覲で成立維持されたのである。そのような封建都市から米国に行ったのだから驚いたのは無理もなかった。道路の装置、大厦高楼の家並、店の装飾、博物館、寺院等の建築の立派なので別天地の思いをした。

岩倉大使の一行は数ヵ月にわたり見学を終って米国から英国に渡り、英国からフランス、独逸、イタリー、それからロシアに行った。

英国に行った時のことについてはクイーン・ヴィクトリアから明治天皇に送られた親書を読んで、非常に面白く思ったことがある（これは外務省から出している外交文書を集めたものの中にある）。それには、このたび新たに国交を修め、また広く世界に知識を求めるために使節を特派されたのは誠に結構なことで、御親書の御趣旨には御同感である。また大使副使皆立派な方々で、完全に役目を果された。自分が特に感じたことは、この方たちが視察に非常に熱心で毎日方々の製作所、工場、学校等の施設取調べに従事せられたことである。それで自分はその向き向きに命じて使節のために出来るだけの便宜を図るように訓令したから、必ず満足に視察が出来たと信ずる、という意味のことが書いてある。一国の元首から他の国の元首に宛てた親書などではあり来りの挨拶のようなことしか言わないのが普通で、それがそのような事務的なことが書いてあるのは、察するに使節の行動が一般の話題に上り、女皇にも聞えわざわざ文通されるほど世間の注目を惹いたのだと思う。

その時のことであるが、大久保が或る絹織物の工場を見た時、その製品が非常に綺麗なので褒《ほ》めると、社長がその原料は日本から輸入した屑糸でありますと言ったので大久保は大いに得る所あり、日本に帰るとすぐに織物工場の改良を奨励して新しい工場も出来たが、新町の絹糸紡績がその一つであった。恐らくこの熱心さはどこに行っても同じことだったと思う。この時に使節の人たちが見学した工場の数は二百ヵ所以上で、その結果は一行が日本に帰った後に、産業、製造、紡績、運輸、造船、教育等の各方面にわたって深甚な影響を及ぼした。駒場の農学校が出来たのもその一例であって、明治九年の開校式には明治天皇が御親臨あり、天皇陛下が学校に行幸になったのはこれが初めてである。

一体に明治以後諸般産業の改良創設のため、日本の実業が組織的になり、機械を利用し、大工場の経営となり、日本が工業国として発達したる端緒にはもとより多くの原因あるも、初めその気運を醸したる最も有力なる誘因には、大使の海外視察を挙ぐべきものと信ずる。それ故日本が封建時代の姿を脱して世界的発展に赴いた導因については、廃藩置県に続いて明治四年の岩倉使節一行の海外派遣を数えるのである。教育の学制も明治五年に制定され、起案には米国人の貢献するところ少くなかった。何でもないことがいかに大きな影響を齎《もたら》すものかということの一例として、この時小学校で唱歌を教えることになったのが基で、日本人に西洋音楽を理解する素地が出来たと言える。後の話になるが、私が文部次官をしている時に音楽学校の予算について、政府が西洋流の音楽を教える学校を作る必要があるかと貴族院で大分喧《やかま》しく質問されたが、唱歌の時にオルガンを弾く先生を養成するためだと答弁して切抜けたことがある。

なお岩倉使節に随行した人々は帰朝後も時折会合して追懐談を交し、その記録を印刷して配布したりすることがかなり長い間続き、明治三十年に催されたそういう集会について発行された会報には、福地源一郎及び安藤太郎がその席上で行った次のような興味ある演説の速記が載っている。

福地源一郎君演説

折角の御呼出に与《あずか》りましたが、誠に困りましたね、皆さんが居らッしゃらぬと大層な法《ほ》螺《ら》も吹いても御目に掛ますが、生憎《あいにく》皆さんが御居でなすッて、モウ私の知ッて居るだけのことは皆さんも御存じである、善いことも悪いことも御存じである、シテ見ると御呼出に与《あずか》ッても別に何も申上げることがございませぬ。

私も御一緒に亜米利加《アメリカ》から西洋に回ッて帰りまして、爾来種々色々なことも致しましたが何も出来ませぬで、輓近十年ほど以来少し日本の歴史を書こうと思ッて、それに一図心を委ねて居まして、マアどんなものが出来まするか、此幕府の末嘉永六年あたりからの歴史を書こうと目下之に従事いたして居ります。

そこで十年以来は先ず福地が歴史家になッた、怪しい歴史家でございますが、と云ッて福地より怪しい歴史家もないでない（拍手起る）、マアそんなものでございましょう。

そこで歴史家になッて頭をそれに注いで考えて見ますと、即ち明治四年岩倉公一行の其際のことを、随行員とならずに、寧ろ歴史家として客観的に之を考えて見まするると云うと、日本の歴史に於て余ほど是は記念すべきことであろうと斯《こ》う私は考えます。

丁度御維新からして三四年と云う頃が途方も無い色々錯雑な説が行われた時である、成る程明治の初年から広く外国に通じて開国の主義を執ると云うことを朝廷より御定めになりましたが、其前十年二十年五十年百年来養ッて来たところの攘夷の精神はナカナカあの時分は解けなかッた、マサカに短刀を持ッて外国人を殺そうと云う者は明治二三年頃には無かッたが、頭の中には攘夷心が残ッて居ッた。

そこで一方では復古、何でも古に復そうと云う、是は無理な注文でございます。此の老爺を若くしようと云ッても、人間の力ではなりませぬ。唯今も御話があッたが、小さな御人達は斯う大きくなった、けれども其割合に老爺は年が行かぬと云うだけのことで、此老爺が若くなッたと云う訳ではない。其通り復古と云ッても、古に復すと云うことは出来るものでないが、ナカナカ明治三年四年頃はエロウございました、何でも日本を大化の頃に復そう、日本を大宝の頃に復そう、天智天皇天武天皇のあの時分の古に復そうと云う斯ういうエライ大宝令家が沢山あッた。又一方を見ると突飛な西洋家、ドウしても今までのことはいかぬ、是《こ》はマルで破わして仕舞わなければいかぬ、此の日本と云うものは段々時世の変遷を経て来て、王朝から武家となり徳川となッて居るが、此の日本社会の組織、風俗何も彼も根底から打破わして、而して新に拵えなければならぬと云う日本改造論者が明治三四年頃には大変あッた、斯く申しまする演説者も其の改造論者の一人であッた、そう云うような随分錯雑した世の中でありました。是までの日本を改造すると云う突飛な説と、それから大化の頃に復そう、大宝の頃に復そうと云う日本復古説とあッて、どちらも其の時分やかましかッた。それからして中には斯う云う論者もあッた。復古もイヤだが突飛な改造もイヤだ、願くは文政天保あたりの此の時分のようにしたいと斯う云う人もあッて、大変錯雑して居りました。尤《もっと》も其の以前から役人で欧米巡回を命ぜられた人もあり、又欧州視察を命ぜられて行ッた人もあり、留学生もあると云うように日本政府から直接若くは間接に人を出してあッたのでございます。けれども大いに日本をして開国の風にしようと、そう云う大胆なことをしたのは此の岩倉使節の一行である（拍手起る）。何にしても岩倉公、木戸、大久保さんと云う斯う云うやかましい御連中に世の中を見せなければ到底いけない、先ずやかましい親分株に一つ亜米利加だの欧羅巴《ヨーロッパ》だのを見せる方が宜いとなッた。それからして諸省で大変やかましい御人が随行を命ぜられて行ッたのが明治四年のこと、何でも百人余りと思う、それで其時の詔勅に何とあるかと云うと「駿才を撰んで大使に随行せしむ」とある。駿才……即ち乱暴者《あばれもの》を選んで随行させる（笑声起る）そう云うのである、是は実際の話であります。それで亜米利加から欧羅巴に行く航海中には随分おかしな話もある、御婦人方の前では言われないこともある、余り御座敷で披露の出来ぬような失敗《しくじり》もあります。今日から云うと頗《すこぶ》る怪《け》しからぬが、俗に申しまする明治三四年頃のハイカラ党に言わしたら実に言語道断なことが我々始めある（笑声起る）。さりながら一方に於ては日本と云うものは斯んなものである、日本人と云うものは斯の如きものであると云うことを亜米利加欧羅巴へ紹介したのは此の使節の一行である（拍手起る）。成る程日本人と云う者はおかしな風なものである、支那人とも違う、馬来人《マレー》とも違う、一種の変な風の人間だわい、怜悧でもなかろうが馬鹿でもない（笑声起る）。

それでウッカリ侮ることは出来ぬと云う感じをば欧米人に与えましたのが明治四年の使節の一行である。而して又内を顧みますれば成る程斯うであッたかと云う流石《さすが》は今言う乱暴者《あばれもの》と異名を取ッた方々でございますから欧羅巴の天地を見て、銘々自ら視るだけの眼で見て、ハハア斯うだなと感じましたのが此の使節の一行である、それで明治六年に帰ッて来たのが一番大きな土産である、何を持ッて帰ッたかと云うと第一に日本に文芸というものを持ッて来て植えた種が此の使節の一番大きな土産である（拍手起る）。加うるに又其の時分にもッて来て兎《ト》に角《カク》もマダ漸《ようや》く十五六歳になるかならぬと云う此の小さな娘さん達をばワザワザ亜米利加まで遣ったあの奮発と云うものが、今日の日本婦人をして知識を啓発せしめたる上に於て、余程の力を得て居るだろうと斯う存じます（拍手起る）。それからして国会の開設、憲法の制定、今日の貴衆両院の出来ましたあれも何かと云うと皆此の大使の一行の土産である。又或る一方に於てはドウか御大名様や御公家様をあの儘にして置くといけない復古論をするから大名や公家はマルで廃して仕舞わなければいかぬと云う論もあッた、其の中へもッて来て、欧米の貴族と云うものは斯う云う風である、ゼントルメンと云うものは斯んなものであると云うことを示したから、成る程是はウッカリ乱暴なことは出来ない、思慮分別しなければならぬと云うことになッた。それから我々今までの月日を変えた。欧米に於ては、ナカナカ十三日の日を吝《おし》んで今日まで五百年の間喧嘩をして居る。然るところへもッて来て十一月八日を以て元日にすると云う何でも四十何日と云う日の違いを構わずにやッた、流石は日本人だ、エライことをすると言って胆を潰した、又一方では衣冠は斯う云うようにしなければならぬと云ッて改めた、日本人の着物を変えた、恐れながら主上の御衣を始めとして西洋服となッた、突飛な改革をやった、それは使節の留守中のことである。是は突飛家が勝を占めたところの有様、あの勢いで若し日本が行ッたなら日本は木に竹を接ぐと云う風になッたのであるが、併し此の突飛論が止んで秩序的に進むと云うことになりましたのは外でない、岩倉公の使節一行の土産である、明治六年から七年に亘ッて帰ッて来られた其の時の土産である。シテ見れば日本の秩序的の文明、秩序的の開化と云うものは即ち明治四年岩倉大使の此の一行の御土産であると斯う私は客観的に歴史家として考えます（拍手起る）、此の考は或は悪いかも知れない。

で斯く考えて見ますと今晩の会合は実に日本に大きな記念を与えたものと考えます、先ず私などが此の一行の驥尾《きび》に付いて此の大いなる改革を与えたるところの御相伴に加わりましたことは、歴史上に於て実に此上ない喜ばしいことだと思ッて居ります、先ず是だけのことを申上げて本日の記念と致します。

安藤太郎君演説

此の欧米の巡回と云うものが総ての種になるから之を客観的に調査すると云うようなことは今福地先生から縷々《るる》御述べになりましたからして、私はそう云うようなことは申上げませぬでも差支ないと思います、又申す考もございませぬ。唯今私の隣席に御居でになる平田農相より失敗《しくじり》でも何でも言うが宜い、此の席で失敗《しくじ》ッたと云うような話をするのが、即ち比較上我邦の文明がどのくらいまで進んで居ると云うことを見せるに宜いと云う御話がございましたから、私も失敗《しくじ》ッたことは覚えて居りますから申上げます。人様の失敗《しくじ》ッたことを衆人公坐の前で挙げることは失礼でございますが、私の失敗りの一つ二つを申上げて責を塞ごうと存じます。

私は一行の席末に列しまして其の節御供を致しましてございますが、第一の失敗は岩倉公の供を仰付けられまして、手紙の下書を致し状袋の上書をする役を命ぜられました。ところが華盛頓《ワシントン》で今英吉利《イギリス》に居るところの三宮と云う人に手紙を出すので上書をしてやれと岩公に仰付かッた、私は其時に三宮と云う方はドウ云う人か知りませぬから宮様と心得ました、それで三宮殿下と書いた、スルと岩公は「是は何だ」と仰ッしゃる、私は「三宮様で……」「ナニそうじゃアない、三宮某と云う斯う斯う云う留学生だ、そう云う事情に通じないようでは困る、止すが宜い」と云ッて早速御付の書記を免ぜられて引退ッた、斯う云うことでは書記官は勤まらぬと云ッて岩公の御側を遠けられて外の方をやることになりました、是が一つの失敗りでございます。

又一つの失敗りを欧羅巴でやりました。是は其の後岩公の御一行に加ッて墺太利《オーストリア》に参りました。其節は維納府《ビヤナ》で博覧会が開設されて日本から左官や大工になッて行ッて居ッた者がある、ところが彼地では醤油は勿論酒なども日本酒なんと云うものは夢にも見ることが出来ない、其の外漬物なんと云うものはドコにもない。それで一行が維納府《ビヤナ》まで参りましたところが、日本人が来て居て菜漬だの沢庵だの色々の物を持ッて来て居ると云う話を聞いた。甚だ食物の話をするのはおかしいが其事を聞いてウズウズして居ッた、そうしますと大使の所へ重箱を持ッて献上物をすると云ッて博覧会へ来て居る日本人が持ッて参ッた、それで私が蓋を開けて岩公に御目に掛けたところが、菜漬の香の物だ、そうすると岩公は

「是は結構だ」と言ってホテルの二階の部屋の戸棚のような所へ御仕舞いになりました。

　私は見まして「是で一杯飲んだらウマいだろう」と考えて居ッたが、何しろ岩公が御部屋に入れてあるので、それを出す訳にいきませぬ、ドウかして出して食べたいと思ッて居る。書記官連中も香の物があると聞いて、貰いたいと思ッたが貰うことが出来ぬ、それで盗むと云うのも宜くないから御留守に戴くと云うことにしたら宜かろうと思ッたが、ドウも御居でなすッて困ッた（笑声起る）。

　今死んだ者の名を挙げるには及びませぬが、或る二人と三人ばかりで書記官が相談して「今日岩公が外出される」「御供は誰だ」「御供は籤引《くじびき》にしよう、籤に負けたものが残って菜漬を取りに行こう」と相談した。ところが私が負けてアトに残ることになッた。それから洋刀《ナイフ》を用意して岩公が二階から御下りになったら御部屋に這入《はい》ろうと待構えて居ると御下りになッた、私は梯子段の上り口まで御見送りして確に御出になッたと思うから部屋へ這入ッて戸棚を開けて菜漬へ手を掛けて切ろうとすると、イツ上ッて御いでになッたか、後から声を掛けて「何をする」と言われた（笑声起る）。私は何と言ッてよいか、唯菜漬をシッカリ握ッたまま「菜漬を頂戴いたします」「頂戴は宜いが皆持ッて行ッてはいけぬ」と仰ッしゃる。「ヘーッ」と云って飛出した。ドウも此のくらい弱ッたことはない、穴でもあれば這入りたいと思ッたが此の大きな身体でドウすることも出来ぬので困りきッた。岩公は何で其の時に上ッて御出でになッたかと云うと、手袋を忘れて取りに御いでになッたのです。ところがイツでも食事をするのに一つテーブルで皆食事をするので、伊藤侯や山口其他の方々も食事のところに集ッて来る、そうすると岩公の言われるのに「今日私の部屋に盗賊が這入ッた」と仰ッしゃる、スルト伊藤さんが「盗賊が這入ったのでない」「何です、それは大変だ、何を取られましたか」「ナニ盗賊と云ッて格別な物を取られたのでない」「何です、それは早速届けなければいけますまい」「ナニ届けるには及ばぬ」と言う。私はそこに聞いて居て閉口した、実に頭を上げることが出来ない、小さくなッて居りました。スルと岩公が「ナニ盗賊は此の席に居る」「ドコに居る」「イヤ外でもないが金で買おうと云ッて買えぬ物が這入ッて居る、ナニ盗まれたと云っても皆な持ってはいかなかった」「何ですか」「此の席に居るが背の高い者である」モウ私に極《きま》ッて居る、ところが市川文吉と云う者が「背の高いのなら安藤だ」と云う、それから私が「ナニ盗賊と云う訳ではございませぬ、少々頂戴いたしたので……」「頂戴でも盗賊だ、同じことだ」

斯う云うような工合で到る処に不都合があッた中の一つ二つの大きな失敗を申上げました。そんなことをようようして参ッたのが今御話のような歴史の種になり改革の土台となッたと云うことは実に有り難いことでございます。香の物が文明の基礎になッた（笑声起る）、シテ見ると香の物と云うものは格別悪いものじゃアないかも知れませぬ（拍手）。

またこの会報の終りには、「同航者中其住所ノ明ナル諸士左ノ如シ」として、存命者の消息が記載されている。しかしそれももはや昔話となり、この中で今日生き残っているのは私だけである。

（いろは順）

芝区芝公園第五号	侯爵	伊藤博文君
麴町区永田町二丁目二十五番地		岩倉具綱君
下谷区中根岸町七十二番地	子爵	西五辻文仲君
神田区裏猿楽町六番地	男爵	原田一道君
在英国	子爵	林董君
神田区駿河台鈴木町十六番地	伯爵	坊城俊章君
京橋区木挽町一丁目六番地		日置兵一君
四ッ谷区愛住町九十四番地	子爵	鳥居忠文君
本郷区竜岡町二十三番地		富田冬三君
大阪府三島郡吹田村五四六番屋敷		土肥百之君
芝区二本榎西町二番地	侯爵	大久保利和君
東京府豊多摩郡千駄ヶ谷穏田九番地	侯爵夫人	大山捨松子
本郷区向ヶ岡弥生町三番地	男爵	岡内重俊君

愛知県名古屋市　男爵　沖　守固君
赤坂区青山権田原町三十三番地　何　礼之君
兵庫県淡路国洲本馬場町七十八番地　川路寛堂君
麹町区紀尾井町五番地　子爵　香川敬三君
麹町区一番町三十番地　男爵　金子堅太郎君
麹町区富士見町五丁目十八番地　子爵　高辻修長君
赤坂区新坂町八十二番地　田辺太一君
小石川区小日向水道端町二丁目四十二番地　子爵　田中不二磨君
小石川区関口台町二十九番地　子爵　田中光顕君
麹町区永田町二丁目一番地　田中永昌君
在米国　田中直吾君
赤坂区丹後町十七番地　団　琢磨君
麹町区元園町二丁目四十一番地　津田梅子
麹町区永田町二丁目一番地　侯爵　鍋島直大君
麻布区北日ヶ窪町四十三番地　長与専斎君
大阪市北区堂島控訴院官舎　長野桂次郎君
芝区西久保城山町三番地　中島永元君

芝区三田網町四番地　男爵　内海忠勝君

麹町区上二番町三十六番地　瓜生震君

下谷区上根岸町四十八番地　瓜生繁子

麻布区麻布三河台町二十八番地　子爵　野村靖君

兵庫県神戸市魯国領事館　子爵　来見甲蔵君

東京府豊多摩郡谷中日暮里村千四百四十番地　陸原惟厚君

京橋区築地二丁目三十七番地　日下義雄君

東京府荏原郡大崎村大字上大崎六百三十一　久米邦武君

麹町区富士見町六丁目十四番地　山県伊三郎君

麹町区元園町一丁目十二番地　山口武良君

東京府荏原郡大井村　山口俊太郎君

京都市寺町通今出川下ル西へ入ル突抜町　山本復一郎君

下谷区下谷新坂本町五番地　子爵　前田利同君

愛知県三河国豊橋町西八丁目二十二番地　松井順三君

麻布区麻布東町三十番地　男爵　万里小路正秀君

在伊国　牧野伸顕君

京橋区築地二丁目三十六番地　福地源一郎君

牛込区弁天町百四十番地　江川英武君

麻布本村町二十三番地　安藤太郎君

芝区高輪御料地寄留　伯爵　佐々木高行君

神田区駿河台東紅梅町九番地　男爵　吉川重吉君

麻布区本村町百八番地　伯爵　東久世通禧君

神田区駿河台袋町十番地　男爵　平田東助君

山口県長府　子爵　毛利元敏君

三　開成学校　明治七年―明治十二年　1874―1879

――西南戦争――

明治八年（一八七五）平民に苗字を称せしむ。千島樺太交換条約締結。

明治九年（一八七六）列強トルコ政府に改革を勧告す。バルカン半島に叛乱起る。朝鮮との修交条約成る。大阪京都間鉄道開通。神風連の変起る。

明治十年（一八七七）英国トランスヴァールを併合。二月、西南戦役起り、九月に平定。木戸孝允薨ず。東京開成学校、東京医学校の二校を合併して東京大学と改称。万国郵便聯合条約聯盟に加入。

明治十一年（一八七八）墺太利ボスニア・ヘルツェゴヴィナを併合。駒場農学校開校。大久保利通暗殺さる。

明治十二年（一八七九）グラント将軍来朝。琉球藩を廃し、沖縄県を置く。大正天皇御降誕。千住製絨所成る。

私たちが日本に帰ったのは明治七年のことで、その時大久保は台湾事件の跡始末のため、李鴻章《りこうしょう》と談判中で留守だったが、間もなく帰って来た。その頃開成学校が既に出来ていて、各藩から貢進生と言って、大藩からは三人、中藩からは二人、小藩からは一人の割合で学生を入学させる制度だった。

その校長が畠山と言って維新前薩藩から米国に送られた留学生の一人で、この畠山に大久保が話して、もし私たちが入れるものなら入れてくれるように頼んだところが、それは何の差支えもないことだとあってすぐ入れてくれた。というのは、その当時授業はすべて英語で行われ、僅かに日本歴史が日本語で教授されるだけだったので、その点我々は他の学生のように苦労する必要が少しもなかった。その代りに日本の学問は何も出来ないので、学校の休憩時間に駿河台の丹羽という先生の所に漢文を習いに行き、また夜食後に幹事の浜尾（新）さんが漢文の読み方の手ほどきをしてくれた。

そのうちに学校の予備科を終って、ちょうどその時に開成学校が改革され、予備門の上に東京大学三学部が出来、私はその文学部の和漢文学科へ入った。三学部というのは、文学部の他に法学部、医学部が置かれ、医学部は本郷、法文は一ツ橋にあった。当時私の先生は、中村敬宇が左伝を講義し、信夫恕軒が文章軌範、国文学の横山由清が制度通、土佐日記、その他に島田重礼も教授だった。最初開成学校に入学してからどうも自分の漢学が思わしく進まぬので、いっそ支那に留学してはとも考えて父の意向を聴いたら、それもよかろうがなおよく考えろと言われた。それからとにかく勉強する中に和漢文学部が設置せられ、自分も入学することが出来たので、支那留学は思い止まり、父にもその旨報告した。

開成学校では寄宿舎にいて、その総理は加藤弘之だった。同級には岡倉天心、井上哲次郎、和田垣謙三、木場貞長らがいた。それから上級に小村寿太郎、穂積陳重、その他に杉浦重剛も一つ上の級にいた。岡倉天心は英語が非常によく出来て、洋行はまだ一度もしなかったが、我々より上手だった。これは天心の父が福井の人で、天心を横浜へ連れて行き、英国人の商館に入れて英語を習わせたという事情から上達したのである。学校の気風は非常に乱暴だった。

私の十六、七頃のことで食欲が旺盛だった。開成学校の食堂は椅子や卓子が置いてある洋式のもので、食事は西洋料理ではなかったが、肉などもかなり出た。しかしそれだけではとても足りなくて、その時分神保町にあった菊水という菓子屋や、その筋向うの蕎麦《そば》屋にはよく行って始終借金を作っていた。開成学校は一ッ橋にあったから、そういう店はすぐ近くで、散歩時間には学校の生徒がいつもそこに陣取っていた。そして帰って来て夕食の時間になるとまた食べるという具合で、とうとう胃を壊してしまった。それで熱海に行くといいというので独りで猟銃を担《にな》い、明治十年の秋に熱海に湯治に出掛けた。その頃熱海に行くのには、まず汽車で横浜まで行き、そこから人力車で小田原まで行って一泊し、翌日熱海まで七里ばかりの山道を歩くのだった。歩くのでなければ、山駕籠を雇うか、駄馬に乗って行く他なかった。

熱海にしても当時は極めて閑静な漁村で、本式の宿屋は五、六軒しかなく、他は皆百姓家か、或は旅館の用達をしている店で、通りは一本あるだけだが、湯は実に豊富だった。

旅館に泊っていても自炊するのが普通で、しかし何か仕出しのようなことも頼めばして貰えたように覚えている。私が行っている間に大山（巌）さんが来られ、後に陸軍少将に任ぜられた曽我祐準さんも遣って来られた。大山さんは口が悪い人で、「曽我さんはなあ、戦が済んだ頃に出て来る人でした」など諧謔めいた放言をせられた。大山さんが来られてからは、度々大山さんの御馳走になった。また合い間には山歩きをしたり網打をしたりして、お蔭で胃の具合も直った。

明治十一年の一月に父大久保利通の供をしてまた熱海に行った。小田原を出て浜辺から山にかかる時、父が藩の時分には要害に重きを置き、とかく交通を疎《おろそ》かにしたが、この地方はそのために不便だと言った。これは自分の念頭に今も銘じておる。西南戦争が終った後であり、久々の休養の意味もあっただろうと思うが、一週間位しかいなくて、その間に役人が東京より会いに来たりして、あまり体は休まらなかったろうと思う。吉井さん（友実）などは始終見えられた。父は熱海にいる間も碁を打つことが多かったが、その相手は東京から連れて来たたかという女の碁打ち、それから石井という、警視総監の次席の職にあった人などだった。しかしこの人はあまり上手ではなかった。この石井というのは東京から用務を帯びて大久保に会いに来たところが、まあ二、三日位はよかろうというので碁の相手に引止められて、熱海の旅館に逗留していたのだった。碁は大久保の方が上で、この時大久保から石井を碁に招きに寄越した手紙が二、三残っているが、また指南してやるから来いとか、五目置くのでは自信がないならば六目置かせてもいいなどと書いてある。

　私たちがいたのは大湯の傍の新誠社という、三島の陣屋の出張所で、そこに二階建ての別棟があり、その二階を借りて泊って居った。我々が熱海に一週間も滞在した頃大きな汽船が湾に入って来て、岩崎弥太郎（三菱汽船会社社長）の弟の岩崎弥之助という人が上陸して来て言うのに、その船は三菱汽船会社の船で、最近破損したので修理をし、今試運転にその辺を廻っているのだが、もし東京にお帰りになるのなら横浜までお乗りになってはということなので、父はそれでは乗せて戴くと言って我々はその船で帰ることになった。それから横浜に着いて、船は試運転のために航海しているのだし、こちらから頼んだわけでもないのだが、それでも相当世話になったのだから、私は子供心に父がどうするだろうかと見ていると、父は五十円の金を包んで、船員一同の酒代にと言って渡したので、なるほどこういう時にはそうすればいいのかと合点した。

　我々は横浜で上陸して、そこの大きな旅館で茶屋を兼ねている富貴楼に行った。その女将はおくらと言って、大きな立派な女で、もとは新宿の女郎上りということだったが、そうは見えず品もよく、これがえらい女で、おくらが何か一言いえば新橋あたりの花柳界ではどんなことでも通るという噂だった。それがどうして横浜に店を開いたか知らないが、この富貴楼はその頃横浜の有名な集まり場所で、役人などでどこかに出張したものは横浜に上陸してまず富貴楼に行き、そこで東京の情報を色々と聞いて、それから東京に行くのがほとんどその当時の慣例のようになっていた。それで我々が富貴楼に着いた時おくらが玄関に出迎え言うのに、大久保さんがきょう珍しいことに女をお供におつれになったと聞きましたが、まあおたかさんでしたかといかにもがっかりしたような表情をして奥について入った。このおたか女史は当時かなりの腕前で、初段位の打手であったが、身の丈四尺五、六寸の短身で女性と聯想しにくいような容貌の持主であった。そこでおくらの表情も一興だった。このおくらは、伊藤、西郷、山県など皆知っていて、そういう人たちと親しんでいた。そして私が富貴楼へ行ったのはこの時が最初だったが、何しろ書生なので、後に、女中への心付けの遣り方などを一々おくらが私に教えてくれた。一種の女傑で、客などは一目でそれがどういう人間かというようなことを見抜いてしまった。待合の女将は時々こういうのがいる。もとの新喜楽の女将などはおくらの後を継いだような女だったが、これは少し品が悪かった。おくらは品格もあり、それは始終いい人たちと付き合っていたからだろうと思う。その娘は後に林田衆議院書記官長に嫁した。

私は父と一緒にいる機会があまりなかった。米国から帰って来てからも、明治七年から十一年まで開成学校の寄宿舎にいて、土曜に家に帰って来て父が在宅ならば一緒に食事をする程度だった。父は子供の教育には非常に注意を払った。我々を米国に遣ったのもその一例である。それから末の娘の芳子を非常に可愛がっていて、熱海に行っている時も、碁打ちのたかが、一週間も東京を離れていて色々と会いたい方がおありでしょうと言ったところが、別に会いたいと思うものはいないが、お芳だけは見たいと答えたそうである。この芳は明治九年生れで、その時は三歳だった。これは後に伊集院彦吉（外務大臣）夫人になった。

父は碁が非常に好きだった。あまり好きなので、体に障りはしないかと心配するものがあり、或る日松方さんが同志を代表して出掛けて行き、父に注意すると、「私に碁を止めろと言うのですか。私は碁が出来なければ死んでしまいます」と父が答えたので、勿論冗談ではあったが、死なれては困るというので、父に碁を止めさせる計画は沙汰止みになった。父は翌日があるので夜更しはしなかったが、少しでも暇があると碁を打っていた。気分転換の意味もあったと思う。

父の碁の相手をした中に五代友厚という人があった。これは立派な人で、早くから日本に実業を起すことの必要を力説し、自分自身官を辞して大阪に陣取り、実業界のために尽した。この人は藍の改良生産に興味を持ってこの事業に非常に力を入れたが、一八七四年に米国の独立百年を記念してフィラデルフィアに万国博覧会が開かれた際に、父は五代に手紙を遣って藍の製品を出品することを勧めている。今度米国で万国博覧会が開催されることになり、そこで賞にでも入れば商品としての価値が内外に保証されるわけだから是非出品すべく、それには審査官を乗せた船が二、三日のうちに出港するから、時日はあまりないが、何とか間に合せてこの船で送るように、というのである。この手紙を読むと大久保自身勧業ということにいかに熱心だったかが解る。

この五代という人は、損得を顧みずに実業界のために尽力したので、百万円ばかりの借金を残して死んだ。当時百万円の借金と言えば大した額である。しかし五代は東北に銀山の採掘権を持っていて、その養子を竜作と言って工学士で、鉱山の専門家であり、この竜作が自分自身銀山に籠って、五、六年でその借金を返した。この竜作も碁が好きだった。この時代に百万円の借金が出来たのは凡人には不可能で、それだけ信用があったのである。

話は前に戻るが、私が十七の時に西南戦争が起った。その原因は遠く王政復古の時に既に胚胎していたと見るべきである。封建制度はこの時破れて、奥羽戦争、会津征伐、函館戦争などがあったが、これらの争乱は予想外に速かに終った。しかし維新の結果は、それまで決った家禄米を毎年給せられていた士族がこれを失うに至り、その代りに禄高に応じて金禄公債を交付されたが、それはその利息だけではとても暮して行けないほど低額のもので、大名の中には何万円という額を貰ったものがあっても、一般の士族は何千円というのが普通で、どうしても転業する他なかった。当時士族は百万人位いた。そして中には新たに何らかの職業について成功したものもあったが、大部分は不成功に終った。従って士族への授産は政府の重大な仕事の一つとなり、各府県に士族のために授産場が設けられ、殊にその子弟に対して織物などの仕事が与えられた。当時の状態はいささか現在の新円生活に似ている。しかし今の人たちは何か物を持っていて、それを売って生活するということが珍しくないが、当時は売ろうにも売るべきものを持っていない貧乏士族が多かった。美術品が盛んに売物に出たりしたのはむしろ維新直後のことで、これは、本願寺とか、門閥、美術など封建時代の遺物として廃棄すべしとの意気込みから来たのだ。加賀の前田などはそのようなことはしなかったが、島津家などでは古く伝わっていたそういう美術品を、長持に何十棹《さお》も大阪に持って行って商人に売り飛ばし、しかもその代価は係りの役人の旅費や手間賃になった位の程度のものだった。

　それでどうしても士族にその所を得させなければならないわけで、しかもこの時分には、西郷は全国の士族に圧倒的な人望があった。奥羽、石川、水戸等、皆そうであって、士族はすべて西郷の人物を仰いでいた。西郷は熱がある人で、征韓論に破れてから、征韓論も西郷が士族救済のために考えたことであると見て差支えないが、部下のものを率いて鹿児島に帰った。それで鹿児島はますます不平の徒の集まり場所となった。西郷はこれを憂えて、若い者で気が荒立っている者たちのために私学校を設け、そこで経学などを教えさせてそういう人々の鎮撫に努めた。これが効を奏して、西郷は明治六年に鹿児島に帰ったが、七、八、九年の三年ばかりの間無事な状態が続いた。そういうわけで、鹿児島の私学校は世間の注目の的となり、政府も校内の情勢には始終気を付けていた。

　私は明治七年に米国から帰朝し、その年の暮に墓参のために鹿児島に帰った。いわゆる洋行帰りで洋服を着ていて、ちょうど島津家の当主も鹿児島だったので挨拶に行き、洋服を着て城下を通ると、若い者が、「猫が通る」と言ってからかったりした。鹿児島には一カ月ばかりいたが、大久保は皆に相当憎まれていたので、若い者が家の門の前を徘徊《はいかい》したりして、西郷や桐野などの先輩が鹿児島にいることだし、大したことはないことは解っていたが、かなり不安なことがあった。この時、我々が鹿児島に帰った機会に、それまでまだ鹿児島にいた母や末の弟を連れて帰京することになった。その時まで母たちがまだ鹿児島にいたのは、維新の当時は皆そうで、東京に行ったものはお役目がすめばすぐ国に帰って来るつもりで、その家族は大部分郷里に残っていた。ところが、我々と一緒に山田直矢という従兄弟を東京へ連れて行こうとすると、私学校が喧《やかま》しいことを言ってなかなか許さない。それで知り合いの私学校の先輩に頼んで、ようやく連れて行く許可を得た。

鹿児島藩の士族の数は郷士も含めて三万人近くで、他の藩と比較して非常に多かった。その中には東京に出て職に就いているものも相当あり、鹿児島の形勢が不穏になったので、当時警視庁に勤めていた安東兼造（後の警視総監）、高崎親章（後の大阪府知事）、柏田盛文（文部次官）等二十名ばかりの者が鹿児島の様子を見、また人々に方向を誤らせぬように、明治九年に東京を立って国に帰った。これは大概は郷のもので、城下のものは少かったが、皆出来がいい人たちだった。そして国に帰ってからは鹿児島の空気に注意して、あまり過激に思われるような者には忠告するようにしていた。それが段々に知れて東京からの廻し者だということになり、甚だしきは西郷を暗殺しに来たのだとさえ言われ、皆牢屋にぶち込まれ、ひどく拷問されたりしたが、死人はなく、事件の真相は後に長崎に開かれた裁判ですべてはっきりした。

しかしとにかくこの出来事の結果として私学校側はいわゆる問罪の師を起すことになり、海岸の磯という所に蓄えてあった陸軍の弾薬を運び出し、西郷が自ら軍隊を率いて政府を問責するために上京すべき旨を関内の各地に布達した。この時西郷は長男の菊次郎を連れて温泉に行っていて留守だった。この菊次郎は私の竹馬の友で、それが後に私に語ったところによると、私学校のものが勢揃いをした後で、西郷の末弟小兵衛がそのことを西郷の所に報告しに来た。西郷は私学校のものが、隊伍を組んで既に勢揃いをしたことを聞くと驚いて膝を打ち、「しまった」と言った。そこのところを話す時、菊次郎は私にその手真似までして見せた。西郷は、湯治や狩りで城下には留守勝ちで、そこまで行くとは思っていなかったのであろう。しかし自分の子飼いのものがそのようなことを始めた以上はもはや止めようがないと、その時にその人たちのために身を捧げたのだとも考えられる。いつだったか星ケ岡で会食した時、小林（秀雄）さんと林（房雄）さんとが西郷の性格について議論を始め、小林さんは西郷のように大望を抱いている人間が月照とともに死のうとしたことは不可解だと言い、林さんは西郷という人間はそれほど義に厚い人物だったと言って西郷を弁護し、しまいには喧嘩にでもなりそうな言合いで（酒も手伝ったかもしれぬが）、河上（徹太郎）さんが間に立って執り成したように記憶している。西郷には事実そのようにものを思い詰める性格があった。

菊次郎は西南戦争の時に足に負傷して跛になったが、後また東京に出て来た。私とは子供の頃からの友達で、菊次郎も十歳から十二、三歳までの間米国に留学し、米国でも付合い、また米国から帰って来てから私が英国に行くまで、それから私が帰朝してからも、前と少しも変らずに交際し続けた。大体西郷家と大久保家とは今日まで非常に親密な間柄であり、ほとんど親類も同様で、また事実二重の婚姻関係で結ばれている。西南戦争は全くの悲劇だった。西郷さんは長男は米国に遣られたが、自分は岩倉使節の一行に加わらずに東京に残って居られた。西郷さんがあの時米国に行って居られたならば、西南戦争は起らなかったかもしれぬ。

この時政府では鹿児島の騒動について、西郷が出たか出ないかが大問題だった。当時天皇陛下は孝明天皇十一年祭御挙行、及び京都、神戸間の鉄道の開通式に親臨されるために京都に行幸、駐輦中で、三条公以下政府の大部分は車駕に従って京都にあったが、大久保は内務卿として東京に残り、政務を監督していた。鹿児島の形勢がいよいよ不穏となるに及んで、政府は当時海軍大輔の職にあった川村純義に軍艦で鹿児島の様子を見に行かせた。川村は大西郷の従弟に当る人で、その関係もあり、会って話をしたりするのにもいいと思われたのだが、鹿児島に行って見るとなかなか大西郷に会うどころではなく、私学校側の方で川村を寄せ付けないのみならず、しまいには自分の身辺さえ危くなって来た。それで川村はこれはもう本物だということを感じて、その旨を東京に打電し、政府もこの際に根本的に方針を決めなければならないことを言ってやった。それで東京では初めて事情が解った。この時一番心配したのは大久保で、こういうことになった以上自分も京都に行かなければならず、出発の途に就いたが、その時伊藤にやった手紙で、今度のことは西郷自身が出るか出ないかが大問題である。もし出たとしたら、それは西郷は元来諄々と人に説くというようなことが不得手で、ただ大体のことについて、いいとか悪いとか言うだけで、最後に一喝を下して片を付けるのが癖であった。それが今度は機を失して間に合わなかったのだと思う。実に残念なことだが、しかしこうなった以上断乎として事に臨むべきである、と言っている。その手紙の一部を次に引用する。

（前略）何れにしても此節は、破裂と見据へ候外無御座候、其情態を憶察するに、此度の暴挙は、必桐野以下班々之輩におひて、則決せしに疑なく、其証は追々近況を聞くに、一月下旬頃は、西郷は日当山へ入湯致居、桐野宅え壮士輩昼夜を分たず頻りに相迫り、西郷兼て外国と必事を起すに無相違候に付、其節は断然突出云々、桐野之を評して、其説古しと嘲笑せしとの事も有之候、是等は如何にも実情等敷候、十一月比、混雑之源因は西郷へ迫り候節、熊本、萩之挙動に依て、決而不可動、乍去、此上之時機に依り、　天朝之御危急と申場合に至る歟、且熊本、萩の暴徒、初に我に依頼せしを是を諾せす、彼必怨を結に無相違候付、或は我に報せんも図る可からす、若左様之時宜に臨み候得は、十分応せさる可からされは、其用意はなくて不叶との一言にて、我も〳〵と騒き立、終に不可制之勢に立至候由に候、一言一句を不慎は其罪不可許候得共、其底意を推し候得者、兼て御承知有之通之気質故、丁寧反覆説諭する流儀に無之、一握に方向を捻ち廻はさせ候例之方便上に出候訳にて、決而無名の軽挙をやらかす趣意に無之と信用仕候、追而御咄も申上候通、昨年来之行懸り止に止まれぬ形状に陥り、終に今日之事端を発くに至り候義と存候、乍去此節之端緒よりして、若干戈と相成候得は、名もなく義もなく、実に天下後世中外に対しても、一辞柄の以て言訳も不相立次第、実曲直分明、正々堂々其罪を鳴らし鼓を打て之を討せは、誰か之を間然するものあらんや、就ては此節事端を此事に発きしは、誠に 朝廷不幸之幸と窃に心中には笑を生候位に有之候、前条次第に候得は、西郷におひては此一挙に付而は、万不同意、縦令一死を以するとも不得止、雷同して江藤、前原如き之同轍には、決而出で申まじく候、万々一も是迄之名節砕て、終身を誤り候様之義有之候得は、さりとは残念千万に候得共、実不得止、是まで之事に断念仕外無御座候（下略）

　またこれは林董の話であるが、大久保が神戸に上陸すると伊藤と林董が出迎えに行き、三人で京都に行く汽車の中で、大久保は伊藤からそれまでの状況について詳細な報告を受けた。当時の実状はどうだったかと言うと、政府の態度はなかなか決らず、皆疑懼していて各種の噂が飛び、西郷が出馬したのならば大久保はどうだろうかと言う者さえあったそうだ。それが大久保が出て来るとたちまち征伐に決したので林さんは驚いたと言っていた。

しかし大久保としては事が重大なのでよほど考えたらしく、初めに自分が一人で西郷に会いに行くことを提議し、自分と西郷との間柄なのだから、話し会えば必ず解ると信じていたが、後事は伊藤に頼むと言ったのに対して伊藤が断ったので、このことは実現しなかった。それについて伊藤さんが後に語られたところによれば、後から考えて見ると自分がその時断ったのがいいことだったかどうか解らない。しかしその時の考えでは、もし大久保と西郷との間が旨く行ったとしても、西郷の周囲には桐野その他のものがいて、その連中が承知するとは思えない。そうすれば大久保と西郷は刺し違えて死ぬに相違ないし、また恐らく必ずそうなることと思った。今から考えると、或は大久保の希望通り西郷と会談した方がよかったのかも知れないが、その時には実際にそのように思ったのだ、ということだった。

大久保はそれからずっと政府とともに京都に滞在し、西南戦争が終るまで東京に帰って来なかった。この間に、と言うのは明治十年の五、六月頃だったと思うが、木戸さんが京都でなくなられた。木戸さんは健康が勝れず休養勝ちで、色々な役に就かれても機会があれば職を辞して国に引退されるという風だった。私は東京にいて、毎日の新聞が待ち遠しかった。鹿児島の家は戦争勃発の際に焼かれたが、家族は皆東京に来ていた。

またその年に内国勧業博覧会が開催される予定で、その準備が進められていたが、戦争が起ったのに鑑み、博覧会を中止すべきや否や東京から京都に請訓して来たのに対して、当時京都にあった政府から中止しないようにとの返事があり、博覧会は予定通り開催された。このことは当時の要路者が産業の奨励ということをいかに重大な仕事に考えていたかを物語っている。

戦争の経過は、賊軍が熊本城の攻略に失敗してから官軍はますます攻勢に転じ、薩摩側は人員も減り、弾薬も次第に欠乏して来た。ちょうどその頃西郷が書いた珍しい手紙を私は持っているが、それは人吉《ひとよし》の本営から木山本営に宛てられたもので、恐らく西郷の絶筆となったものではないかと思うが、その中に、人手が足りなくて書記役を勤める人を寄越して貰いたい、という意味のことが書いてある。大将が書記の仕事をしているのであって、それから見てもいかに窮迫していたかが察せられる。西南戦争は文字通り血族同士が戦った、実際に悲惨な出来事だったのであるが、これも廃藩置県の一つの余波であり、因果関係を遡って行けばずっとこのことにまで続いている。

前にも一度話したが高橋新吉という人があって、これは役人で後に九州鉄道社長、勧銀総裁等になった人であり、また私たちが米国に留学している時の先輩で、滞在中大変世話にもなり、そういう縁故があるので帰国後も非常に親しくしていた。それで征韓論の後で西郷の進退等についてよく話したが、この高橋という人は村田新八の従弟で、村田新八は言うまでもなく西郷党の大立物だった。村田は西郷が遠島に処せられた時に一緒に行ったほどで、西郷とは深い縁故があり、明治四年に岩倉使節一行に従って行ってヨーロッパに留学していた村田は、西郷が明治六年に鹿児島に帰ったことを知って、容易ならぬ事態と見て日本に帰って来た。そして高橋に会って、自分は取敢えず鹿児島に帰る。西郷さんがどういう意見か解らないが、そしてまた自分は大久保さんにも世話になっていてその話も聞きたいと思っているが、とにかく西郷さんと進退を共にしなければならぬ。しかし君は大久保さんに非常に引立てられているのだから、東京に居残ってこれからも御奉公しなければならない、とそのように言った。それで高橋はそれまでは自分も鹿児島に帰るつもりでいたが、思い止って、東京に居残ることに決めたのだと私に語った。その後鹿児島に帰った村田より便りがあって、西郷さんに会って話を聞き、その前に東京で大久保さんの話も聞いて、どっちがいいか自分には解らない。ただし当地の状勢は想像以上に険悪で、桐野らが中心になって過激派の勢力が盛んでどうにも手の付けようがないと言って来たが、この手紙で村田は次のように書いている。

「私学校の事態甚だ険悪なり。到底破裂は免れずと思う。うどさあ（鹿児島方言で大人《うどさあ》さんの西郷のこと）の力も今は及ばずなった。自分も出来るだけ抑えることは心掛けて居るも、到底どうも手の付けようもない。此の事態を喩えんに、恰も五升樽に水を一杯入れたるも、帯（箍）の正に腐朽して破裂せんとして居る如し。」

そして更に、自分たちはその樽に巻き付けた腐敗した縄のようなもので、どうしようもないが、お前はどこまでも東京にいて御奉公しろ、と言っている。

この村田が最初に日本に帰って来た時の話と、その後鹿児島から寄越した手紙のことを西南戦争後、高橋が西郷の子の菊次郎に語ったところが、菊次郎はそれは初めて聞くことで、それで父と村田との関係が解ったと言い、そういえば自分も思い出すことがあると前置きして、次のようなことを話した。西郷に熊吉という忠僕があって、その熊吉が菊次郎に話したところによると、征韓論が決裂してから数日後に西郷が家に帰って長靴を穿《は》いたまま座敷に上って来て、暫く立膝をしていた。それで熊吉が傍に行って、これからのことはどうなるのでしょうと聞いたところが、西郷は、「実に困る。桐野などがなかなか手に余る。何とかしようとして、初め士族を率いて北海道に行くことを考え、次に征韓論を主張したが、これもうまく行かぬ。いよいよ仕方がないから鹿児島に引込む他ない」と言ったということである。菊次郎はこれと村田さんの話と思い合せて、感に堪えないと高橋に語ったそうである。この熊吉というのは私たちもよく知っていたが、大きな男で、また非常に忠実な人間で、女中などをあまり置かなかった西郷は大変熊吉を頼りにしていた。

またこの村田の話を高橋が桂さんに話したところが、桂さんは大変感激されたということである。と言うのは大西郷の授爵は桂内閣の時にあったことだが、桂さんが言われるのに、自分は西郷の心情を固く信じて、終始その忠誠に変りはなかったことを奏上して授爵の御裁可を得たが、村田の話はそれを実証してくれたわけである。この授爵のことは山県、伊藤、松方、黒田の各内閣時代の懸案だったが、これは皆西郷の世話になった人々であり、その行き掛りもあって、そういうことが持ち出せなかったが、私の代になって初めて実現したのだ、と桂さんは語られたそうである。

伊瀬地という陸軍中将が高橋に話したところによると、池上という西郷派の幹部級のものが伊瀬地に語ったのに、御維新後奥羽戦争も割合に早く済み、大した波瀾もなく封建制度を打破して新政を布くことが出来たのは、西郷が新政府の成立後逸早く帰郷したことが与《あずか》って非常に力があった。即ち当時は皆それぞれの野心を持っていたが、西郷の進退の仕方が綺麗だったので、これが他のものの手本となり、不心得者を抑えるのに役立ったということである。これはどの程度までそうだったかは言えないが、一つの見方であると思う。

また大山さんの話に、大山さんは明治七年と九年と二度鹿児島まで西郷に会いに行かれたが、それは二度とも西郷を鹿児島から引出そうとしてだった。初めの時は西郷を一度洋行させよう、洋行すれば気分も大分変るだろうというので、そのために行かれた。この話が東京で出た時に、もし西郷が行くことになれば金が要るが、と言ったものがあったが、これに対して大久保は、もし西郷が行ってくれるならば金の方はどうかなるでしょうから、その含みで西郷を説いて貰いたいと大山さんに言った。それで大山さんは鹿児島に行って西郷に会い、ヨーロッパでもその中に戦争が起りそうだが、いい機会だからこの際見に行かれたら、と勧めたところが、西郷はどちらかと言うと戦好きの方なので、大分気が動いたらしかった。ところがその頃、鹿児島にウィリスという英国人の外科医が来ていた。これは非常にいい人で、奥羽戦争の後に鹿児島に来て怪我人の治療に当った人で、西郷とも親しかった。大山さんが戦争が起ると言ったのは当時普露間の情勢が険悪だったからだが、その次に大山さんが西郷に会うと、西郷は、ウィリスに聞いたところが、普露間に何かあったようだが、戦争にはならないだろうと言っていたと言って、また気が変った様子だった。これを聞いて大山さんは、しまった、ウィリスと打合せておくのだったと思ったそうである。その次に大山さんが行かれたのは明治九年で、この時は西郷に主に東京に出て来られたらということをしきりに説かれたが、実現しなかった。そのように、大西郷をあの渦中から引出そうとして皆非常に苦心したのである。

いよいよ出兵の序幕を開いた時、西郷の弟小兵衛がそのことを西郷に告げに来た時のことは既に話したが、この時西郷は今回の挙兵が、陸軍大将たる自分の名において政府の責任を問うことを名目としていることに気付いていたろうか。そしてまたその原因をなした自分に対する暗殺事件の事実も、恐らく西郷は信じていなかったと思う。しかしそれが不思議なことで、心ではそういうことを承知しながら、西郷は何もすることが出来なかった。

これは実に悲劇的なことであって、事態がそのようになると誰にもその推移を支配することは出来ないのではないかと思う。

大山さんが曽て私に語ったところによれば、西郷が征韓論を主張したのは、久光公との関係を苦慮するあまりこの企てに全力を傾注したのだという大隈さんの説は、一理あることだということだった。即ち久光公は常に西郷らに含むところがあり、廃藩置県その他封建制度打破を目的とする根本的な諸改革には、決して衷心より賛成していなかった。従って維新後の事態には不満であって、廃藩置県が行われた後、久光が一時藩知事に任ぜられた際に、医者か茶坊主に似た名だね、と言ったこともあり、西郷、大久保らが維新後の新しい事態を作り出し、自分たちが事に当って政権を壟断《ろうだん》するつもりなのだという風に、西郷らの行動を邪推していた。しかも当時はまだ君臣の情がまだそのまま残っていた時代で、西郷も久光公のこの態度には常に苦痛を覚えていた。それで維新後は機会があればすぐに鹿児島に引込んで、自分に他意なく、殊に政治上に何ら求めるところがないことを示そうとしていた。しかしこの他にも戊辰の戦いの後に凱旋の将士らが島津家に対して絶えず失礼な挙動に出でたり、また門閥いじめの事件があったりして、これらの出来事は著しく久光公の感情を害し、その原因は西郷が自分に対して不遜だからその部下もこれに倣うのだという観念を久光公に抱かせ、西郷はそのためにますます疎んじられるに至った。西郷は豪放な性格の持主だったが、旧主のかかる忿懣《ふんまん》にはいたく心を悩まし、このことのためにいかに苦悶したかは他人には思い及ばぬ位で、出来ることならば世俗を脱して隠栖《いんせい》したいというのが西郷の偽らない気持だった。時には、自分の進退に何とか始末を付けなければ到底堪えられない、と言って嘆いたこともあり、そういう次第で大隈さんの説は決して想像によるものではなく、具体的な根拠を有する議論である、と大山さんは私に語った。西郷と久光公との関係は事実その通りだったのであり、西郷のみならず大久保も久光公は快く思われていなかった。

また大浦兼武という人がいて、これは西南戦争の時分には警視庁の警部で、西郷の暗殺事件に関聯して薩摩側に逮捕された人だが、後に山本内閣の時に内務大臣になり、今では忘れられたかも知れないが一時は政界に相当に知られた人物だった。この人の話に、征韓論の時に桐野利秋は熊本鎮台の司令官で、ちょうど琉球人が台湾で虐殺された事件があり、どうしても台湾を征伐しなければならない、自分が行く、と言って、盛んに台湾征伐を主張していた。そして桐野が最初に西郷の征韓論のことを聞いた時は、これは西郷の一身の安否に係ることであり、西郷は国家の柱石であるから、それが自分自身朝鮮に行くことは反対だという意見だった。ところが東京では西郷が非常に真剣で、それまでの行掛りから言っても西郷を動かすことは出来ないということなので、自分も東京に出掛けて行って色々と事情を聞いているうちに、しまいには自分も西郷の説に共鳴するに至り、台湾征伐のことなどは忘れて熱心な征韓論者になったということである、と大浦が私に語ったことがある。

大久保がこの事件について西郷のことをどう思っていたかは、事変の知らせを受けた時に伊藤に与えた前掲の手紙にも或る程度書いてあるが、また大久保は死ぬ少し前に重野安繹を呼んで、西郷の人物については自分が一番詳しく知っていると思う。それで貴方に西郷のことをお話しするから書いて貰いたい、と言った。重野は承知して、大久保はいずれ重野に材料を提供するつもりでいたのだろうが、それを果さずに死んだことは思えば実に残念である。

また西南戦争についてこのようなことも聞いたが、この戦争では官軍の方は百姓、町人が新たに兵隊になった鎮台兵で、薩摩の方は先祖代々の士族であり、この二つが初めて戦ったわけで、政府もその点ではかなり心配したが、段々やって見ると、そのように新たに国民の中から徴集されて訓練を経た兵隊は決して士族に劣らないことが解った。しかし何と言っても手薄で、それを補うために当時の警視総監川路利良は巡査を武装させて戦地に送ることを願い出て、政府はそれを許可し、これは別働隊と称して川路自身が指揮し、非常に役に立った。

西南戦争の時には三菱汽船会社が既に出来ていたので、軍隊や糧秣の輸送は滞りなく行えた。これも岩倉大使一行の欧米派遣が齎《もたら》した結果の一つであると言えるのであって、政府は岩倉使節の帰国後汽船会社を設立する必要を感じてその仕事に当るべき人間を物色したところ、岩崎弥太郎という人がいるというので、大久保が岩崎に会うことになった。この岩崎は土佐の人で、土佐藩の御用船を払い下げてその四、五艘のぼろ船で海運業を始めていた。船はぼろ船でも人間は確かだった。そして大久保が会って見て立派な人物であることが解ったので、岩崎に対して政府が毎年数十万円の補助金を出してその会社を援助することになった。これが三菱汽船会社の始まりで、西南戦争の時には政府はこの会社があったために、汽車のない時代に輸送には少しも困らずにすんだが、その反面三菱も非常に儲けた。これがその後三菱攻撃の原因となり、大久保に、三菱が非常に金を儲けていることについては政府も考えるべきだと注意するものもあったが、大久保は、なるほど儲けたかもしれぬが、これから船の修繕、造船、それからまた航路の開拓もあり、これからは今までと違って規模も大きくなるからますます金が要るわけで、そういうことも考えてやらなければならない、と答えたということである。

しかしその後明治十四、五年に至って三菱攻撃は一層ひどくなり、三菱に対抗して共同運輸会社というのが出来て、森岡という人が、これは素人だったが、その社長に就任して、三菱と共同との間に競争が始まった。その頃は政府の意向も大分変って、三菱は横暴だというような論が多く、三菱、共同二社間の競争はますます激しくなって、横浜・神戸間の航路の運賃はほとんどただにただに近いまでに引下げられ、その上に旅客には景品が出るという有様だった。それで、これでは共倒れになる他ないというので、西郷従道が間に入り、三菱、共同は合併して今の郵船会社が出来た。岩崎弥太郎という人は非常な快男子で、体も大きく、また人を使うことが非常に巧みであった。船会社だった関係で外国人の船長など多数使っていたが、皆岩崎には心服していた。

私の父は明治十一年五月十四日に亡くなった。私はまだ開成学校に在学中で、その日は既に授業が始まり、何の授業だったか記憶しないが、教室にいると、その頃家にいた書生が来て私たちを教室の外へ呼び出した。そして一ッ橋から霞ヶ関の家まで馳足で帰った。家には政府のほとんど全部が集まっていた。

父を暗殺する企ては以前から何度もあった。幕末時代に京都では幕府側のものに始終付け狙《ねら》われ、また維新後東京に出て来てからもその身辺については警察が常に心配し、家にいた二、三名の家来も絶えず気遣っていた。当時太政官は青山にあり、父が霞ヶ関の家から太政官に行くのには永田町を通り、赤坂を降りて、清水谷から紀尾井町を通って行き、この道順は近路ではあるが、人通りの少い、淋しい往来で危険であるから、前から道順を変えるようにと言われていたが、これが一番早道だった関係も恐らくあって、遂に変えられず、しかも十四日の朝に父の家に見知らないものが来て、今日も御出勤ですかと聞いたのをうっかり返事したということであった。

今から考えると、私たちが米国から帰って来た時に開成学校が既に出来ていて、そこにすぐ入れたということは、その当時として非常に幸福なことだった。その時分は現在のように秩序を踏んで進級して行ける学校は、開成学校の他になかった。開成学校は南校と呼ばれていた本郷の医学部を除いて、予備門から本科までを入れて生徒が全部で百四、五十人で、とにかく生徒が揃って一つの食堂で食事をすることが出来たのだからその規模が解る。そしてその大部分は各藩からの貢進生で、それ故に粒が揃って居り、この人たちが新しい教育を受けたのだから、退学者は別として学校の卒業生はほとんど全部が成功している。開成学校も段々発達して帝大になり、その卒業式には天皇陛下が御親臨あらせられ、卒業生の名簿もその都度叡覧に供せられることになっていたが、その名簿を見ると、明治三十年頃までは学生は士族が九分通りで、明治四十年以後から大正に掛けて平民の方が大多数になっている。

開成学校のもう一つの特徴を言えば、それがその当時文部省管轄下の唯一の学校だったということである。学校としてはこの他に工部省管轄の工部大学、駒場の農学校、今でいえば逓信省管轄の商船学校、築地の商業講習所、これは渋沢栄一、矢野次郎らの設立によるもので後には官立の一ツ橋の商業学校になり、またその他に三島毅の二松学舎、攻玉舎(これは海軍の予備校)、それから福沢諭吉の慶応義塾等があったが、例えば工部大学は建築、鉱山、土木、商船学校は船乗りのこと一般、という具合に、皆各方面にわたってその創立者たる官庁が自分の畑の人間を養成するための学校だった。そういうのは色々とあったが、文部省管轄の学校は開成学校だけだった。それが明治政府の制度が整うに従って、工部大学、農学校等、次第に文部省管轄に移された。また諸藩でも明治以前は薩、長、土、水等皆各自の藩学の設けがあったが、藩が廃されると同時にそういう藩学も皆止められて、文部省が地方の学校のことまでやらなければならなくなった。これは或る意味では惜しいことで、例えば独逸《ドイツ》などでもそのようなことはなく、ボンとか、ウェルテンブルグとか、各地方に大学があって、また英国のオックスフォード、ケンブリッジ、米国のハーヴァード、エール、仏国のリヨン等、銘々の伝統と特色を保って自立している。そうでないのは日本だけで、学校は皆文部省の型にはめられて出来ている。例えば薩摩に元の聖堂を基礎として時勢に応ずる施設を加え、後の大学として存続が出来たのであったならば地方の特色も養われたかと思う。他の大藩についても同様である。今日鹿児島、水戸、萩等の地方に行って見ると実に哀れなもので、土地の往年の気風というようなものは薄らぎ、皆同じような型の人間が養成され、東京が人間の教育まで全国の手本となった観がある。維新のごとき興廃の分るる時政治家の万能を期するは無理であるが、以上は今日のような多量生産的な教育方針に直面して起る感想である。

開成学校の卒業生は多くは役人になったが、増島六一郎、高橋一勝は卒業後代言人になり、最初の大学出の代言人だというので当時は非常に珍しいことにされた。弁護士のことを最初は代言人と言った。その時分はあまり世間から好意を以て迎えられていなかったので一層注意を引き、話題に上ったが、増島六一郎氏は今なお元気で斯界の長老である。

ここで一言付言したいが、大学がなお開成学校時代にその最初の卒業生を選抜して留学生を海外に送り、それが政府の一貫した方針となり、戦争前まで六十年間絶えず続行されたことが、日本の新知識の取り入れと科学研究の上に貢献したことは多大なものであった。顧みれば五ヵ条の御誓文の、知識を世界に求め大いに皇基を振起すべしとの聖旨に添い奉り、深く嘆称するところである。日本は開国後といえども欧米と境を接せず、文字言語を共通せず、その交通の不便を克服する一つの手段として盛んに海外に留学生及び視察員を派遣したのである。この間内閣の更迭、財政の困難等に拘わらず、このことが不動の方針として最近まで遵奉されたことは心掛けある外人の注意にも上り、日本が先進国の仲間入りを志す努力の顕われとして称賛せる批評は自分の耳にも折々触れたこともあるが、今後建直しの日本として文化学術に一層の精力を注ぐことが約束された以上、ますます御誓文の聖慮を守り、その御趣旨に添い奉ることが必要であり、その最も効果に富みたる方法として考えられるのは、留学生、研究員の先進国への派出である。ついでにここに付け加えておきたいことは、この御誓約御発表の形式である。乃ち明治元年三月十四日公卿諸侯会同の席にてこの御誓文を国是として定めさせられ、衆に先んじ天地神明に誓わせられ、衆またこの趣旨に基づき協力努力せよと宣わせられたのである。しかして列席の公卿諸侯は臣等謹みて叡旨を奉戴し死を誓い宸襟《しんきん》を安んじ奉るべしと御受け申上げ、総裁始め百余名の公卿諸侯以下、皆署名捺印したのである。その原書は京都の東山御文庫に保存してあるが、自分がその原書を拝見した時は特に御維新の広大無辺の聖謨に感激したことである。

翻って今の文部省の制度について考えて見ると、これを確かに改革しなければならないと思う。現在では大臣が変れば文部省の方針も変り、内閣の更迭が頻繁に行われて大臣が一年に二度も変ったことがある。これはどうしても常設の委員会のようなものを設けてこれに教育のことを司らせ、文部省の方針が軽々しく変らないようにする必要がある。文部大臣は閣僚であり、内閣とともに変るのは仕方ないことであるから、これは行政の方面をやればいいのであって、例えば現今のような制度であるために戦時中、総理大臣が同時に陸軍大臣でもあり、内閣の一員たる文部大臣は勢い威圧されて、文部省は陸軍省の一局かと言われるようなことになるのである。これはどうしても動かない機関がなければならないのであって、それは例えば軍部における参謀本部のような存在であることを必要とする。

明治の初年には政府の方針が決定していて、教育は極めて重要視され、一時木戸さんが文部卿になられたこともあった。しかしそれが後に至ってそのようでなくなったので、伊藤さんが文相を物色している時に、ちょうど憲法改正の調査のために英国に来られて、当時駐英公使だった森有礼に会われ、そこは以心伝心で伊藤さんと森有礼との間に黙契が成立した。それまでには色々の人が文相になったが、例えば大木さん（喬任）のごとく、多くは維新の元勲で、当時の政府の人たちを大別すれば、新しい時代に付いて行ける人々と、既に人物が出来ていて時代の変化に応じ得ないのとの二種類があった。しかし自然淘汰の結果で、私が明治十八、九年の頃初めて地方官になった時、私の同僚は皆維新の功労者で、私にとっては先輩であり、それが新しい時代が嫌いか、或は時代に付いて行けない人たちが多かった。森有礼は伊藤さんに会った後に独逸に学制の見学に行き、帰朝後はまだ大木さんが文部卿だったので、まず二等出仕として今で言えば文部次官の位置に就き、事実教育刷新の仕事に取り掛り、間もなく文部大臣になった。森さんは文部大臣として思い切った仕事をされたが、それは森さんが曽て主張されたローマ字採用論などから一般の人が想像するような性質のものではなく、学生に全然軍隊式の教練を施すことにしたのなども森さんの施策の一つである。ただしこれは規律を糺《ただ》し、体位を向上させることが主眼だったようである。

四　英国在留

明治十二年—明治十六年　1879—1883

明治十四年（一八八一）　パナマ運河起工（一九一四年開通）。岩倉具視憲法制定意見上書。国会開設の勅諭下る。参議大隈重信免官。自由党結成さる。日本鉄道会社設立許可。

明治十五年（一八八二）　伊藤博文を憲法取調べのため欧州に派遣。京城事変起る。東京瓦斯会社、東京電気会社創立許可。立憲改進党結成さる。

明治十六年（一八八三）　岩倉具視薨ず。伊藤博文帰朝。


十九の時に、まだ大学だったが、漢学もまず人並かと信じ、もう一度海外に渡って外国の様子を見て来たいと思い、岩倉さんにその旨の手紙を書いて願って見た。呼んでくれればいいと思っていると、四、五日してその通りに来いと言って寄越された。それで岩倉さんにお目に掛って、外務省あたりに入るようにお口添え願いたいと言うと、承知したから、井上外務卿に話しておくから井上さんに会って話をしたらよかろうと言って下さった。それで井上さんにお会いしたところが、今すぐ外国に遣るというわけには行かないが、とにかく大学は退学して見習いかたがた外務省に出ていれば最初の機会に行けるようにするということだったので、大学は止めて外務省に入った。

その時塩田三郎という人が外務少輔、今で言えば外務次官で、私に渡された辞令は外務省御用掛りを命ず、月給十八円を給すとあった。私はそれを見て、若かったせいもあって、値踏みされたのが少し癪にさわったので、調子を改め、ちょっと申上げたいことが御座います、と前置きして、私は見習いとして外務省の御用を仰せ付けられるということは伺いましたが、月給を戴くということは伺っておりません、何とぞ月給を下さることはお取り止めになって戴きたいと存じます、と言ったところが、塩田さんは随分変な顔をしたが、ちょっと待ってくれと言って部屋を出て行き、暫くして戻って来て、宜しゅうございます、と言って給金の分を除かれた。大変可笑しな話だが、私は十八円に値踏みされたのが口惜しかったのだと思う。御用掛りというのは本官ではなく、嘱託のようなもので、仕事はほとんどなかった。ただ何か税関規則のようなものを翻訳させられたのを覚えている。

そのうちに私は書記生になって、倫敦《ロンドン》在勤を命じられた。そして旅費をメキシコドルで給せられたが、その時分は小切手はなく、仕度金も加わったので相当の高であった。それこそ月給十八円どころではなく、額は忘れたが、銀の現金だからかなり重味があって、これを風呂敷に包み、横浜の Messageries Maritimes の支店に船の切符を買いに行った時は本当に嬉しかった。船（千五百噸《トン》）は横浜から香港《ホンコン》まで行き、そこからまた欧州行きの大型の船に乗り換えた。

私の倫敦行きについては面白い話がある。後年井上さんの手紙を私の所に鑑定に持って来たものがあったが、それを見ると井上さんから当時の駐英公使森有礼氏に宛てたもので、今度牧野をそちらに遣ることにしたが、当人は巴里《パリー》に行きたいと希望したのだが、若いものは英国の方がいいと思うから英国に遣ることにした、牧野は才子風の男だから、その点に気を付けてやって、先代の子らしく重味のある人間になるように仕向けて貰いたい、という意味のことが書いてあった。私は初めから英国行きを望んでいたので、フランス行きを希望したというのは全く井上さんの感違いだったのであるが、私が才子風の男に見えたのだから面白い。

英国に行ったのはちょうど春で、汽車がずっと倫敦に入って行くとその日は霧が深くて全く一寸先も見えず、英国に行くことを望んで来たのではあったが、こういう所に住めるかどうかとさえ思った。しかしそれも暫くいると毎日のことではないことが解った。一体に倫敦という所はすぐには理解出来ない所で、巴里などに比べると薄暗い感じがするが、そこに住んでいる間に段々に解って来て、深味のあるを覚え、親しみを感ずるようになったのである。当時倫敦の日本公使館は森有礼公使の下に富田鉄之助が一等書記官で、書記生は私を入れて六名だった。この時末松謙澄も書記生の一人で、その他にレーンという英国人が公使館の嘱託になっていた。仕事はあまりなかった。と言うのは、当時我が国の外交の眼目は条約改正で、これは国内における各般の施策が進捗し、対等の条約を結ぶに足るだけの資格が我が国にあることを外国に認めさせることが出来るまで暫く交渉を見合せることに政府の方針が決定し、また貿易にしても微々たるもので、日常の事務が幾らかあるだけで、これも問題にならない程度のものだった。その頃私たちは全く新入生で、外交官である以上なるべくその土地の風俗習慣をよく知ろうと心掛け、その向きの本を読んで、行儀作法、着物の着方、訪問の仕方等を習得するように努め、仕立屋も一流のを選んで服を註文した。そうしないと見下げられると思ったのであって、日本人が外国に来て立派にやって行けるということが見せたかった。私はそのように風俗習慣に馴れる意味で、末松がそれまで住み込んでいた家庭に末松の後に入った。この家庭には未婚のお嬢さんが四人いて、よくそのダンスの相手を勤めたりして、ここにいる間に大分英国の家庭生活に馴れた。その頃のダンスは、ワルツ、カドリル、ポルカなどで、これは社交界に出た時に必要なのでダンスの稽古に行き、また今も言ったように、私のいた家のお嬢さんたちの相手をして踊った。私は現在でも「ブルー・ダニューブ」の曲を聞いたりすると当時のことが頭に浮んで来る。

何しろその頃の日本は支那の属国位に思われていたので、それが癪で堪らず、自分としては試験を受けるような意気込みだったから、やることに念が入っていた。私は英国にいる間、年に四百六十磅《ポンド》貰っていたが、一流の料理屋に行き、仕立屋も一流の店に註文するという風だったので、年中足らぬ、足らぬで、時には質屋に持物を持って行って急場を凌ぐこともあったが、借金はしないですんだ。もっとも少し倹約さえすれば何も困ることはなかったので、例えば場末の仕立屋に行けば服が一組三磅で出来る。しかしそれが一流の仕立屋に行くと一組十何磅か掛かり、また向うの人たちは眼が鋭いからその違いはすぐに見抜かれた。

行儀作法についても随分苦心して勉強したもので、例えばその時覚えたことの一つだが、当時訪問に行った場合は十五分以内にその家を辞去するのが慣例で、午後五時のお茶の時間に呼ばれた時は別であるが普通の訪問は外套を脱がず、外套を脱ぐのは正式に招待された時に限るということになっていた。またこれは別の一例であるが、外国に行ってその土地の習慣を知らないと恥を掻くことがある。或る時公使と共にビードという或る会社の重役の家に招かれて行ってそこで泊ることになった（このように客が泊りに行くもてなしをハウス・パーティーという）。その晩夕食前に、夜服に着換えようとして自分の部屋に行って、鞄を開けたところが何も入っていない。驚いて方々探して見ると、鞄の中のものはボーイの手ですっかり簞笥に移されていたのだった。英国のボーイとしてはそうするのが当然であり、それを知っていれば慌てずにすんだわけで、その時これは気を付けなければならないと思った。高い地位にあるものならば差支えないが、これから世に出て行くとなると細かなことにも注意する必要があった。自尊心の強い英人社会では特に郷に随う心掛けがないといけないと、その時分の若気に思った。

公使館のお雇いのレーンという男は大した人間ではなかったが、家柄がいい親類があって、自分もヨットを持っており、一緒にクルーズに行ったこともある。

そのうちに英国の家庭というものの様子も大抵解って来たので、もっと勉強しようというのでそれまでいた家を去り、公使館の傍の間借生活に移った。その頃私は盛んに本を、それも主に小説を読んでいたが、これは社交の際に話の種にもなり、また風俗、人情を研究する上でも色々と教えられるところがあるからだった。殊にスコットの小説は封建時代を扱ったものが多く、日本人に理解し易い点もあって実際耽読した。また一方リンカーンズ・インでレヴィ教授という人が万国公法の講義をするのを聞きに行った。このリンカーンズ・インというのは裁判所や弁護士の事務所が多い所で、私がレヴィ氏の講義に通ったのは、条約改正を控えて、また一般的に言っても法律の研究の必要を感じたからだった。

英国に来てから二年目に、日本でも財政困難になり、公使館の書記生の大部分は引揚げることになって、領事館は閉鎖されることに決定した。そういう事情だから、私も帰る他ないと思っていたところが、領事館が閉鎖された後に今まで領事館でやっていた仕事が残った。その当時日本では西南戦争に伴う財政窮迫の結果、紙幣一円の相場が銀貨四、五十銭位までに下落し、その対策として政府は絹、米、茶などを輸出して、その上り高を金で受け取って準備に供えたのである。つまりそれは普通の貿易ではなく、その荷為替の上り高を領事館が受け取って銀行に預けていたのだが、領事館の閉鎖に伴い、公使館の書記生がこの仕事をやることになった。ところが他の書記生は皆日本に帰りたがっていたし、私がその仕事をする番に当り、私としてはそれを望んでいたのだが簿記も知らなかった。それで簿記を習い始めて、二週間ばかりするとほぼ自信が出来たので、公使館の一室を借りて領事代理という名義でその仕事を始めた。領事館としてはこれが主な仕事で、留学生の学資の取扱い、貿易の報告、居留日本人の世話など格別なことはなかった。そこへ明治十五年に伊藤さんが憲法取調べのために渡欧されて英国にも来られた。これは私にとって一つの事件であって、伊藤さんは子供の時に知っていたが、今度初めて話をするようになり、その際に伊藤さんは、既に三年も留学したのだから、そろそろ日本に帰って自分の仕事を手伝ってはどうかと言われ、もしお役に立つことがあるならばと返事してそこに内約が出来、私は十六年の秋に日本に帰った。

英国にいる間は格別仕事もないので、森さんに時々目に付いたことなどに関して報告書を書いて日本に送るように勧められ、これは大変いいことだと思ったので、議会の議事や政治、経済その他の諸問題を取り上げて時折報告を書き、そのために「タイムス」紙を一つの日課として読んだ。また議会にも度々傍聴に行き、グラッドストンとディスレーリがやり合う様など親しく目撃した。英国という所は面白い所で、議員が殖えてその頃六百何人かになっていたが、議会は昔のままで少しも拡張しないので、議員が全部出席すれば腰掛ける場所がなく、立っているものが必ず出来た。これなどは実に英国らしいことだと思う。

席は日本やフランスのように半円形ではなく、真中の通路を距てて政府議員と野党とが相対して列席するようになっていて、その通路の中央に書記官長の席、その後方の通路の一番奥の所に議長の席がある。この議長が議院に入って来る有様なども非常に儀式張ったもので、最初に前触れのようなのが進み、次に議長の権力を示す棒のようなもの（これをMace という）、それから議長自身、その後に書記が従い、議長が入って来ると議員が一斉に起立する。場内の整理も非常に行き届いていて、議長が何か言えばどんな騒ぎでも直ちに止む。（もっともその頃アイルランドの議員たちだけは例外で、これは議席の隅に陣取って始終何か事を起そうとしていた。）そういう所だから、或る時ブラッドローという無神論者が倫敦区から議員に当選して、初めて登院して慣例の宣誓をすることを拒んだ時は非常に問題になった。ブラッドローは議院の入口の所に立って、自分の意見や立場を滔々《とうとう》と述べたが、結局議院に入れずにすみ、後に失格と決った。

英国の議院で面白いのは婦人の傍聴席で、そこには黒い網が掛かっていて、中にいる婦人の方からは外が見えるが、外からは中に誰がいるか見えないようになっている。発言は議長の指名により、議長は自分の目に留ったものを指名するので、多数の議員が同時に発言を求めているような時でも、議長が誰かを指名すればそれで騒ぎは直ちに止んだ。それで議長には皆が信頼する人格者が選ばれ、また議長に就任する時は政党を脱することになっている。

或る時グラッドストンがディスレーリの政策を攻撃する演説を行い、この人は弁舌も達者であり、色々と身振りもやり、実際猛烈な勢いで演説した。そうするとディスレーリが答弁に立ち上って、まず前の書記官長の卓子《テーブル》を指さし、「私とグラッドストン氏との間にこの卓子があったのを幸いに思う」と言った。勿論、語気があまり烈しく身振りもそうなので摑み掛かられずにすんだのは幸いだという意味の洒落である。

グラッドストンは非常に真面目な、むしろ宗教家のタイプの人で、政治家としては真面目過ぎる位だった。ディスレーリはこれに反して非常に人間味がある人で、国民からはDizzyと呼ばれて親しまれていた。ディスレーリの逸事として思い出すことがある。彼が最後の大演説をなすため夫人同乗して議会まで行き、見事に任を終え帰宅したるに、夫人は手先を繃帯《ほうたい》して痛みを堪え忍びて出迎えた。ディスレーリが先に腹案を練りながら下車した時、夫人は運悪く馬車の扉に手先を挟まれ、打撲傷を受け、苦痛を怺《こら》えて折角主人の心境を乱してはと、そのまま我慢して早急帰宅し、医者の手当を終えて出迎えたのだった。これは当時倫敦では美談として話題に上って居った。

グラッドストンは初め保守党の議員として出て、後に自由党首領となった。英国には時々こういう人がいるのであって、例えばヨセフ・チェンバレン（ネヴィル・チェンバレン首相の父）などは逆に私が英国にいた少し前までは赤い旗を立てて、盛んに共和制の採用を説いていたが、後に保守党に入って有名な帝国主義者になった。こういう変化は政治の動きが然らしめるのであって、チェンバレンの場合は英国の各自治領、殊に南アフリカの発展が彼をして帝国主義者にならせたのだと思う。

ヴィクトリア女皇はしばしば総理大臣を呼び付けては自分の思惑を言ったりして、始終政治に嘴《くちばし》を入れ、確かに一廉《ひとかど》の女性だった。一度外交団の一員として謁見に行ったことがあるが、女官、式部官らが居並び、すべては何百年前からの仕来りに従って行われ、非常に荘厳な印象を受けた。こういう点では英国は大変旧式な所で、例えばそういう謁見の際に、上流階級の年頃のお嬢さんたちが女王または国王に謁見し、その後初めて社交界に出ることになっている。またロード・メイヤー（倫敦市長）が市庁から正式に参内する時の儀式なども実に荘重なものである。英国人はそのように、保守的なところは非常に保守的で、しかも新しいことも取り入れる。それに比べると日本人は気が早く、移り変りが激し過ぎるようである。英人が伝統を重んずる気質の顕われとして思い出す一例がある。曽て時の大蔵大臣が下院にて、皇室費予算の中鹵簿《ろぼ》儀式等の項目を説明して言うのに、これらは形式的装飾に渉《わた》るもの多く、事務費にはあらず、従来より伝わり来りたる皇室の儀礼に伴う入費であって、宜しく議会の審議に待つものなりとの意向を述べたるに、何ら異議なく通過した。国民はむしろ見慣れたる行事儀式等には執着する傾向があるのを私は感じた。

その当時英国に滞在中の日本人は極めて少数で、公使館のものを除けば地方にいるものも入れて二、三十名位だった。地方というとマンチェスターやグラスゴウなどに日本人が行っていたのである。私がいる間に横浜正金銀行が倫敦に支店を開いた。その場所は、東京で言えば世田谷とか目黒とかいうような場末で、これは倫敦のどの辺がいい場所なのか、東京で言うならば丸の内のような所がどの辺に当るのか、まだ解らずにいたためのようだったが、しかし間もなくシティの商業地の中心に移った。その頃我々は倫敦にジャパン・ソサエティというものを作って、ここで討論会等をやり、そういう会ではまず誰かが講演することになっていたので、私も自分が講演する時は少しものを調べて行ったりした。一度政党の得失論を演じたことがあった。この講演があった後で、皆でその内容について討論するのを慣例とした。私が覚えているのでは、末松謙澄が朝鮮問題について講演したことがあった。その頃徳川家達公がケンブリッジに留学しに来て、末松は後公の援助を得て公使館を離れた。

英国はその頃から少しずつアメリカ風が社会ににじみこんで来た。例えば工面の悪い貴族がアメリカ人に領地を売ったり、結婚関係を生じ始めていたが、しかし大体においては何事にもせよ伝統を重んずるという感じがした。英国人は粘り強い民族で、私がいた間のことを例にとって言えば、セシル・ローヅが南アフリカのトランスヴァール共和国に侵入し、それが国際問題になり、ハーグの国際裁判に掛けられ、その判決を英国は受諾したが、そのようにして名義は立つようにしておいて、結局トランスヴァールにおける実権は握ってしまった。英国のやり方はいつもそうで、まず個人が手を出し、既に一定の事実が出来上ってからそれを政府が引取る。印度《インド》の開拓にしても、これはもと一商業会社が始めたことで、その事業に対して始め本国において相当な反対があった。このように日本のやり方とは逆に、国が常に国民の力で発展するのである。

英国にいた間のことで、他に二、三付け加えておきたいことがある。私が英国にいる間に有栖川宮威仁《たけひと》親王殿下が、当時海軍少尉であらせられたが、黒岡という陸軍少佐を随員に連れて留学に来られた。他にお供は一人もなく、当時御歳二十前後に御在《おわ》されたが、万事その調子に極めて御質素で、倫敦の場末に小さな家を借りて住まわれ、そこから海軍関係の講義を聴きに行かれたり、視察に出掛けたりしておられた。公使館にも時々お出でになり、私もお相手を仰せ付けられた。皇族方の海外御留学はこれが初めてではなかったかと思うが、明治の初年にはこういうこともそのように極めて簡単にすまされた。それが後年になって段々大掛りになって行ったのである。この宮様は後に皇族の中では重きをなされ、大正天皇の御輔導役をお勤めになった。お側には伊藤さんも始終伺候しておられた。

この宮様とは英国に御滞在中の御縁故もあって、日本に帰ってからも時折伺候していたが、私が文部大臣の時分に、何かの折に御殿で御昼餐に陪席を仰せ付けられたことがあった。それは宮様が二度目の御洋行からお帰りになった後で、外国から自動車をお持ち帰りになっておられた。そして昼からその試運転にお出で遊ばされるので、私にも陪席の岩倉具定と一緒に来いと仰せられ、御自分で運転遊ばされて、私も仰せに従って三年町の御殿から上野まで載せて戴き、上野でガソリンを入れるか何かで御休憩遊ばされた後に、これからどこに行くとお尋ねになるので、文部大臣の官舎に戻りますと申上げたところが、それでは送って上げようと仰せられて、上野から永田町の官舎までまた載せて行って戴いた。そして門の所でお礼を申し上げ、お蔭で命拾い致しましたと申上げると殿下は大笑いを遊ばされた。これは自動車はまだ珍しく、しかも御自らの操縦であったからである。この宮様が英国に御滞在中の御質素さに反して、当時徳川家達さんがやはりケンブリッジに留学していたが、これにはお供が三人ばかり付いていた。十六代将軍になる筈だった人だから、これはその頃としては当然のことだったが、その生活振りと言い、前記の宮様の御様子と言い、その時分の世相をよく反映していると思う。家達さんはこの留学の結果英語が達者になり、後に日米協会会長を勤めて国際的な方面に貢献するところが多かった。

前にも言ったように、伊藤さんは憲法取調べのために渡欧されて英国にも来られたが、英国に長くはおられず、欧州に滞在中の期間の大部分を大陸で過された。これは独逸《ドイツ》の憲法を主として研究されたからで、その傍らオーストリアのシュタインという有名な憲法学者の講義を聞きに行かれた。即ちその狙いは、英国のように古くから立憲政治の歴史を有する国よりも、独逸、オーストリアのように比較的に新しく憲法を制定した国の制度を研究して、我が国の参考にしようということにあった。この時の渡欧には西園寺さんも随員の一人に加わっていたが、英国には伊東巳代治の外、岩倉具定、広橋賢光、戸田氏共等、当時の若手で有望の人々が付いて来た。

私が伊藤さんから受けた印象について言えば、倫敦に伊藤さんが来られた時に私は日本の地方制度に関する左の意見書を書いて差し出したが、これに対して伊藤さんはネープルから非常に鄭重な手紙を寄越された。

意見書

本邦府県会創開以来茲ニ五年其間地方代議員ヵ委托ヲ受タル諸件ヲ議定シ已ニ処理ヲ経タル者僅少ニ非ス今ヤ府県会已ニ五回開設ノ効績アリ故ニ其時ニ決議シタル事項幷ニ施行ノ結果ヲ詳視熟察スルハ時機尚早シト云ヘカラス蓋シ視察ヲ要スルノ箇条多シト雖モ其大目ハ即チ当年政府ヵ開設ノ令ヲ発スルニ方リ予望セシ目的ハ果シテ能ク之ヲ達セルヤ否又府県会タル者地方政務ニ如何ナル利害ヲ与ヘタル歟且其設立ハ全国人民ノ政事思想ニ如何ナル影響ヲ及セル歟等是レナリ

夫レ本邦人民ハ同輩中ヨリ代理人ヲ公選シ各個ノ安否損益ニ関スル事件ヲ委托シ之ヲシテ論定処理セシムルノ方法ヲ実行セシ事未タ曽テ之レ有ラス独リ此ノ代理主義ニ習レサル

ノミナラス其委托ノ事務ト雖モ嘗テ耳朶ニ触レサル者多シ例ヘハ教育、衛生、病院ノ如キ皆外来ナラサルハ無シ故ニ初メテ其人間社会ニ緊要欠ク可カラサルヲ悟知スルト実際之ヲ挙行スルトハ殆ント同時ニアリト云テ可ナリ左レハ地方政務ノ新方便ト云ヒ又其行フ所ノ事務ト云ヒ一ニ在来国民ノ与リ知ラサリシ者ニシテ我カ政府ト雖モ維新後始メテ採用セシモノナレハ実際ノ成績ニ就イテ此ノ大改革ノ結果ヲ察知スルハ蓋シ政府施政ノ前途ニ必要ナル義務ニシテ尚今施政家須ク最モ注思スヘキ所ナルハ尚ホ漢医カ始メテ洋薬ヲ用ヒ其功験ヲ検察セント欲スルカ如クナルヘシ

本邦開港以来輸入セシ思想物件甚タ多シ為メニ人民ノ衣食住ヲ変更スルノ徴候アルハ洽ク世人ノ知ル所ナリ然リ而テ人民果シテ旧様ハ新風ニ若カストシテ争テ新法ヲ取リ全ク旧格ヲ廃ス可キ歟否ラサレハ別ニ特種ノモノヲ制出スルニ至ル可キ歟ハ未タ断言シ易カラス夫レ政治上ノ変換モ亦之ニ彷彿スル所アルカノ如シ我人民ハ嘗テ自ラ公事ヲ負担セシ事ナク他人ノ所行ヲ以テ当然トシタル久慣アレハ将来仍ホ自治ハ反テ気附カハシトノ感ヲ起シ之ヲ避ケントスルノ情アルモ未タ知ル可カラス譬ヘハ長袖緩帯ノ安佚ナルハ洋服ノ佶屈ナルニ優レリトシテ復旧ヲ好ムノ人アルカ如シ抑々政術ハ風土人情ノ相異ナルニ応シテ其性質ヲ換ユルハ世ノ通則ナリ夫ノ代理主義ニ依テ政務ヲ行フカ如キハ欧州各国ニ於テ数百年間種々ノ方便ヲ試ミタル後終ニ該方便コソ有益最多ノ者ナレト決シテ一般ニ之ヲ用ユル事トハナレリ近来我国ハ封建制度ノ時勢ヨリ一躍シテ直ニ十九世紀ノ文物ヲ模範ニセント欲

スルノ気運ニ遭フ蓋シ欧州各国ノ嘗テ越歴シタル順序ヲ踏ミ数多ノ階梯ヲ経過セサレハ必シモ政治ノ進歩ヲ見ルコト能ハサル歟否若シ人民ノ性質敏捷ニシテ能ク変遷ニ処スル気力アラハ則良法ヲ挙行シ公益ヲ享有スルニ何ソ長久ノ年月ヲ要センヤ数年ノ経験ヲ以テ或ハ大ニ得ル所アラン但シ此際緊要ノ問題ヲ判定スルハ空想以テ能クスヘキ所ニ非ス唯実際ノ景況ニ因ルノミ

府県会設立以来其断行ハ夙ニ公衆ノ注目スル所タリ世ノ所謂民権者輩ハ心ヲ代理主義ノ一方ノミニ馳セ代議政体ニ非レハ百事為ス能ハサル者トシ又有識ノ士ハ博ク人智国勢ノ進度ヲ観テ代理政治ノ尚ホ早キヲ恐ル各新聞紙ハ府県会関係ノ記事ヲ載スレトモ我ハ為ニスル所ノ者アレハ是ニ由テ其実ヲ知ルコト難シ政府ハ時々官員ヲ地方ニ派出シテ民情ヲ視察セシムト雖モ未タ専ハラ府県会ノ模様及其行跡如何ノ取調ヲ命シタルヲ聞カス抑前ニハ府県会ノ経験既ニ五年ヲ重ネ後ニハ国会開設ノ期ヲ隔ツル僅々七年ニ過キサル今日ナレハ特ニ府県会関係事件取調専任ノ人ヲ地方ニ派遣シ細詳ノ報告ヲ為サシメハ啻ニ目下ノ施政上ニ便宜ヲ与フルノミナラス他日国会開設ニ必要ナル予備ヲ為ス事ヲ得ルノ益亦応サニ少小ナラサルヘシ

已上専任視察員ヲ派出スルノ必要ヲ略述スルニ過キス若シ幸ニシテ此議採用セラルルヲ得ハ視察員ノ心得並地方巡回中注意スヘキ箇条ヲ詳記シテ高覧ニ供セントス

右に与えられたる伊藤公の返事

華翰並ニ府県会視察必要云々之御意見書羅馬ニ於テ正ニ落手敬読仕候爾来賢兄御清福不相変御勉強之段欽慕ニ不堪、僕一行モ愈来二十六日那布留解纜之仏船便ニ而可致帰朝賢兄ニモ不遠内御帰朝之筈ニ付而ハ本邦ニ而御待受可申御意見書之綱領至極御同意ニ御座候扨御帰朝之上右ニ御従事相成様致用意置可申候前途憲法政治組織上ニ付而モ地方之情勢習俗慣風ヲ酌量シ其実況ニ適スルノ法度ヲ設立スル事必用ニシテ徒ニ理論而已ニ偏倚セサル様有之度モノト企望罷在候ニ付テハ貴意ノ所注ト全ク符合候様相考申度御帰朝之上ハ御面晤ヲ得詳細御商議可申候森公使及川上氏等ヘ宜布御伝言願上度候匆々拝復　六月二十三日

博　文

牧野詩兄　座下

当時私は一介の書生に過ぎず、それが言ったことに対してこのように丁寧に返事をするということは、伊藤さんの性格をよく物語っている。或は後進を励ます意味もあったろうか。しかし伊藤さんは相手が大臣だろうが、書記官だろうが、また老人だろうが、青年だろうが、そのようなことには一向頓着なく、そういう意味で非常に親しみ易くて、誰であろうと相手の言うことを熱心に聞き、また時には言っていることが間違っていることを遠

慮なく指摘するという風だった。とにかくこの時以後三十年間、私は最後までその知遇を得た。そして伊藤さんの所に行くごとに何か精神的な収穫があった。時には何か土産はないかという気持で訪ねて行くことがあった。全く珍しいほど坦懐な人で、満州で遭難された時は一時世の中が真暗になった気がした。伊藤さんについては後に更に述べたいと思う。

既に言ったように、英国に行った時は鎖国の中から世界の中心に行ったことを非常に強く感じて、努めて色々と見たり聞いたりするようにしたが、その結果、後で非常に役に立ったこともあった。今でも思い出すのは「倫敦タイムス」である。私はこの新聞があることを知ってから毎日一時間か二時間宛、必ず読むことにした。「タイムス」も昔とは大分変ったという英人もあるが、当時は政治、経済、外交、文学の各部門に亘って粒選りの専門家がその編輯に当り、しかもその名が表に出るわけではなく、事情を知っているものから各編輯者の氏名を聞いて初めてなるほどと合点するのだった。この新聞は党派外で、概して保守的で時の政府を支持するが、時には外交問題などについて非常にはっきりと政府の政策に反対し、それによって政府を動かした例も少くない。私が英国にいた一八八一年頃は英国の国際的地位がその絶頂にあった時代で、その英国を知るためには「タイムス」を読むのが一番早いというわけで、欧州各国の政治家を始め支配階級の者は競ってこの新聞を読んだ。

これは英国内においてもそうであって、ホテルでも、家庭でも、「タイムス」と朝食とは付きものになっていて、知識階級は必ずこれを読むものに決っていた。「タイムス」の一つの特徴を挙げれば、議会で重だった人物の演説は、紙面を惜しまずにその全文を必ず掲げるので、それを読んでいると英国流の演説の仕方を自然に覚えることが出来た。また英国の人情風俗を知るためにも「タイムス」は非常に役立ったが、その一つの例として、この新聞では中流階級以上のものが死んだ時その遺言状の全文を掲げるのが慣例となっていたが、それを読むと寄付ということがよく出て来て、その本文中に遺言者が、自分は存命中に寄付行為については十分のことをしたから遺言ではしないという断り書きがあるのが、しばしば目に付いた。これを見ても、余裕のあるものが何かの形で寄付をするのは一つの習慣となっていることが解って、公益を援助することを義務とした一端を示す意味において、国民の程度が高いと思った。また批評欄の Times Literary Supplement にしても、それに書くのは一流の権威者で、新刊書の評価はそこで決るとさえ言われていた。

そのようなわけで「タイムス」の通信員は大陸でも特別扱いを受け、「タイムス」の方でもそれを考慮して粒選りの人物を派遣したのだと思うが、その通信員ならば各国外務省に自由に出入りし、また社交界でも歓迎された。私がローマに行った時の通信員はウィッカム・スティードと言って、これとは大変親しくしたが、私が後にウィーンに転任になってから暫くして、このスティードもウィーンに転勤して来た。そして六カ月ばかり立つと、私の方が先に来ていたにも拘らず、バルカン情勢、オーストリア政界その他について私よりも遥かに詳しくなっていた。

スティードは非常な親日家で、ヴェルサイユ条約の時には「タイムス」の編輯長になっていて、自分自身巴里に出張して来ていたが、人種問題では極力援助してくれた。スティードは、珍田大使、それから後の佐分利公使とも大変親しかった。私は或る時、どの雑誌だか忘れたが、年末の号に載っているスティードの寄稿を読んで驚いたことがあるが、それには今年自分は二人の益友を失った、その一人は某で、もう一人は佐分利だと書いてあった。私は佐分利がそれほどスティードと親しいとは知らなかった。佐分利はヴェルサイユ条約の時全権に随行し、優秀な頭脳の持主で非常によく働いてくれた。佐分利のような人物を失ったことは、我が外交にとっても惜しかった。

ついでに敷衍《ふえん》するが、「倫敦タイムス」は今から百六十年前にジョン・ウォルターという人によって始められ、以後一日も休んだことがなく、現在の号数は五万何千号かになっているということである。時には経営上の困難もあり、外部から資本を入れたことがあったが、ここに注目すべきは「タイムス」の定款に、常置の機関の承認がない限り、この新聞の維持者、出資者を変更することは出来ないという条項がある。この常置の機関というのは、大審院院長、英蘭銀行総裁及びロイヤル・ソサエティの総裁の三名によって構成されることになっている。これは英国の安定勢力を代表していると見るべき重職にある人物三名に監視させて、金主によって新聞の政策が濫《みだ》りに変更されることを防ぐためであり、公器としての新聞の使命をいかに重要視しているかを物語っている点で称嘆すべき措置であると思う。この新聞の部数は制限されていて、当時で二十万位だったが、知識階級ならば誰でも読む新聞なので広告料が大変なもので、「タイムス」の広告欄の二、三行の権利を持っていればそれで一家族を維持して行けると言われていた。また当時、普通の新聞の値段は一部一片《ペンス》だったが、「タイムス」だけは三片《ペンス》だった。

私は英国に在留中主として倫敦にいたが、倫敦ぐらい特色がある都会は他にないと思う。大体英国人は非常に不愛想な人種で、紹介がなければ口も利かないという風で、汽車で乗り合せて向い合っていても何時間でも黙っているという具合だが、懇意になれば親切である。倫敦の町もこれに似たところがあって、巴里や伯林《ベルリン》に比べて非常に雑然としていて実に解りにくい。例えばセント・ポールの寺院とか、大英博物館とか、そういう有名な建物の位置が言わば場末の、狭い横丁を入った所にある。だから日本からの視察者は大抵倫敦を素通りにして大陸に行ってしまう。これは倫敦に来ても、どこに行けばどういうものがあるというようなことが一向に解らないからである。そしてこれは倫敦という都会の機構からしてが不統一極まるものであって、倫敦市長が管轄する自治組織としての倫敦市はCity と言って、倫敦の中心地に当る極めて狭い一区に限られ（そこに英蘭銀行や「タイムス」の事務所がある）、これが往時のいわゆる城内であって、それ以外の地区はすべて倫敦が発展するのに従って拡張された郊外区域であり、そこの道路、衛生、水道、教育等の諸事業はそれぞれ別々の、全く独立した機関によって管理され、区画整理を行うのに多大な障碍があるのもそのためで、あれでよくやって行けると思うほど乱雑を極めている。しかも一方、各種の施設に至っては、図書館にしても、美術館にしても、その内容は非常によく整っていて、世界の最高水準を示しているものが多い。これは料理屋、劇場、クラブ等にしてもそうである。

そしてこの事情に関聯して英人のよく使用するジェントルマンという言葉も考えられるのではないだろうか。英国の社交界の中心はこの階級によって構成され、ジェントルマンになることが一般の目標とされている。今その資格を形容することは難しいが、在留中に得た感想を試みに言えば、第一に自重を尊ぶこと、行儀作法を糺《ただ》し威儀を整えること、名誉を重んじ必要の場合勇気を出すこと、身持ちを公正にすること、見得を飾らざること、何事も衒《てら》わざること等を修養の目的として居ったように見えたのである。勿論、実際は及ばぬ者も多かったと思うが、とにかく以上のことがこの階級の狙いであったと信ずる。そして仲間外と覚しき者とは齢《よわい》せぬのであって、こういう意味で交際社会は exclusive な、排他的なところがあった。このようにジェントルマンであるということにはそれだけの伝統や誇りが伴い、自分たちの真似をしたがる成り上りものをスノッブ（snob）と称して排斥する一方、生活の仕方及び交際の万端にわたって、一定の風格と習慣を固守している。ジェントルマンであることが一般の理想であるというのは、結構なことだと考えることも出来るが、贋物を指して言うこのスノッブという言葉は、大変味わいがあるものだと思う。また英国は家長制度で、財産の大部分は長男が受け継ぐことになっているので、次男三男は多くの場合濠州やアフリカなどに出稼ぎに行く。そしてその目的は、成功した暁には自分が育った実家におけると同じような品格を備えた家庭を造ることにあるので、英国が国としてあれだけ発展しながら国風を崩さないのは、こういう気分も手伝うのではないかと思う。

以上は留学当時の記憶であるが、二回の大戦争の結果英人の素質は変らぬとしても、形式上は多大の影響を受けていると思う。

五　制度取調局
——天津談判——

明治十六年—明治十八年　1883—1885

明治十七年（一八八四）華族令制定。加波山事件起る。自由党解散。朝鮮に騒乱起り、井上特命全権大使派遣。
明治十八年（一八八五）二月、伊藤博文清国に派遣。四月、天津条約成る。五代友厚歿す。内閣制度成る。日本郵船会社設立。

新政府が樹立されて、曽ては幕府を攻撃する材料だった外国との修交を今度は明治政府の手で更に一歩進めて、条約改正に乗り出すことが必要になった。これは明治四年に岩倉使節が渡米した際に、米国を最初の相手にして交渉が開始されたが、既に言ったような理由で一時延期することになり、その後寺島宗則など、西洋の事情をよく知っていて、我が国の実状を以てして欧米諸国と対等の条約を結ぶことは到底望めないというような、極度の悲観論を述べるものも出て来て、まず国内を整備し、法律、警察、牢獄を始めとして諸施設の全般にわたって根本的な改革を行った後に、条約改正に着手することになった。私が英国に滞在中別に仕事らしい仕事がなく、ほとんど留学生のような生活をすることが出来たのも、条約改正を延期したために日本と各国との間に外交問題というものがなかったからで、公使の森さんもAthenaeumクラブの会員になり、主に当時の英国の学者たちと付き合って居られた。しかし一方日本では、国内改革の仕事が非常な熱意を以て進められて行った。

例を挙げるならば、法治国にふさわしい新しい法典の完成のために、司法卿山田顕義の監督下に法典編纂所が設置され、ボアソナードが雇いとしてその仕事を手伝った。また前島密が駅逓長官となって日本の通信網の整備と拡張を図り、警察制度については川路利良がわざわざ欧州を視察してその創設に当り、井上勝が鉄道局長になり、衛生施設には長与専斎、金融方面の事業には渋沢栄一が当り、また得能良介が印刷局長、遠藤謹助が造幣局長になって新通貨の印刷と鋳造を受け持った。肩書は局長とか長官とかいうのに過ぎなくても、創業の時であり、皆終身その道に専心するつもりで仕事をしたのである。例えば印刷局を設置して紙幣を作るにしても、その用紙となる西洋紙を製造することから始めなければならず、そのために得能は今の王子製紙会社の創設を援助してこれを利用し、また印刷インクがないので応用化学研究所というものを印刷局内に開設して、印刷インクの製造を始めた。印刷に使用する銅版の彫刻にはキヨソーネという伊太利《イタリー》の彫刻家が当った。また紙幣の取扱いには女工を使ったが、我が国の工場で女性を雇傭したのはこれが濫觴《らんしょう》であったと思う。この得能は実に熱心な人で、私たちが曽て印刷局の工場を参観に行った時も、まだ子供だった私たちを自分自身で案内して廻ってくれた。官制によれば、印刷局は単に紙幣の製造が任務であったが、今述べたように工業各般にわたり大いに啓発するところがあった。

交際の面においても、明治の初年の頃は政府の重立った人々が、言葉は解らないながらも盛んに外国の人と付き合った。それで英国の公使パークスの夫人が死んだ時も、西郷従道が見舞い状を出して、私の家内も夫人とは大変親しくさせて戴いていたが、今度夫人が亡くなられてさぞお寂しいことだろうという意味のことを言っている。また西郷従道はロシア公使とも非常に懇意にしていて、公使が米国に転任になった際に、九歳になる自分の子を公使夫婦に託して米国に留学させたほどだった。しかし不幸にしてこの子は米国で病死した。ロシアの公使とそれほど親しくしたのは言うまでもなく、ロシアとの国交の重要さに鑑みてである。

また明治元年に大西郷が堺事件について大久保に与えた、非常に興味がある手紙があるが、大西郷は次のように言っている。

備前外国人殺害致候事件東久世卿御談判之節断然と朝廷より御処置を遊候趣御誓言相成其上御処置振之儀も朝廷より御答相成候上は速かに刑に処せられ候儀と外国人相考へ居候由に御座候所数日を経候而も現事相挙らず、自然疑惑を抱き候向に相聞かれ申候。此一段着相済まざるうちは大阪へ参候儀もいたさざることと相聞く、その上横浜へ近々廻航致さず候はではかなはざる用向も出来いたし候由、この落着相済まざるうちに横浜へ各国ミニストル引返し候儀にては甚だ不都合の儀到来いたすべきか。勿論仏ミニストル横浜へ罷帰候以後何たる音信も之無候に付この辺も心配これある様子、いづれ罷帰り候上は取調べ申すべきとのことに御座候へば片時もはやく備前の一着相済ませられ、総裁の宮にても御進み相成るぐらゐの道を立させられ候はずでは外国人は国情の次第は委細に承知いたさず候ゆゑ今までの俗吏同様の御扱ひぶりに陥り候はんと不審を抱き候儀と存奉り候。はじめの御場合異人の思惑より上に出させられ候ところ肝要と存じ奉り候。第一御談判相成候儀は速かに御処置相成らせ候はでは必ず侮をうけ候儀に御座候間早く御決裁あらせられ候ところ御尽力なし下されたく御願申上候

二月一日　　　　西郷拝

大久保殿

追て右の話はサトウの内話にて表立ちての事に御座無候。御存じの通り英ミニストルは大にせき立候性質故永びき候ては彼等せきまくり候てはまた一難事とサトウも心配の趣にて親切を吐き候ことに御座候横浜へ廻航いたし候仏のミニストルを案じ候儀は英のミニストルは日本のためを思ふものに候得者よくよくその意を御察候而御仕ひ相成候趣肝要の事

と奉存候。

此のサトウというのは当時英国公使館の書記官で、日本語が解り、外国側の情報を集めるために大西郷もサトウと親しんでいた。あの大西郷自身がこのような事件に関して、右の手紙で示しているような気の遣い方をしたことは注目に値すると思う。そのように当時の人々は皆、本気で国交ということを心掛けていたのである。数年を経て鹿鳴館で開かれた仮装舞踏会などにしてもその現れに他ならないのであって、この鹿鳴館は各国人と交際するための集会所として特に建設されたのであり、また東京クラブが出来たのもこの鹿鳴館時代だった。これは初め芝山内にちょっとした交際機関があったのを井上が取り上げ、大いに援助して、結局日本人と外国人との話合いで東京クラブというものが出来、これに鹿鳴館の一翼を提供し、国際的な交際機関として発足した。

私が英国から帰って初めて内地で任官したのは明治十六年の秋で、二十三歳の時だった。私はこの時太政官権少書官の辞令を拝受した。今からあの時代を顧みると、明治十年までを仮に第一期とすれば、私が帰ったのは第二期の中途であったと言ってもいいと思う。ちょうど時勢に伴う諸般の制度の設定、或は完成の時期とも言うべきで、即ち憲法発布の準備期間であった。この機会に前期の十年間の、即ち維新より十年間の移り変り、またこの期間の特色について述べれば、この十年間は一口に言えば王政復古に続いての後始末が主な仕事だったと言える。あのような政治的、社会的な大事業だったたので、これに対する反動や不平に起因する出来事が続出し、その処理方に政府は忙殺されたのである。第一に廃藩置県、これに次いで征韓論、台湾征伐、佐賀の乱、熊本の神風連、秋月、前原の乱、最後に西南騒動があった。

ここで注意に上ることとは、幕府の与党とか徳川方の潜伏せる不平分子の行動は函館戦争で根絶したといってもいいことで、その後幕府側の旧勢力は明治政府に何も煩いを掛けなかった。これは勝らの進言に基づく徳川の慎重な態度、また新政府当局者の思慮ある取り扱い方にもよるのであるが、この方面はとにかく、よくもあれだけ出来たと思うほど綺麗に収まって、しかもそれ以来、旧幕府側は進んで王政復古に順応し、終始明治政府の施設を翼賛したのである。これは歴史家が当時の史実の研究を遂げて、正確に後世に伝うべきことだと思う。その参考になるかとも思うので、勝が条約改正問題について徳川一門に与えた意見書と、その写しを私に送ってくれた時の添え書とを左に収録する。

愚　存　書

戊辰之大変蹉跌以来老拙任を受けし後歳月廿余年一日も邦家の事を不忘身を顧みす其区劃の終始あらむを思うてなり今日将して海外之重事至難を顕す此時ニ当て我旧主家漠然と

して以て傍観すへきは甚た非なり其淵源を明にし精気を養ひ虚に流れす邦家に可報道於求むるに有る歟故に老耄僭上を不顧所感を記して左右に呈勿言無礼不敬なりと我馬年七十二尚不撓不抜之志あり諸君壮年英敏希は勉励し朝恩に報答する所以を忘すは幸甚ならむ

条約改正議ニ付

徳川家　一門に示す愚存書

王政維新大政奉還之際我徳川氏外国交通以来終に其国家之全きを保能はす千載之後誤国之批判或ハ売国者之汚名を蒙り上　天皇に対し下万者に向て辞無きを熟考し百難を不厭一時の臭名を不顧して及今日もの豈徒然ならむ哉維新已来殆三十年外国之定約定らす於旧政府の仮定に因り其範囲に束縛せらるるものあり昔時に在て内地雑居土地所有権之可否其議起らすといへ共当時若し是を完結せんとせは必す哉邦士横議政府を攻撃するに売国の名称を以てし寸歩も借すへからす

皇統綿々独立不羈上下一致いまた土地を以て外邦へ売与せしを不聞然るに幕府我徳川氏之時に当て是を為すは誠に不忍事にして最重大なるが故我力を極め嫌忌を不避激論倒れて止まむと決せし所以なり不測も同時伏見之変続きて官軍東下維家之大業成るものは実に天にして人智の予め知るへからさるものあり諸君不見哉外国の交際　朝家といへ共如旧亦是か為に邦家囂々我か家幸に其衡を免るといへとも　朝廷之為尤慎尤憂其家を守り一門一和倹素を用ひ　朝家之後慮を煩はさゝるは　朝恩に報する大成るものと云はさるへけむ哉今

哉歳月殆と三十年に及て邦内其私議起る廟廊の高官如何成る高手段有て存する哉回想すれは昔時大是と叱呼し旧政府を攻撃せし者相反し今日皆非となり又邦士の攻撃に逢ふ果して今日の非後世再ひ是也と云ふも不可知諸士国の大事を以て軽々議する勿れ又廟廊上も深く熟考すへきの重点也

維新後殆と十年勇敢果決之士朝野に満終に其弊疎暴に流れ（明治九年西郷大久保大に廟堂に闘論決闘せむと云ふか如き或は長州の内乱熊本之変等）其勢止まらす西南戦争起り豪士大抵死すといへ共疎暴の弊あり且薩長二藩軋轢の非あり豈計んや乱平くの後元勲大久保木戸死して国の先達を失ひ不可言の形勢顕出せむとす当此際伊藤博文力を竭くし其中間に立て其権衡を失せす調停其宜を得て以て若く治平に及ふに到れり且勇敢豪士を敬し是を遠さけ務て文士を挙諸法を欧州に則りしかは爾来十数年漸く疎暴を軟化し終に文弱に流れ崇欧の風盛に亦藩閥の称あるに到る是其流弊漸次爰に及び尾大不掉民心大に泥み政府失信を来さんとす凡一時之良謀は時々反省して不改時は其良謀の結果弊源と成て如何とも不可為の形勢と変す予豈今日而已如此と云はむ千古皆然深慮せさるへけむ哉

外国交通開けは随て外人邦内に雑居しまた土地所有権の如き免せさる可らさるは言を俟たす幕府末路に当て仮定約成る後数年を出す漸次に可免は免し海外一般の風習に倚らさるを得さる也此時哉封建の制確として動かすへからす邦内士人定約成るを聞て激昂甚敷同志を傷し大老を斃して止まらす形勢険悪万変続き生は終に抵止する所を知らさるに到れり凡

邦家の大事に任する者は其志至誠勇猛之質あらされは能はさるなり是果断確として動かす百難中に立て不撓にあれはなり

然るに囂々議論を事とし果決なき時は障碍是より生し実際に遠さかり議論に倒れ邦随て萎靡す其後時々小改遂に大変動の結果となる是古今に徴し昭々乎たり近く旧政府の倒れし原因を熟考せは実に前車之警多言を費ささる也

徳川氏の末路に当て幕政萎靡不振況哉海外の交際に於てをや不完全の定約漸く成て終に爰に因る如何そ進て其全を求めん哉維新後は天下之賢才英傑朝に立宇門を睥睨し邦内を鎮圧す定約之完全日をトして可期然るに悠々殆と二十数年旧約に因循して面目を新にせす汲々として外人の蔑視を受けむと欲するか如きは何そや偶定約之議上下に興れは箇目中の議論盛にして上下非是を争ふの如く邦民彼是に雷同して日に紛々我其然る所以を解せす必す哉廟議確たるものあらむ

非雑居論者をして其数を増加し将是を激昂せしむる者は官吏なり己学術に自負欧米法例の情体を以て独明なりとし雑居の利益なるを論し非雑居論者を以て西洋に畏縮為すとしまた攘夷家愚拙者と叱咤嘲弄す誰か其所説に服従する者あらむ是彼等をして愈其勢を盛ならしむるものと謂ふへし

上官は上　天皇に対し古今を貫通し下万民に向て正大公明の挙あらむは言を俟たすといへとも苟且遷延して空く紛々を増加するは別に識見のあるの故不言して交際改約之国難成

る窺ふへし此際に当て交通以来之変遷封建後之国情人心の向背如何等宜敷考究し思を練り漫に雷同せす軽々論せす博く聞約に採一家和合一属協同交誼至誠に出て　朝家之煩を為さす務て華族の名を降さゝらむ事嗚呼外国交際は我徳川氏幕府に基源す就中慶応初年に及て兵庫開港談判大に幕府を苦む亦随て居住之事土地貸与之事其他何々等続きて興らむとす既に許可を受けす英公使西国法度之域に到れるあり内にしては仏郎西国依頼の国債を承諾開港場抵当之内約あり今にして是等を思へば竦然として毛髪竪つ諸君壮年是等の形勢を不知何之感情かあらむ然れ共国家の多難は交際より難成るはなく是より又内破生す故に其始を詳にし憂患を国家と共にす是　朝家に報答する所以也

近日雑居云々の説世間に囂々たりと聞く予病間筆を執ること能はすといへ共杞憂之余少く思ふ所を述て諸君の内覧に供す老耄の言素より取るに足らさる也

明治廿六年十一月　　　　勝　安　房

徳　川　家　達　殿並

御　一　門　方

ところが王政復古の処理、後始末ということは右に言ったように、幕府方に縁故がある方面でなく、反対に王政復古側の地盤内に続出した出来事の処理、始末だった。即ち封建制度破壊のため従来の家禄を失った者、或は新事態に添うことが出来ない者、その他新政府の施設、方針等に反対の士族が同志を募り、各地に引き起した事変の鎮撫と、各地に伏在し、いつ事故を引き起すやも測られぬ不平分子の取締り及び対策に、政府は常に用意しなければならなかったのである。例えば最後の西南戦争のごときは終結するまで九ヵ月もかかり、全国を動揺させたのであって、その他の出来事は割に短期に片付いたが、しかしその思想に共鳴するものは全国にあり、また事実気脈を通ずるものも多く、奥州と土佐は殊に不穏であって楽観を許さなかった。しかしやがて西南騒動が鎮撫されてからは各地も平穏に帰した。そしてこういう不祥事件には、いわゆる民衆は全然加わらず、いずれも全く武士階級の騒動であり、封建制度の崩壊に伴う余燼ともいうべく、しかもこれに参加した者の考えは割合に単純で、いわゆる特権階級の境遇の激変と保守的な思想から来るもので、維新の反動と言ってもよく、その代表的人物の没落とともに、次第にこの種の不安の兆候は消失した。

しかしこの期間といえども国民全体の立場から世相を大観すれば、封建制度の圧迫は解け、有形無形の差別的な諸制度は取り払われ、政治的に四民平等の実も次第に挙り、一般人心にも目醒めの兆しが現れ、国民も概して政治的に明るみを覚えたように見えた。そして外来の思想は勝手に侵入し、新聞雑誌も相次いで刊行された。少し前に遡るけれども、福沢諭吉の「西洋事情」や中村敬宇の「自助論」などは大いに人心を啓発し、その後政治、経済、教育、民権などに関する議論及び演説会も絶えず行われ、時の政府もこれに相当悩まされたが、同時にまたそれはこの時代の思想界に活気を与えた。しかし政府側においても、実権を有した人々はむしろ新知識の所有者が多く、ただ責任者であるのと、それまでそのようなことが役人の慣例になかったので、民間者のごとく演壇で政見を発表するごとき型破りをするようなことはなかった。しかし既に二十年も継続した明治政府の方にも自ら弊害が生じ、批評が加わる余地は相当にあったと思う。

また一方においては、明治七年に既に副島、後藤、江藤らの民選議院の建白があり、以来憲法制度の叫びは政界を風靡し、政府側においてもこの傾向を看過するわけでなく、岩倉を始め参議の中にも憲法問題については大いに関心を持ち、それぞれ意見を出したものもあった。木戸のごときは最も徹底した進歩的政治家だったようである。伊藤もまたその方面を受け継いで居った。大隈の明治十四年の建白が大問題を引き起したのは、その内容は暫く差し置いて、内閣の一員であって廟議に諮《はか》ることなく、一個の名において陛下にこれを捧呈せる手続上の措置について、内閣内に非難が昂まり、遂に職を退き、政界に波瀾を起したのである。そういうわけで憲法のことは民間は勿論、政府部内でも慎重に議論せられ、それが十五年の春、この問題取調べのために伊藤さんの欧州派遣となったのである。その頃は政府内外に全く新しい気分が生じ、諸制度の根本的な改廃となり、人も新陳代謝して、来るべき政界の気運を迎えようという空気が世間にも漲《みなぎ》っていた。

それから伊藤は帰朝の後に宮内大臣を兼ねた。今日から言えば、宮中、府中の区別を犯したとも言えようが、帝室諸般の制度を刷新する要があり、また従って従来の伝統通りの御内儀等についても国交の関係もあって、時代の進展とともに新規の施設が要求され、いずれも政府と歩調を合せて着手する便宜のため、一時的の処置として取られた手段に他ならなかった。また十九年には維新以来据置きの旧式な太政官制を廃止して内閣制に改め、太政大臣は廃官となり、内閣総理大臣がこれに代ったのであって、かくのごときは名称の変更に過ぎざるも、思想上には甚大な影響を与え、自ら時代の変遷に想到せしめた。岩倉は既に十七年に亡くなって居った。この時初めて内大臣の官が置かれ、御璽を保管し、輔《ほ》弼《ひつ》の任が伴うた。そして三条公がこれに任ぜられたが、これはむしろ功臣の優遇の意味が多かったのであって、後に桂が就任するまでは内大臣の職について政治を聯想しての批評はなかった。しかし、これももはや今日では、過去の文献に残る歴史的の官職となった。

なおその時分のことで記憶に残っているのは、政府が盛んに若い新人を採用したことである。そして多くは新制度の研究、調査に従事させ、宮中に制度取調局を置き、伊藤がその長官となった。またこの他に参議院、法政局が前後して設置せられ、法規の審議、立案に当った。これはいずれも新知識を要する仕事なので、採用されるのには洋学の素養が第一に必要な条件のようになっていた。この流行を諷刺して西郷従道が戯れに、「この頃は欧米を一と廻りさえすれば立派に高等官になれる」と言ったことがある。もとより冗談ではあるが、当時の風潮をよく物語っている。

一方、維新の大業に従った先輩で引き続いて奉職していた人々も多少時代に遠ざかり、年も取ったので、議官とか顧問とかの名誉的な位置に据えられ、政府の表面には伊藤を始め、山県、大隈、松方、井上、大山等の人々が立ち、この人たちはおのおの独得の長所を持っていて、その立場立場による勢力の所有者だった。こういう人々が政府の首脳の位置に居り、時々出入りはあったが、しかし主として薩長出身者であって、いずれも政権に執着する人々ではなかったのではあるが、度々更迭しても同じグルウプ内の持ち廻りの形式が見えたので、かつ長い間のことではあり、人事にしても政治にしても勿論万全ではなかったので、一方においては民間の政治教育が大いに進み、政府に対する批評眼も鋭くなり、ますます深刻な批判を生じて、このまま政府、民間の対立が長引くとすれば、無事に治まるか否かも気遣われるに至った。また政府もこの大勢を熟視して、いよいよ憲法政治の採用に向うことになり、憲法の原案作成のために伊藤は井上、伊東、金子（堅太郎）らを帯同し、帝都の煩雑を避けて夏島の閑居に引籠り、外部との交渉を絶ち、ひとえに起草に邁進して成案を得たのだった。こういう成り行きに伴い、一般人心も前途に希望を持ち、進んで新事態を迎えるようになったのである。顧みると、明治七年の副島らによる民選議院の建白は当時から世間を騒がせたのであるが、これは即ち民権運動の種蒔きの役割を務めたのであって、その系統を受け継いで自由党、改進党が政府反対の立場に立ち、盛んに民権思想を鼓吹した。そして大隈、板垣、星、犬養、矢野らの先輩、同志者が隠忍努力の結果、一大勢力を養成して遂にその主張が憲法制定に具体化したのである。

政治、思想の発達についてなお一言加えておきたいのは、議会政治の健全な発達にとってはその基礎たる役割を果すべき地方制度の完備が必要条件であることは、海外諸国の例に徴するも明らかであるが、日本でも幸い十二年頃から市町村制、県会の設置を見たことは新時代に即応して最も時を得た、刮目すべき制度の出現だった。即ち新たなる政治機構の発端として見るべきは勿論であるが、地方住民をして地方行政に干与せしめ、従来のごとく唯上の命維に従う慣例を脱し、府県会においては地方の行政に対し自由に意見を陳述し、予算の修正、可否の権限を付与せられたのである。勿論限られた一地方の行政ではあるが、身近にある利害関係のことなれば関心するところも甚大であって、自然公務に対する責任感を養成する第一歩を踏み出したのだった。言うまでもなく、府県会で行われた議論は必ずしも理想的ではなかった。しかし無遠慮に意見を述べる機会を得たので、これまで閉されていた国民の眼界は俄かに展開され、勝手に政治に容喙《ようかい》する緒を開いたのは、来るべき議会政治の下稽古になったともいえよう。現に初議会の議員には府県会議員の重だったものが多く当選したのである。議会政治は難しいものでなかなか簡単には行かない仕事であるが、しかしとにかく府県会はその地均《じなら》しの任務を果したと言うことが出来る。

私は帰朝後伊藤さんの下で制度取調局（今の法制局）御用掛りとなった。この制度取調局は最初は伊藤さんが総裁で、その後で寺島（宗則）さんが就任されたが、その大体の目的は憲法政治の準備として諸法規、帝室典範の下調べを行うこと、及び行政上の制度、法規の可否を取調べることで、その顧問にレースラーという独逸《ドイツ》の法学者が居り、後にピゴットという英国人も来た。レースラーは一流の学者だったのみならず、非常な親日家で日本の諸事情をよく理解し、伊藤さんが何か相談をするといつもこの理解に即して有益な資料を提供した。私は局に居ったが、前からの行き掛りで地方制度の取調べに出張し、一度は京阪地方、一度は北海道から奥羽地方を視察し、一回の視察に一、二カ月費した。そして出張から帰ると報告書を提出し、また地方制度に関する意見書を書いたりしたが、北海道に関する報告書は現在残っている。

当時の北海道について一括して言えば、その開拓に最も成功したのは屯田《とんでん》制度で、また最大の欠陥は輸送だった。即ち物資が生産されてもそれを運ぶことが出来ず、従って売れないという状態で、切角ここまで苦心したがどうにも仕方がないから内地に引揚げようと思っているというような話を方々で聞かされた。当時鉄道は小樽から札幌まで開通しているだけで、それ以外は馬が唯一の交通機関だった。それから初めは札幌に開拓使があって、官衙《かんが》の維持や役人が在住していることなどで大分金が在留民の懐に入ったが、そのうちに北海道が三県（札幌、函館、根室）に分れて開拓使がなくなり、そのため私が行った頃札幌はすっかりさびれていた。しかしこれは後に再び道制に改められた。また北海道における屯田制度の成功から見て、もし大西郷がその最初の計画通り士族を引き連れてここに渡っていたならば、北海道も大分違っていたのではないかということが考えられる。実例としては、加賀や肥前などから士族がそのように集団的にここに移住して来たが、大西郷はそれをもっと大規模にやるつもりだったらしい。

その他制度取調局の仕事としては、地方で県会と県知事との間に争議が起った場合、それがこの局に持ち込まれることがあって、そういう時はその解決に当らなければならなかった。それから私がここにいる間に関係した仕事で今でも残っているのは、専売特許法の制定である。これは当時の農商務省の立案に係り、既成の発明を保護し、将来の発明を奨励することを目的としていた。そして制度取調局ではその審議を私に命じたので、特許法については何も知らないからと言って辞退したが、局にいるもので知っているものは誰もいないのだからと言われて、結局私が主任となって審議することになった。そしてとにかく農商務省からその仕事の主任でも呼んで話したらよかろうと言うことなので、主任の出頭を求めると、これが高橋是清で、当時名刺の肩書には七等出仕としてあった。会って見て、その説明で特許法の方式には二通りあり、一つは申請された件について内容を審査し、発明と認定した上は直ちにこれを登録して保護するという積極的なやり方で、もう一つは特許を申請された機械なり製法なりを記録に残すという意味でそのまま登録するという消極的な方法であるということが解った。我が国の特許法は前者に従ったものである。

しかし高橋という人は面白い人で、アメリカに行ってこの国のパテント・オフィスが極めて大規模なものであることを知っているので、日本の場合でも我が国の将来の発展に期待し、巨額の予算を取って、築地の精養軒（その後焼けたが）の前に特許局の庁舎を立てた。ところがそれが出来上るとあまり宏壮なので、これを農商務省の本館にし、特許局はその三階か何かに追い込まれてしまった。

これは五十数年も経てから後のことであるが、或る年の大祭日に際し賢所《かしこどころ》の参集所で高橋是清と待っている間に偶然昔話が出て、その時のことに及んで、私はあの時は実に弱った。特許法については何も知らないので、『エンサイクロペディア・ブリタニカ』等を調べてようやくその概念を得た、と語ったところが、高橋は頭を掻いて大声で、実は我輩もそうだったと言い、居合せた人々と共にさんざん笑った。とにかく、その時出来上ったのが現行の我が特許法である。

そのうちに支那問題が起り、伊藤さんが全権大使として行かれることになったので、私も随行を命じられた。それが明治十八年二月で、談判が終って日本に帰って来たのは五月だった。私の他に、井上毅、伊東、それから西郷従道さんも支那に出張を命ぜられ、この時伊藤大使と同行した。西郷さんは何もせず、若い書記官等から旅費を捲き上げて喜んでおられた。その後支那との談判が始まってからも西郷さんは会議には出席されず、すべてを伊藤さんに任せておられるので、私は西郷さんの同行の用向きについて疑惑を起して居った。そして後でなるほどと納得したのだが、軟弱外交というような非難はいつもこのような談判の後は起りがちなことで、西郷さんは自分も談判に与《あずか》ったということを示して、その結果について伊藤さんと責任を分ち、万一の場合に伊藤さんを庇護することを期されたのである。勿論大体の筋については了解を得て居られたと思うが、真意は右のような周到な注意に出たのである。

我々はまず天津《テンシン》に行ったが、ここで一つの出来事があった。それは当時天津には直隷総督の李鴻章がいて、その勢力は大したもので、外交上の重大問題はすべて北京《ペキン》政府から相談を受けることになっていた。それで伊藤さんも天津に来られたついでに李鴻章に会って行かれたらと言うものがあったが、伊藤さんはまず北京に行って国書を捧呈しなければならないからそれが終った上で会おうと言われたのを、北京から出迎えに来た榎本（武揚）公使が取り成し、訪問は差控えられた方がいいかと思うが、それでは自分が李鴻章を晩餐に領事館に呼び、伊藤さんもその時同席されたらと提案してそれが実行され、伊藤さんと李鴻章とが会った。なおこの時の顚末を記した私の手記が残っているが、左の通りである。

二月　日領事館饗応の事

二月　日榎本公使の発企に係り公使主となり李鴻章を我が領事館に招待し饗応せんとの議あり其目的たる今度伊藤大使天津か安着せられ而て支那方にては已に全権の任命を以て

李中堂に授与の沙汰あり去れは今般の談判に付双方の大臣は最早共に接近の地にあり然共此の際に於ては唯北京政府より我公使に向て李中堂任命の事を公然通牒ありし而已にて未た談判の場所等の事に付而は照会の手続を経す事総て未完に属するを以て大使は先つ国書捧呈の順序を済せん為め断然京都の地宮廷の在所に向つて進行し彼の総理衛門と共に此事を打合せ第一に国書捧呈の事を適宜施行し第二に談判の場所を取極め及ひ全権委任の事を慥かめ而して後進退の事に及はんとの真意なり故に彼の全権大使とは枉駕相視るの地に在るも或は尋常交際上の尋問さへ為さすして相離るる事に至らんも難斗場合となりし殊に尋問の事に至りては自から駕を枉くるに跡先あり此れ瑣々たる小事と雖も又放棄す可からさる一事なり公使饗応の主意たる唯両大臣を偶然に会同せしむの便を設け此に依て事を円滑に済せ不調の源を未然に芟除するの目的に外ならす此の議我大使の採用する所となりしを以て原領事に命し李氏に諮り時日の都合、諾否如何を問合せしむ李中堂初めの程は承諾の表意を欲さりし由なれと終に公使の招待を領承して二月　日午後領事館に来駕せり此に列席の人々は李中堂、天津道台、並に随従の通弁官にして使節方よりは伊藤大使村上議官原領事鄭書記官等なり而して同行の西郷参議も臨席せられたり

此会同の性質たるや尋常外交上の饗応にして固より公談を為すの予定あるにあらす故に喫食中唯一般の雑話を専一とし別に記載すへき者なかりしと雖食事中李氏両参議に向つて云へるには聞く大使は長州御出身の方にして西郷君は薩州御生なりと今の日本政府は薩長

の人により成立共に枢密を掌握し玉ふ由乃ち両君は兄弟なり云々と此事談判に関係する所なしと雖もさすか支那に卓絶の政治家たる李鴻章丈けありて能く隣邦の内情に通するの一端を示すに足らん今玆に附記して以て後日の参覧に供す

已にして食事終るに及び李氏我大使と相対談晤せんことを希望するの意を通す是に於て両大臣公使通弁を随へ別席に到る

李氏発語の大略は乃ち大使近く京都に向つて出発の報を聞く然るに今度談判に付ては自分全権の委任を受けたるを以て近日より将に公談を開き公平穏便に事を議し双方相満足するの結果を得後愈両国隣交の誼を堅固にせんこと固より其希望する所なり今大使直に北京に進行せんとす李氏全権の御請けを為せし以上は大使出発の事を聞達し唯之を聞き捨に附スル事公務上安せさる所あり仍て願くは北京進行の理由を聞く事を得んとの主意なり

（因ニ云ク大使天津御着後時々聞達する所の李氏委任の内情並に榎本公使の見聞によれは今度全権委任の事は清政府と李鴻章との間に別段の協議を遂け中堂進んで其任に当りしと云ふに非らす寧ろ突然京都よりの飛報に接し始めて其重圧を負担する事になりしと云ふ可き者の如し故に今度の事に付ては李氏も大に当惑する所なりと其理由は今若し日本の大使天津に到着ありて直に談判に着手あらは其取り結ひたる条款は事の是非損益に拘はらす其責は一切自分一方に帰すへく殊に北京政府に於ては日本大使の提出する所の事件は如何なる性質を含み居るやも知らさる場合に於て若し其取り結ひたる条款中清国

の為め不利の事柄を含まは其責任は到底回避すへきにあらす今回清国全権の任は実に至難と云ふへし此れ李中堂の当惑する所以なり

若し又日本大使取る所の順序もて直に天津に於て開談する好しとせす一旦京都に到りて総理衙門王大臣等に面会し彼をして粗我か提出する所の事件に通せしめは李鴻章に於ては大に憘悦する所なるへし王大臣等已に我か大使に面晤し又我か請求の事件を知悉せは彼等も幾分か今度の談判に与りし形跡を生するを以てなり李氏初めより我か大使に向つて希望する所其挙動の玆に出てし事にありし故に今夕の用談に於て彼大使の北京進行を聞き安意せさるの顔色を為すも本と其真意を顕せしに非らす清政府の全権大臣としては是非我か大使を引留め天津に於て直に談判に着手せんことを試む可き義務あれはなり然共是等は形跡上の事にして李氏の心中は大使の北京進行を以て自箇の負担を軽くする者とし大に満足するの外なかりしなるへし）

大使答辞の主意は李中堂の雷名を聞く事已に久し今般の事件に付全権の委任を受けたるは大使に於て最も満足に思意する所なり然るに最初我か皇帝陛下大使を派出するに方り附するに国書を以てせり此国書なる者各国の習慣によれは大使自から派出国の君主に捧呈すへき者なり今や此肝要の役目を遂けす直に談判に着手するか如きは万々為し能はさる事なり故に先つ宮廷の在所に到り此の事を処理するの後に非されは他の使命の事に及ふ不能

云々是に於て両大臣相対の公談を終る

附して曰ふ此席に於て榎本公使胸を開いて李中堂に語りて曰ふ察するに今般全権の任命は貴大臣の甘して受理せらるゝ所に非さるへし総て貴政府の所為を観るに事外交に関し其処分上困難を覚ゆる者は総理衙門之を避け反て貴大臣に放任するの風あり今度の如きも我等此感を起さゝるを得す然は今我大使直に飛んて北京に入り先つ総理衙門王大臣等に面晤する所あらんとするは蓋し貴大臣の異議せらるる所にあらさるへし云々於是李中堂手を打て云ふ様貴大臣の云はるる所一々当を得たり我か政府の内情実に然りさすか榎公使は永く我か国土に駐在せらるるを以て能く我情実を看破せられたりと。

その時の領事は原敬だった。それから一行は北京に行き、国書捧呈が終った後で天津に戻ってそこで談判が開始された。とにかく向うは朝鮮を属国扱いにしていて、兵を置こうが引こうが自分の勝手だという態度なので、それを双方で兵を引こうというのだから話はなかなかうまく行かなかった。その談判の途中で李鴻章が独り言のように、フランスともやっているのだからついでに日本とも、というような言葉を洩らしたのが通訳の耳に入った。その当時支那は仏印問題でフランスと交戦状態にあったので、この李鴻章の言葉は耳障りであったが、後で解ったのだが、その時既にフランスとは和議が成立していたのである。談判が行われている間、伊藤さんは領事館に泊っておられ、井上、伊東、それから私は領事館構内の建物に、また仁礼、野津両中将らの陸海軍の随行員は他に宿所がないので河畔に碇泊している船中に宿泊した。

そのうちに談判がとにかく成立して、双方とも朝鮮から兵を引くということについて諒解が出来た。ところが兵を引くということについては話し合いが成立したが、撤退の手続きは両方で追って相談することになっており、それまで京城で日清両軍が対峙しているわけで、その間に何か間違いがあってはならないというので、私が伊藤さんの訓令を携えて京城に行くことになった。その時分天津と京城の間にまだ電信がなく、私は駿河丸という五百噸《トン》の船に乗って朝鮮に向った。この時土屋陸軍少佐（後に大将）が一緒に行くことになり、この人は立派な人で、余計な心配だったが、とにかく軍人なので京城ではまだ衝突したばかりの日支の兵が向い合っていたのであるから、問題を起されては困ると思って、西郷さんに今度土屋の同行は結構ですが、間違いが起らんように一言念のために訓戒して下さいと言ったが、西郷さんは笑われて、よく言っておきますと返事された。勿論杞憂だった。

我々は天津から仁川《じんせん》に行ったが、仁川は潮の満干がひどい所で、夕方になると船が全然近寄れず、不便な港だった。我々は仁川で小林領事に会い、領事館に一泊して翌朝馬で道を急いで、その日の夜七時頃京城の城に入った。その頃の京城は夜になると城門を閉めるので心配だったが、とにかく辿り着いて公使館に泊った。

京城は全く昔のままの町で、宮城の前の広場に店屋だろうと思うが、朝鮮流の家が所々に立っているという有様で、何とも寂しいものだった。その時分の支那も日本に比べると非常に遅れていると思ったが、しかし官吏について言うと総理衙門の大官などは実に堂々たるものだった。どこに行くにしても行列を組み、例えば李鴻章が天津の領事館に来た時なども随員の数は大変なもので、食事中は二人の従者が後に立ち、絶えず煙草を煙管に詰めて李鴻章に渡し、李鴻章はそれを一服吸うとすぐまた新しく詰めさせるという風で、それがしかも極めて自然に見えた。あれだけの威容を身に着けるためには相当な訓練が必要であり、支那では官吏の養成に当ってそういう方面にはよほど留意したものと思う。談判の際には呉大徴が副吏で羅豊禄が通訳した。羅豊禄はフランス語も達者で、確かその後日清戦争の媾和談判の時に、李鴻章とともに下関にも来たと思う。また清朝時代のそういう役人を知っているので、後に顧維鈞、王正廷のようなヨーロッパ育ちの役人を見ると、何となく安っぽい感じがした。

我々は朝鮮から帰って来る途中、朝鮮と下関のちょうど中間にある巨文島という島に寄った。それはこの島が英国の艦隊に占領されたという噂を聞いたからで、夜着いて見ると確かに軍艦が沢山碇泊して居り、しかも我々の船が港に入って来るとそれが全部一斉に灯りを消した。しかし後で旗艦の副官が来訪したりして、艦隊が単に一時的にそこに入港したことが解った。また松延という属官を上陸させて探らせたが、陸上には何ら施設もなく、別状を認めないということだった。私は来訪した副長に、我々はこれから真直ぐに日本に帰るのだから、郵便物でもあるなら御預りしようと言うと謝意を表し、一、二、世間話をして引取った。

我々が巨文島を発して下関に上陸した時は、久し振りに日本に帰って来たという感じがした。そして東京に着いてから伊藤さん宛に復命書を出したところが、太政大臣のところに出頭するよう使いが来たが、後に伊藤さんから自分のところでいいと言って来た。それで伊藤さんに面会すると御苦労だったと挨拶があり、五百円の賞与を貰った。その頃としては相当な金額だったが、すぐになくなってしまった。

この時私が提出した復命書は次の通りである。

先般御命ニヨリ朝鮮国京城へ出張致候処御用済之上今月七日帰朝致候ニ付別紙復命書進呈仕候也

明治十八年五月　　　　　　　　　　牧野太政官書記官

伊藤大使殿閣下

復命書

四月十九日天津ニ於テ日清談判調印ノ翌日朝鮮京城ニ出張ス可キノ命アリ其御用ノ筋ハ今般談判ノ結局平和ニ帰シタルノ報ヲ近藤代理公使ニ通知シ併セテ該条約実行ノ期限到着スルマテノ間近藤代理公使ニ於テ心得置可キ内訓ノ次第ヲ伝フルニアリ且ツ閣下殊更ニ小官ニ示ス所アリ乃チ今般日清条約調印ノ事ハ我政府ヨリ公然尋常ノ手続ヲ以テ日本公使及ヒ朝鮮政府ニ通知スル所アルヘシト雖モ昨年十二月事変以来京城ニ於テノ日清交渉ノ模様一日モ安意ス可ラサル者アルヲ以テ後日公然ノ報道アルニ先タチ先ツ不取敢京城ニ到リ以テ以上ノ事ヲ近藤代理公使ニ伝ヘシムルナリト其伝命ノ大意ハ乃チ左ノ如シ

伝命ノ大意

一、今般日清談判ノ調印相整候ニ付テハ不取敢結約箇条ノ概略ヲ近藤代理公使ヘ心得置カスル事

一、大使帰朝ノ上ハ特別ニ役員ヲ派出相成リ今後朝鮮政府及駐韓支那官吏ニ対スル日本政府政略ヲ詳細御示シ可相成ニ付其使員到着マテ万事差控ヘ確乎タル挙動又ハ方向ヲ表示セサル事ヲ必要トス右東京ヨリノ派出員韓城ヘ到着スルノ前ニ於テ不取敢注意尽力スヘキ事柄左ノ如シ

一、今度日清間取結ヒタル条約中撤兵ノ箇条ニ調印後四ヶ月以内ヲ以テ両国ノ兵ヲ悉皆引挙クトアリ然ハ自今兵隊引挙ケノ期限マテ士官以下兵士ノ挙動如何ハ尤モ注意ヲ加ヘ再

ヒ不和ノ端ヲ開カサル様注意スヘキ事肝要ナリ蓋シ昨年十二月ノ変動以来両国兵民ノ間自然調和スルニ至ラサル者アラン此際談判結約ノ報ヲ聞カハ事ノ得失利害ニ拘ハラス瑣細ノ事故ト雖モ或ハ事端ヲ起シ終ニ我ヲシテ曲ヲ負ハシムルノ結果ヲ生センモ難斗故ニ自後ハ一層注意ヲ加ヘ兵士ヲシテ能ク規律ヲ守ラシメ且ツ士官等ヲシテ充分日清調和ノ眼目ヲ覚ラシムル様諭告スヘキ事

一、清兵退去ノ際支那ノ策略ヲ以テ清国武官ヲ韓兵習練ノ教師トシテ編入シ引続キ駐在セシメ度等ノ事ヲ朝鮮政府ヨリ近藤ヘ嘆願ニ及フモ難斗右ノ事アリテハ全ク調和結約ノ主意ニ背クニ付トコマテモ相談ニ不応放附ケ置ヘキ事

一、明治十五年日韓間ニ取結ヒタル条約ノ第五条ニ日本政府ハ駐韓日本公使護衛ノ為メ若干ノ兵隊ヲ公使館所在ノ土地ニ駐留セシムルノ権利アリ然ルニ今般天津ニ於テ調印相成候条約ニ撤兵ノ箇条アリ付テハ此条約ニ依リ十五年条約ノ第五条ハ消滅スル者ナル歟又ハ依然効力ヲ有スル者ナル歟此点ニ付朝鮮官吏等ヨリ質問アル時ハ近藤代理公使ハ何レモ決答ヲ為ス間敷事此ノ点ニ付テハ追テ大使帰朝ノ上特ニ訓令アル可キヲ以テ当分ノ間質問ニ応ス間敷事

右訓令ノ外尚大使ヨリ近藤公使ヘ当テタル書簡一通アリ

而シテ小官ハ土屋少佐ト共ニ五月二十一日ヲ以テ駿河丸ニ乗シ太沽ノ川口ヲ発錨シ二昼夜ノ間進航シ同廿三日朝鮮海中ノ豊島ノ前ニ到ツテ繋泊ス其翌日仁川日本領事館ヘ着小林

領事へ面会而シテ予意整フルニ至リ京城へ向ケ出発ス午後八時日本公使館へ到着直ニ近藤代理公使へ面シ天津ニ於テ日清両全権ノ談判結局セル事及其他大使ヨリ近藤へ内訓ノ趣ヲ伝フ

先キニ大使天津ニ於テ李全権ト談判ヲ開カレシ事ハ京城ニ於テ一般人ノ知ル所ナリシト雖モ未タ其結局平和ニ帰セリトノ報知ハ何レノ方ニモ通知ナカリシヲ以テ近藤代理公使モ始メテ此吉報ヲ聞キ大ニ悦ヘリ而シテ尚近時京城ノ模様等ヲ質問セルニ内外一般ノ人頻ニ両国談判落着ノ報到ルヲ待居ル様子アル而已ナラス駐韓日清兵隊ノ関係上ニ於テ不穏ナル者アリ且ツ京城人民ヨリモ日清ノ葛藤ハ如何ニ決着スヘキヤ若シ開戦トナラハ必ス京城ハ両国交戦ノ場所トナラント想像シ中ニハ家属ヲ引連レ城外へ避クル者アリシ由是等ノ事由アルニ付キ速ニ平和調整ノ事ヲ伝フル事必要ノ場合ト視認シタルヲ以テ近藤代理公使ハ翌日午前□時陳樹棠ヲ訪問ス此時小官同道シ左ノ談話ヲ為セリ

応接筆記大略左ノ如シ

(近) 日清談判ノ事ニ付テハ先ツ満足ノ結果ニ落着シタル趣ヲ聞ケリ貴政府ヨリハ何トカ貴下ニ通知シ来リシヤ

(陳) 否未タ何タル来報ヲ不得然モ昨晩来聞及フ所ニヨレハ昨早朝一ノ汽船仁川へ入港シ其汽船ハ太沽ヨリ来航シタル趣ニテ乗込ノ人ヨリ伝播シタル一説ニハ今度天津ニ於テ日清ノ談判ハ都合好ク平和ノ結果ヲ得タリトノ事而已ナリ未タ其細目等ハ如何ナル事ナル歟聞

得ル所ニアラス右ニ付今日ハ貴館ニ参候シ何カ確実ノ報ニ御接シ相成リシヤ承ハリ旁罷出ル決心ニ致居リ候然ルニ今貴下ノ枉駕ニ逢フ誠ニ仕合ノ事ナリ

(近) 小官ニ於テモ未タ本国政府ヨリ何タル報知ヲ不得ル次第ニ有之乍然茲ニ同道シタル牧野書記官ハ今般我伊藤大使ニ随行シ貴国へ参リシ人ニシテ今度帰路暫時此地へ立寄リシナリ同人ノ伝フル所ニヨレハ日清事件ニ付テハ李中堂伊藤大使数回ノ談判ヲセラレ終テ去十八日ニ到リ全ク平和ノ結局ニ到リシ趣ナリ誠ニ今度ノ談判ハ双方ノ為メ可賀事ト存候

(陳) 条約調整トアル上ハ何レ数箇条アラン其細目ヲ聞ク事ヲ得ルヤ

茲ニ於テ近藤ハ条約三ケ条ノ事ヲ大略説話ス彼ノ照会文ハ先ツ控へ置ク方完全ナラント協議ニヨリ之ヲ告ケス

(陳) 外ニ償金ノ条ハナカリシヤ

(近) 否更ニナシ

今度ノ談判ニテ両国政府モ已ニ一様ノ考ニ相成リ候事ナレハ数月来御同様和交ノ主意ヲ以テ百事処分イタシ来リ候事モ猶ホ今日両国政府ノ主意ノ能ク符合シタルト違ハス実ニ大慶ノ事ナリ此上ハ益々親密アラン事ヲ期ス

(陳) 両国ハ交際年久シク他ノ一般ノ外交トハ異リ殆ント兄弟同様ノ者ニシテ兄弟相争ハ互利ニアラス他人ノ為メ其益ヲ占メラレン云々

(近) 御承知ノ如ク朝鮮人民モ過般来頻ニ浮説ヲ伝へ日清ノ間ハ事已ニ破レタリ抔申者モ

有之此等ハ平穏ノ邪魔ヲ為スノミナラス日清交際上ニ於テ大ナル妨害ヲ与フルヲ免レス此モ朝鮮政府ニ於テ事実ニ明瞭ナラサルヨリ終ニ此等ノ風説ヲ為ス者アルヲ致スナリ今度牧野書記官ヨリ確乎ナル事実ヲ得タルニ付テハ内々金督弁へ談判平和ノ結果ニ至リシ事ヲ粗々通知イタシ度愚考罷在候貴下ニ於テハ如何ニ御考へナサル、ヤ別段御所存モ不被為候ヤ

(陳) ソレハ誠ニ好キ御考ナリ可成速ニ御通知相成候得ハ安心イタスナラン小生ニ於テモ一刻モ早ク平和ノ報ノ伝播スルヲ希望イタシ候

(近) 各国領事等モ過日来頻ニ報道ヲ待居ル様子ニ付彼等ヘモ大略ノ処ヲ知セ度存候

(陳) ソレモ小生異存御坐ナク早々御通知アリタシ

右陳樹棠ヲ訪問シ以上ノ談話ヲ為シタル所以ハ今度天津条約ノ事ハ清国へ関係スル事重大ナルヲ以テ其結約ノ報知ト雖モ先ツ清国ノ出張官吏ト協議ヲ遂ケ専ハラ其報知伝播ノ手続ヲ穏便ニ処センカ為メナリ

同日午後近藤代理公使ハ総理衙門ニ到リ金督弁ニ面シ談判調整ノ大意ヲ告ケタリ而シテ又駐韓各国公使領事へハ唯書簡ヲ以テ天津ノ談判平和ニ帰着セルノ通知ヲ為シ置タリ

当時京城ノ景況タル決テ平穏安意ス可キノ事情ニ非ス去年十二月ノ変動以来京城々内ニ日清両国ノ兵ヲ駐シ曽テ旧大関ニ於テ交戦シタル両国ノ兵モ尚ホ咫尺ノ距離ニ在テ屯ス実際兵士ノ軽挙ヨリシテ将ニ事端ヲ起サントスル事両三回ナリキ然モ駐韓日清ノ外交官吏ハ

務メテ和交親睦ヲ主トシ能ク隣誼ノ脈ヲ絶タサラン事ニ尽力シタルヲ以テ漸ク談判ノ結局マテ京城ノ平穏ヲ維持スルヲ得タルナリ斯様切迫ノ場合ニ於テ条約調印ノ報ヲ通シタルヲ以テ忽チ人心ノ疑惑モ氷解シ而シテ駐韓ノ外交官ハ益々和交ノ主義ヲ固守スルヲ得テ乃チ上下共ニ一轍ノ針路ヲ取ル事ヲ得ルニ至レリ

小官土屋少佐ト共ニ京城ニ滞留スル事満三日間此ノ間朝鮮政府ノ重立タル役員等ニ面晤スルノ機会ヲ得タリ廿六日モルレントルフノ催ニテ昼飯ノ饗応アリ近藤代理公使及小官招待ヲ受ク宴ニ赴ケハ金督弁李範普魚允中等其他総弁陳樹棠独逸副領事等来会ス此会合ヤ平和ノ報知後始メテノ寄合ナレハ殊更親睦ノ気風アリ其翌日廿七日ハ日本公使館ニテ園遊会ノ企アリ各国公使館領事館ノ役員日清武官及朝鮮政府役員等廿四名来会シ夕景ニ到テ散ス

廿八日ハ早朝京城ヲ発シ仁川ヘ一泊ス廿九日朝駿河丸ニ帰船シテ直ニ発錨ス海路途中巨文島ニ寄港シ十時間繋泊セリ夫ヨリ馬関ニ直航シ神戸ニ於テ山城丸ニ乗換ヘ七日帰朝セリ

巨文島ノ記事ハ乃チ左ノ如シ

「ハミルトン」島朝鮮之ヲ三島ト云フ全羅ノ大陸ヲ距ル事約ソ三十「マイル」ニシテ全羅道興陽府ニ属ス（南部ハ西方ニ偏シ北部ハ東方ニ偏シ正南ト正北トナシ）

一、島形東西ニ峙チ北小ニ南大ニシテ両個ノ蝙蝠翼ヲ張テ相向フカ如シ西南島ニ傍テ東ノロニ一島ヲ包ム因テ三島ノ名アリ（南島北島中島是ナリ）南島ヲ巨文島ト称ス（日本人ノ命セシ名ナリトモ云フ未詳）

一、湾形稍楕円ニシテ長サ二十四五町許広サ十二町許水色深碧深サ七十尺許岸辺ニ至ルマテ頗ル深ク少シク人工ヲ用レハ絶大ノ汽船ト雖モ直チニ岸ニ繋ク事ヲ得ヘシ

一、湾ノ東口北島ト中島トノ間凡ソ七八町汽船之ヲ出入ス中島南島ノ間ハ相迫リテ往来ニ堪ヘス西口北島ト南島トノ間ハ四五町ニ過キス浅クシテ巨船ヲ行リ難シト云之ヲ総ルニ両島相対シテ一湾ヲ囲ミ暗礁沙洲甚少ナク大舶三四十艘ヲ容易ク繋泊セシムル事ヲ得ヘキ絶好ノ海湾ナリ

一、湾外西南ニ当リ群山逶迤トシテ相連レリ其地名未タ詳ナラス蓋シ仍ホ群島ニシテ朝鮮大陸トハ猶遥カニ離タルカ如シ

一、村ハ南島ニ二村アリ西ヲ長村ト云フ約ソ二百戸東ヲ徳村ト云フ約ソ百五十戸アルヘシ中間ニモ亦数十個ノ人家アリ北島ニ二村アリ西ヲ柳村ト云フ約ソ百五十戸東ヲ竹村ト云フ亦百五十戸許中島ノ南偏ニモ幾千カノ人家アルカ如シ船上ヨリハ之ヲ見ル能ハス柳村ノ土人ニ問フニ人家総テ五百戸許ナリト云ヘトモ見ル所ヲ以テスレハ約ソ七百家許アルヘシ

一、南北島上半ハ開墾シテ尽ク麦ヲ種ヘ今正ニ抽穂ノ時ナリ気候ノ暖カナル知ルヘシ島中他物ヲ為セス只麦アルノミ黍粟モ少シハ種ルト云フ五六月ノ間島人漁業ヲ為シ獲ル所ノ魚ヲ全羅地方ニ輸送シ以テ米油塩肉薪等ノ物ヲ購ヒ帰リ一年ノ食料ニ供ス漁スル所ノ魚ハ観灯魚及鯛等多シ島中牛馬ナシ鶏類ハ狼テ食料ニ供ス

一、柳村ニハ井三四個アリ其水甜美絶テ鹹苦ノ味ナシ

一、船ハ全島ニテ十四艘程ナリト云ヘトモ恐クハ柳村タケノ数ナルヘシ全島ニテハ吾カ目撃スル所ノミニテモ已ニ十五六艘アリ約ソ米五百俵ヲ積ヘキホトノ舟アリト云ヘリ
一、此湾ニハ従来日本漁船屢々来ルノミ他ノ外国船来リシ事ナシ日本漁船ハ本日モ一艘アリテ本船ニテ湾外ニ帆カケヲ見ウケタリ
一、税ハ全島ニテ一ヶ年百貫文許ヲ興陽府ニ納ム府使ハ此処ヨリ遥カナル地方ニ居ルト云フ
一、現ニ碇泊スル所ノ英国軍艦ハ共計五艘ニシテ指揮旗艦ハ「アケメムノン」号ニテ艦長ハ大佐ローング氏ナリ外ニワンドロー号及他ノ三艘（船名未詳）ハ稍小形ニシテ三艘ハ旗艦ト共ニ湾ノ西口ニ泊シ一艘ハ南島ノ東中島トノ間ニ泊セリ「アケメムノン」号ニハ第二号ノ水雷火艦一艘ヲ牽ケリ石炭等ヲ島上ニ貯フル事ナシ旗艦以下皆二週間前ヨリ来リ旗艦ハ常泊ナレトモ他ノ四船ハ交ル々々出入スト云フ此艦隊ハ長崎港ニ碇泊スル「ヲテシユス」号ナル「ドーウル」中将ノ指揮スル所ナルヨシ此湾ニアルハ占領ニハアラスシテ一時ノ便宜ノ為ニ繫泊スルモノナルヨシ

制度取調局に居る間のことで他に記憶に残っていることを言えば、明治十七年に華族制度が出来て公侯伯子男の等級が設けられ、制度取調局長官の寺島さんが伯爵になられたので、我々の下馬評に、妙なものだな、これからは寺島さんのことを寺島伯というのかな、

などと話合ったが、習慣というものは不思議なもので、今日ではそれが少しも可笑しくなくなった。

六　兵庫県時代

明治十八年—明治二十年

1885—1887

明治二十年（一八八七）伊太利軍エチオピアに惨敗す。山陽鉄道会社設立許可。十二月、保安条令公布。

明治十八年の暮に、兼ねてからの望みもあって、制度取調局から転じて兵庫県に行った。既に一、二度述べたように、私は地方行政に興味を持っていて、その経験を得るのにまず地方長官会議を傍聴させて貰いたいと思った。今でも地方長官会議はあるが、その頃のは現在とは大分性質が違い、知事、県令（当時は三府の長官のみを知事と言い、他の県は皆県令と称した）には御維新に働いた先輩功労者もあり、先には木戸さんが議長を勤めた位であって、議論も極めて真剣で内容のあるものが多かった。それで私は伊藤さんの取り計らいで度々会議に傍聴に出掛けた。そのうちに兵庫県の池田大書記官が退官するので、地方官として経験を得るのには兵庫県がいいだろうというので、私がその後任を命じられることになった。と言うのは、兵庫県は県も大きく、外国人の居留地もあって外国人との交渉が頻繁で、またその管轄区域は播州、但馬等数ヵ国に跨り、生野の銀山や御影辺の醸造の中心も兵庫県内にあり、そのような意味で地方官の仕事に習熟するのには確かに適当な場所だった。

その時の県令は内海忠勝で、これはなかなか鋭い人だったが、よく仕事を任してくれて、その点私は非常に仕合せだった。私はここに二年ばかりいたが、当時の組織は、県令の下に大書記官がおり、その下に少書記官がいて、県の大書記官は県令の代理もするのである。私はまだ独身で、三ノ宮の県庁のすぐ上にかなり大きな建物を官舎として当てがわれ、月給は百五十円か二百円で、官舎で家賃が要らないことは別として、当時はそれだけの金額があれば、一戸を構えて時々人を呼んだりすることが出来る程度に購買力があった時代だった。そういえばこの間珍しいものが出て来たが、それは京都の一力の受取りで、兵庫で何か催しがあって京都から酌人四、五名に仲居がついて来たが、その時の受取りに十九円余とあった。その頃女中の月給が一円、車夫が三円で、一坪二十五円で相当な家が建てられた。私は当時十二歳になっていた妹のお芳を連れて来ていて、西洋人の娘と遊ばせたり何かした。

前にも言ったように、神戸には居留地があり、外国の艦隊も始終入って来るので、東京の新しい気分をここに注入しようというので、私は赴任してから間もなく神戸で大舞踏会を開いた。その会場には県会議事堂を当て、床によく滑る茣蓙《ござ》のようなものを敷いて、入港中の各国艦隊の司令長官を始め各国領事、居留地の連中等を招待し、県の方は県令を始め重だった役人が全部出席した。向う側は大変喜んだが、こっちの者は大分奇異の感じを抱いたようだった。翌日会場に露国の海軍士官の肩章が一つ落ちていて、それは舞踏に打ち興じ過ぎた忘れ物であった。

今では神戸という一つの都市になっているが、私が行った頃は神戸と兵庫という二つの町が隣接しており、兵庫は平清盛以来の古い町で、これに対して神戸は新開地であり、この二つは内容、外観とも全然違っていた。神戸は各地方からの元気者が集まっている所だったが、兵庫は旧家が多く、神戸が何事に付けても活潑な動きを見せているのに反して、兵庫は著しく保守的だった。この辺は山地で、水が砂に濾《こ》されて来るために昔から水がいい所だったが、それが人々の増加その他の理由から、私が行った頃は却って水が非常に悪くなっていた。それで水道を作ろうと思い、ちょうど大阪に英国人で水道の専門家のゼネラル・パルマーという人が来ていたので、この人に頼んで調査して貰った。そしてその報告によると、布引の滝を水源地として水道を引くといいということで、その時神戸と兵庫と合せて人口が十何万かあったが、工費の見積りが三十万円ばかりだった。それでこの設計に従って水道を引くことを市会に諮《はか》ったところが、その趣旨は結構だが市としてはその負担に堪えないという理由で後廻しということになり、結局この案は実現しなかった。しかしそれから二十年ほど立って私がウィーンに在勤中、神戸市に水道が引かれ、その記念に市から私の所に銅製の花瓶を贈ってくれた。

とにかく暫く地方官を勤めたことは、自分にとって非常に為になった。後に福井、茨城にも行ったが、兵庫が手初めで、それだけ得る所も多かった。始終県民に直接接していなければならないのであるから、中には理不尽なことを言う者もあるが、県民である以上言うことを聞いてやり、出来ることはなるべく世話し、出来ないことは何故出来ないか説明してやれば、それが出来ない時でも向うで気を悪くしないものである。今の役人に対して非難の声を聞くが、これはまだ経験を積まない若い役人が悪いと思う。大学を出たばかりの者が役人になって地方に在勤し、県民に接するにとかく理窟を言うのが能事と思い、同情が足りないために面白くない結果を招くのである。或る時私が郡村巡視中、ちょうど秋で稲がよく実っているので、書生の悪戯《いたずら》で車上からこの稲を取っては噛んでいた。ところが郡長が後からそれを見て私を買い被り、穂に米粒が幾つ付いているか調べているのだと思い込み、牧民官として民情視察に細心の注意を払っているのだと見て大変に感心し、宿屋に行ってから米粒がいくつ付いておりますか、と聞いた。私は非常にすまなく思って、決してそんなつもりではなかったのだが、と言ったことがある。地方で実地に受けた教訓の一つであり、今に思い出すのである。

私が兵庫県にいる間に、山陽鉄道の敷設が提唱された。明治十八年頃は神戸から京都までは既に鉄道が敷かれていたが、神戸と下関はまだ鉄道がなかった。その時分に兵庫の区長で村野山人という人がいて、これが鉄道問題に関心を持ち、神戸から姫路までは土地が平坦であり、鉄道を敷くのに格別困難はなく、またどういう計算から割り出したものか、姫路に向けて神戸から一日千人の旅行者があれば鉄道を経営して引合うと言って、姫路まで鉄道を作ることを熱心に主張した。それで明石の交番の巡査に命じて通行人を数えさせたところが一日千人以上あったので、我々自身大いに力を得て、いよいよ具体的にこの仕事に着手することになった。そしてこの時分は株式組織というものがまだあまり普及していなかったので、信用を得るために東京の原六郎、荘田平五郎、大阪の藤田伝三郎の三人の、当時財界においては東京大阪の代表的な有力者を会社の発起人として株式募集に備える一方、鉄道敷設につき専門家に調査させて、政府の許可を申請する願書を作り、それを私が携えて上京した。この時発起人側からは藤田伝三郎の弟の久原庄三郎が私と一緒に来たが、当時鉄道局長だった井上勝は口が悪い人で、我々が訪ねて行くと久原を知っていると見えて、「君は兵庫県の大書記官に付いて来て、兵庫県の土木課長にでもなったのか」などと言って久原を揶揄《やゆ》した。

私は株式募集の参考にするために大蔵省に行って主税局長に会い、国内に年収一万円以上の所得があるものを調べて貰ったが、その氏名は当時十三行罫紙三枚以内に完全に入り、前田、島津、三井、三菱、大倉らから始まって三十人いるかいないかだった。私はこれを珍しい表だと思って取っておいたが、後にどこにやったか解らなくなった。一万円の収入は今日の大会社には何十人いるか分らぬ位であり、それほど微弱な世態であった。また許可のことで度々太政官等にも行った。しかしなかなか手間取り、最後にこういうことを内示された。即ち神戸から姫路までは鉄道を敷設するのに一番楽な区間であり、そこだけを取れば後にその先をやるものが容易に出て来ないだろうから、或る意味で鉄道の発達を阻害することになる。それで思い切って神戸から下関まで鉄道を敷くという計画なら許可するが、どうか、とこういう話だった。しかしそれでは鉄道の距離が従来の計画の十倍になり、工事上の実況に依りては多少政府が補助する見込みはあったが、その時代の実業界で億という数字は常用語ではなかったので、ここで大問題を課せられたわけである。

しかし政府の内示は必ずしも鉄道を敷設することに反対なのではなく、発起人の顔触れは最初入念に人選し、政府にも信用ある人々なので、そこには慫慂《しょうよう》の意味も加わって居ったと思われた。それで荘田、原の両人を呼び寄せ、政府の意向を話したが、一時当惑の姿も見えたが、さすが腕揃いの有力者両人のこととて、この際御受けして後のことは今後の事情に応じ善処してはとの意向で、この両人と久原との話は纏まった。ただ発起人中には灘《なだ》辺の酒造家その他大阪商人もいるので、とにかく一度神戸に帰って、政府の提案に応じるか否かを決めることにした。そして色々と相談した結果、下関まで鉄道を作ろうということになって、直ちに神戸赤間関間を測量し、工事の計画を立てて敷設竣功年限を取調べ、会社設立の願書を整えて再度上京し、許可が下りたので、神戸の中常盤という料理屋に灘辺の醸造家等を招いて株式募集の話を持ち出した。ところがその当時は株というものの観念が今のように発達していないので、皆顔を見合せ、進んで申込もうとするものがいなかった。それで出席の原六郎がこの気配を見て取って、率先して一万株と書き出したので、それが誘引となり、他の者もそれぞれ引受株数に署名した。

この山陽鉄道は、初め主唱者の第一人者である村野山人を社長に推すことになっていたが、その後東京の有力筋から中上川《なかみがわ》彦次郎という人を推薦して来た。この人は福沢諭吉の甥で「時事新報」の編輯長もやり、稀れに見る手腕家で、後に三井の総理事になって功績を残した位で、結局中上川が社長、村野が副社長に就任することになった。村野も立派な人だったが、中上川は眼界も広く、それが社長に就任したのは会社にとって幸いだった。中上川についてさすがと思ったのは、山陽鉄道を敷設することに決めた以上は、井上鉄道局長始め政府筋に頼っていては事ごとに面倒で捗どらんから、この鉄道だけは若いものばかりでやろうじゃないか、と言い出して、技師その他皆若い者を採用し、その結果やがて山陽鉄道は設備を始めすべての点で日本で一番いい、一番進歩している鉄道になった。なおこの鉄道で働いていた人々は、後に山陽鉄道が国鉄に買収されてからも年に一回集まることにしていて、国有になってから三十年近くも経て私も一度その集まりに出席したことがあり、末延道成、牛場卓三などという人たちも来ていたが、出席者が皆比較的に年が若い連中ばかりだった。それでそのわけを聞くと、入社当時が若かったからということだった。山陽鉄道が敷設された頃は、技術の面でももはや外国の技師を必要としなかった。大島の人で大島仙蔵という工部大学の出身者で、留学もした人だが、これが技師長で、その配下の者も全部日本人だった。

なお私がウィーン駐在中、山陽線竣功に付き同社社長牛場卓三から創業当時の記念として、手紙に花瓶一対を添えて送って寄越した。その手紙を左に掲げる。

謹テ一書ヲ裁シテ牧野伸顕君閣下ニ呈ス回顧スレハ過ル明治十九年ノ交閣下カ兵庫県ニ在職セラレタルノ当時ハ神戸以西ニ属スル吾山陽鉄道ハ未タ敷設ノ機運ニ際会セス従テ九州中国地方ニ来往輸送スルノ荷客ハ一ニ海路ニ藉ルノ外又他ニ速達ノ方法ナク其不便名状スヘカラサルモノアリ此時ニ当リ閣下ハ運輸交通機関ノ整否ハ人文ノ隆替産業ノ興廃ニ至大ナル関係アルヲ洞観セラレ鋭意鉄道敷設ノ議ヲ策シ当局有司ニ向テハ之カ企画指導ノ急務ナルヲ陳情シ沿道及東京大阪等ノ素封家ニ対シテハ公共有益ノ事業ニシテ苟且逡巡ノ不利ナルヲ説カルル等拮据尽瘁至ラサルナク於是乎明治二十年冬始メテ本会社ヲ創設シ翌二十一年一月本免許ヲ得テ敷設工事ニ著手シ爾来十有四年其間屡次財界ノ浮沈動揺ニ際シ幾タヒカ苦境ニ遭遇シタルコトアリシモ遂ニ克ク万難ヲ排シテ過ル三十四年ノ秋ニ於テ当初ノ目的タル神戸下関間全線ノ開通ヲ告ケ交通ノ利便昔日ノ比ニ非ラサルニ至レリ弊社ノ訢躍何物カ之ニ加ヘンヤ至竟其今日アル所以ノモノハ職トシテ閣下ノ啓発誘奨其宜キニ由ル

モノニシテ実ニ感佩敬謝措カサル所ナリ茲ニ往時ヲ追想シテ転々欽仰ニ耐ヘス依テ非典ヲ省ミス別紙目録ノ通花餅壱対ヲ贈呈シ以テ紀念ノ微意ヲ表セントス閣下幸ニ之ヲ嘉納セラレンコトヲ

誠惶謹言

明治三十七年九月一日

山陽鉄道株式会社
専務取締役　牛　場　卓　蔵

この他に、私が兵庫県に在任中に湊川の付け換え工事が問題になって、これは長年にわたる山村の濫伐その他の原因から土砂を流し、川床が市街よりも高くなり、始終氾濫するので、遂に西の方に川を付け換えることになったのである。

それから海防費の献金ということがあった。当時我が海軍力は甚だ微弱だったが、清国は大いに製艦に努めて有力な海軍を組織し、外人を雇って操縦を伝習し、近海を航行して長崎に入港したこともあり、その威容は世人の注意を惹き、我が海防の及ばざるに想到せしめた。従って海軍の拡張は一般の希望だったが、当時の歳計はこれに応ずる余裕なく、大蔵大臣は特に所得税を新設したが到底需要を満たすことが出来ず、依然憂うべき事態が続いていた際に、明治天皇は深く軫念《しんねん》在らせられ、御内帑金《ごないどきん》三十万円を海防費として御下賜遊ばされた。当時帝室費は年額二百五十万円なるに鑑み、総理大臣は大いに感激し、かかる有り難い御思召を拝したる以上、国民もその分に応じて任意を以て海防費を献金せば最も国策に叶《かな》うものなりとして地方官を召集し、この有り難き御思召を伝え、国民にしてその意思あるものは宜しく応分の献金をするべく訓示した。それでこの訓示の趣旨を徹底させるために、兵庫県では自分が県内を遊説した結果、富裕な地方でもあったので、正確な数字は記憶しないが何十万円か集まったと思う。

一体地方官というものは新しい土地に赴任すると、何か自分が在任中の仕事として残るような事業に手を付けようとする。そしてこの場合どうしても人の目に付くような仕事を選ぶので、大部分の者は道路、建築、港湾、勧業というような方面に力を入れることになる。顧みれば我々もその型の役人だったと言われても申しわけはない。即ち教育、衛生というような比較的に地味な仕事にはあまり注意を払わず、総括的に見て重要と認められることよりも目先のことに気を取られていて、鉄道の敷設とか、或は勧業というようなことに主に力を用いた。しかし勧業と言ってもその範囲は非常に広く、結局やったことと言えば、明治十八年から二十年に掛けて農学校や農事試験所の設立に努力し、その一方農学上の新しい知識を普及させる意味で農学博士など大家に講演などしに来て貰ったが、農家の方ではこれをなかなか素直に受け入れようとせず、卓上の空論、学者流の議論という風に見る傾きがあり、やはり先祖代々のやり方に従った方がいいというような保守的な傾向があった。また学者もその頃は理論上の詮索や単に博識であることを尊重し、すぐに応用出来る実際的な研究は少し後《おく》れたと思う。

また私は福井県の勧業課長が事務を執ることに馴れた古手の官吏であるに過ぎないので、誰か新しい、事務ではなく仕事に興味を持つ人を起用したいと思った。その頃神戸の「又《ゆう》新《しん》日報」（これは当時神戸で一番大きな新聞だった）の主筆で矢田績という人がいて、まだ二十五、六だったが、始終懇意にしていた。そしていかにも突飛な話で、正気の沙汰ではないと思われたかも知れないが、私はこの人に勧業課長になってくれないかと頼んだ。矢田は驚いて、どうしてそんなことを言うのかと聞くので、旧弊を破って広い世間の経験を持つ新しい気分の人にやって貰いたいのだと言ったところが、矢田もそれ以上抗議しないで承諾してくれた。そしてその具体的な効果は別として、とにかく勧業の意気込みは新たにして貰った。

この矢田という人は特殊な人物だった。それまでの経歴を言うと、明治十四年に北海道開拓使の払下げ事件というのがあって、これが当時大問題になった。それは開拓使がビール会社その他、それまで官営だった事業全部を引っくるめて三十万円で、長州の中野悟一と鹿児島の五代友厚に払い下げたことに端を発し、政府内外の薩長人が結託してそのようなことをしたというので政府は大変な非難の的となり、新聞は一斉に攻撃を開始し、方々に事件糾明の会合が開かれ、またちょうどこの時期に大隈さんの国会開設の提唱があったことは、一層議論を活潑にさせた。矢田は慶応義塾の出身で、福沢は勿論政府に反対し、その頃確か「時事新報」の一記者だった矢田を函館に出張させて、盛んに政府攻撃をやらせた。その腕を見込んで、やがて神戸の「又新日報」の主筆の地位に誰かを世話するように頼まれた時、矢田を推薦した。そして矢田は後に、山陽鉄道社長の中上川彦次郎の手引きで始めは山陽鉄道に入り、後に三井銀行に転じ、三井の重役になったが、私が宮内大臣をしている時に矢田は私を訪ねて来て、今度自分が三井から引くことになったと言ってそのわけを話した。矢田の言うのに、それまで盆暮のボーナスに少しも手を付けず、数十年の後ようやく百万円の金が出来た。それでこれからこれを何か公共事業に使い、以て余生を送ろうというのだった。矢田が何にその金を使ったかと言うと、名古屋に矢田図書館を設立したのであって、今でも名古屋で矢田と言えば大抵の人が知っている。矢田は曽て名古屋の三井銀行支店長を勤めたこともあり、その縁故で名古屋を撰んだのであろう。その時分としては実に珍しい人で、その生活振りにしても、右の話で解るように、いわゆる三井の重役というような地位にある人間を思わせるものではなかった。

話は少し前に戻るが、日本の内政も段々整って来た時分に、ヨーロッパの地方制度が非常に整備しているということが海外に行った者の注意を惹き、殊に自治制度の必要が、駐独公使だった品川弥二郎、法学者の平田東助、後に東京知事になった井上友一らによって盛んに説かれるに至った。それで各府県を一つの自治単位とするという案も出て、これは大き過ぎる嫌いがあり、今まで諸藩が割拠していた地域が一つにされることになり、同じ区域内で人情も非常に違うというような理由から、制度取調局時代に私もこの案に反対したことがあったが、兵庫県に来てから、将来の自治制度の基礎を作るために町村の整理を行えという内務大臣の訓令を受けた。それで、日限を付された仕事なので一夜作りの観もあったが、とにかく昔からの境界、地形、人口、経済力等を取調べたりして、町村の自治区域を編成して復命した。これが今日行われている兵庫県の市町村制度の基礎となったのである。

やはり私が兵庫県にいた間のことだが、その時分はまだ賦金といって、花柳社会に課する一種の税があった。これは大きな都会で花柳社会が発達した所には大抵あったもので、その出所に鑑み他の諸税とは別個に扱われて公共事業や臨時費に用いられ、その出納は県会に出さず、知事が一人で管理し、会計課で取扱っていて、多くの場合交際費に使われた。この賦金は大阪などでは相当な額に上り、外国人もいるので、交際費と言えば表面の理由は立ったが、内面公開の出来ぬ使途もあったと思う。何しろ京都、大阪、神戸と三つの大きな都会が近接しており、賦金の用途については論議を免れぬので間もなくこの項目は廃せられたからよかった。これは維新創業時代の遺物で、初めは勧業費などにも使われたが、決算を出さないので存続が許されなかった。

交際と言えば、県会議事堂で舞踏会を催したことは既に語ったが、この他に御影で大園遊会を開催し、京都、大阪、神戸の二府一県の知事を始め各国の領事、外国商館の館長、その他土地の有志等を招待したり、また神戸でクラブを作り、そのために商工会議所の一部を転用したが、園遊会の方は成功だったが、このクラブの方はあまり長続きしなかったようだ。その時分東京では鹿鳴館で伊藤さんが仮装舞踏会をやったりして、今から考えると何か突飛な感じがするが、これは条約改正についての予備施設の意味でなされたもので、条約改正についてはよほどの犠牲でも厭わぬ気分が漲って居った。しかしいわゆる鹿鳴館時代の風潮が続いたのは三、四年位の間のことで、結局は付け焼刃なので皆が段々面倒に思うようになって、伊藤、井上らは外国に行ったこともあり、始終外国人と付き合っていたが、黒田、三条内閣時代になるとこの種類の交際は外務大臣が一人で引受けなければならなくなり、その他の要路者はそういうことから次第に遠ざかって行った。明治の初めはそのようでなく、既に引用した大西郷の手紙を見ても解る通り、西郷（従道）、大山らにしても政府の重職にあるものは絶えず外国人と往来していた。殊に政党内閣になってからは外国人との交際は二の次になり、内閣の閣僚が外国の使臣と交際するようなことは全くなくなってしまった。

伊藤さんは始終洋書等を読んでおられ、もの解りはよく、記憶もよく、山県、井上など皆偉い人だったがそれぞれの型があったのに反して伊藤さんにはそれがなく、何でもござれという風で、好悪の感情によってではなく問題の如何で動く人だった。そう言えば井上、山県、大山、桂、西園寺とそれぞれ異なった性格の持主だったが、その中で西園寺さんは全く恬淡《てんたん》な人だった。何度も首相になられたが、出来るだけ長く政権を握っていようというような気持は少しもなく、いつも仕方がないから自分がやるという調子だった。これに反して桂は好んで仕事をしたがる方で、或る政変の時西園寺さんから来た手紙に、自分は御免を蒙りたいが、自分がやらないと桂がそれをいいことにして居据ろうとするから、ちょうど辞意を表明したのだから自分が出ることになろう、という意味のことを言って寄越されたことがある。

西園寺さんは伊藤さんと性格が合い、伊藤さんとなら一緒に仕事をするという調子だった。私は始め伊藤さんの下で仕事をすることになり、その次は西園寺さんだった。これは自分に取っては仕合わせであった。私がそのように思ったのは、この二人に対しては遠慮会釈もなく有りのままに接することが出来たからである。伊藤さんは西園寺さんを自分の後継者に考えておられた。またこういうこともあった。或る時伊藤さんの所に行っていると、山県の所に時々行くか、と聞かれたので、用事がある時でもなければ行きません、と答えると、やはり時々は行った方がいいよ、と言われた。山県さんの門下生の数は大変なもので、誕生日にはその大勢の人々が椿山荘に集まるのが一つの年中行事のようになっていた。伊藤さんにはそのようなことはなかった。その当時は先輩が後輩を養成するということは非常に大切なことに考えられていた。これは現在でも英国などではまだそうであって、政治家が若い者に望みがあると思うと自分の秘書にして使ったり、或は代議士として立候補するのに援助を与えたりして経験を積ませ、一人前の政治家に仕込むというのが一つの伝統になっている。例えばアンソニー・イーデンなども長い間ネヴィル・チェンバレンの秘書を勤めた後に累進して外務大臣になったのである。日本でも今後いよいよ議会政治になる以上、当事者は情実を捨てて有望な跡継ぎを引立てることは国家に対する責任であると思う。

話は少し後のことになるが、私が文部次官をしていた時、ちょうど日清戦争の後で三国干渉があり、当時総理大臣だった伊藤さんの人気が落ちた折柄、或る時西園寺さん（当時文相）が私に、いよいよ総辞職をすることになったから黒田（清隆）枢密院議長に内々知らせてくれ、と言われた。なおその成行きを聞くと、昨日伊藤さんと同車して大磯に行き、車中、世間の人気も倦《あ》いたし、どうです、もうお辞《や》めになっては、と言ったところが、うん、自分もそう思っていた、という返事で、すぐ辞表を出すことに決められた、ということだった。二人の流儀が目に見えるような対話である。

この伊藤内閣の時に西園寺さんが文相に就任されたので、西園寺さんのような秀才型の人にはとても付いて行けまい、また向うも自分のような型は望まれないだろうと思い、進退を決するつもりで、伊藤さんにそう言うと、そう食わず嫌いなことを言わないで、まあやって見て一緒に行けなければその時相談に預かろうと言われるので、そのまま次官の職に留まって西園寺さんの下で働いて見ると、よほど大きなことには関心を持たれたが、他はすべて私に任せ切りだった。それが西園寺さんと一緒に仕事をした初めである。

話は前に戻るが、私は兵庫県に独身で来て、まだ兵庫県にいる間に三島通庸の次女峯子と結婚した。そして或る時、まだ兵庫県に在職中の時分だったが、東京から呼び出しがあったので、行って見ると、当時警視総監だった三島の義父が私に、黒田内閣総理大臣の秘書官になってくれと言った。私は黒田さんは珍しい人だとは思っていたが、あまり進まなかったし、向うも私が秘書官になることを望んではおられないだろうと思い、また秘書官は俗に鞄持ちとも言って個性無用の感もあり、断ろうとすると、三島は、実は自分は黒田さんが総理大臣に就任されることには反対したが、行き掛りを作られて就任された以上は誤られぬよう出来るだけ援助したい。ついては黒田さんは世間が狭いから、秘書官になって補佐して貰いたいのだ、と重ねて言った。私は、黒田さんには酒癖があり、私は不調法だからと言って難色を示すと、黒田さんの所へは夜は絶対に行かないでいいとのことだった。それで一応考えることにして引取って、伊藤さんに相談に行くと、伊藤さんは、さあ、と首を傾け、黒田さんのことは松方の方がよく知っているから松方の所へ行け、と言われた。松方さんは当時蔵相だったが、松方さんの所に相談に行くと、これまたいいとも悪いとも言ってくれない。三島の方からやいやい催促されるので、結局やって見たらよかろうということになり、遂に秘書官に就任した。

七　総理大臣秘書官、記録局長
——条約改正問題、大津事件——

明治二十年—明治二十四年　1887－1891

明治二十一年（一八八八）　独帝ウィルヘルム二世即位。伊藤博文枢密院議長に就任。黒田清隆内閣総理大臣。三島通庸歿す。

明治二十二年（一八八九）　憲法発布。森有礼暗殺さる。東海道線全通。大隈重信遭難。

明治二十三年（一八九〇）　帝国議会開設。東京横浜間電話開通。法制局官制公布。

明治二十四年（一八九一）　シベリヤ鉄道起工。松方内閣成立。露国皇太子遭難す。濃尾大地震。


私の黒田内閣時代のことを語る前に、黒田内閣にとって大きな課題の一つだった条約改正についてその交渉の概略を述べたいと思う。明治の初年以後この大問題について政府の熱意が薄らいだわけではなく、伊藤内閣の時に井上馨が外務卿に就任したのもこの問題のためだった。当時内政の改革、特に法典の制定についてはは相当に進捗したことが一般に認められるに至り、今度は相手国との交渉開始が考慮すべき問題となったのであるが、これについて相手は十数ヵ国に渉るので、一国ずつ片付けて行くには容易なことでなく、最恵国条款の難関もあるので、一国一国を対象に交渉するにおいてはその間種々の微妙な関係を生ずるに鑑み、井上は各国公使と同時に新条約の大綱について協定するという方法を取って、第一回の会議を明治十九年に開催した。そして爾後一ヵ年も度々会議を重ねたが、色々の故障に逢着し、こちら側が満足するような成績を挙げ得なかったので、その経過に顧みて到底話を纏める見込みはないと断念し、内閣の同意を得て井上は遂に各全権委員に、諸法規の編纂を完成した後に更に談判に及ぶべしと会議を無期延期する旨を通知した。

私は会議の内容については詳しいことは知らないが、裁判所構成問題などが談判の成立を困難ならしめたのではないかと思う。ところが条約改正は従来、朝野の重大な関心事となっていたので、交渉中止が発表されると各方面で一斉に政府攻撃を始め、そしてまた政府自身も条約改正には最も熱心だったので、交渉打切りを決心するに至ったのは全く止むを得なかったからであり、攻撃されることは勿論覚悟していたと言える。しかもそのようなわけなので、政府に同情している者でも表面これを支持する者は誰もなく、この時の処置について政府を無能呼ばわりする声は高まる一方で、その裏面には、遂には治安にも影響する可能性のある運動や陰謀も行われたようである。もっとも政府攻撃の悪材料は他にもあったので、鹿鳴館の仮装舞踏会のごときもその一つだったと思う。そして今言ったような運動、陰謀等はますます過激になり、その対策として政府は遂にあの有名な保安条令を発表したのである。

この保安条令の概略を言えば、当時東京に集まっていて政府に反対を唱えた知名の政客およそ二百有余名に対して、皇城より三里以外の土地に退去することを命じたのである。そしてこの中には命令に服せず、東京に潜伏した者もあったと言われているが、とにかく歴史に名の残る政客、即ち林有造、星亨、片岡健吉、中島信行、尾崎行雄、竹内綱ら三百名近くがこの時追放された。殊に条令発布の当日は、御所の警衛として近衛兵に特に命を下し、また憲兵、巡査を配置して大蔵省及び陸海軍省の火薬庫の警備に当らせた。これは今日より顧みれば実に容易ならざる非常処置であって、政府にはよほど重大な情報が入っていたのだろうと思われる。私はその時分兵庫県に在職中で、詳しいことは知らないが、自分の縁家の三島総監が内話したところによると、退去令は当を得た策に非ずとわざわざ内閣に出頭して極言したが、その施行については諸般の手続きも既に取られており、もはや変更するわけには行かない事情で、止むを得ず自分がその実施の責に任ずることになった次第で、実に残念だった、と語っていた。

この三島について一言述べておきたいのは、世間では圧制を好んだ独善主義者のように言っているが、これは誤解だと思う。三島はあの時代には珍しいほど時勢をよく見ていた人で、新知識も努めて受け入れて執務の参考にしていた。伊藤さんも三島の人物を称揚して、今まで知らなかったが、大いに御用に立つ人だと言われ、地方廻りをしているのが長過ぎたと言って嘆いておられた。三島は黒田の組閣にも反対し、どちらかと言えば進歩的な性格の持主だった。そしてこのように政府に信任ある警視総監の熱心な反駁にも拘らず、保安条令の実施というがごとき思い切った荒療治を行ったことは、民情には理解ある時の内閣にしてはいかにも意外な感じがするが、それだけに何か重大な事件が起ることを予想される密報があったのだと思う。然るに幸いに何ら特筆すべき出来事もなくてすんだが、内閣の威信はこの措置のために非常に低下したように記憶している。この保安条令については、なお研究の余地があるようである。翌年四月に伊藤内閣が総辞職した直接の原因は知らないが、条約改正の延期に次ぎ保安条令の施行は少くともその遠因をなしていたと思う。そしてこの政変のために私一身の進退にも変化を来したのである。

黒田さんとはそれまで個人的な交渉がなく、その政治上の考え方についても不案内だったが、一年ばかりその傍で執務して見た結果では、何らかの積極的な政策を持った人ではなかったと思う。そしてむしろ閣僚の折合いということに重点を置き、私も黒田さんの秘書官をしていて、直接何か調査を命じられたりしたことは一度もなかった。そういうわけで、仕事好きの井上（毅）法政局長官などは手持無沙汰で苦しんだことと思う。しかし内閣はとにかく成立したが、世間では条約改正を要望する声がますます強くなり、政府は前内閣と同様な責任を負わされた。しかも前内閣の時に政府の条約改正延期を問責するのに最も力を入れたのは改進党であり、その首領の大隈が外相に就任したのであるから、政府としては是非ともこの問題の解決を図らなければならず、この目的の下に諸般の準備を進めて各国の全権と交渉を重ね、ほぼ成案を得たので内閣もこれを正式に決定したが、その内容が薄々外部に洩れ、各種の批判が内地で行われ始めていた際に、その条文が「倫《ロン》敦《ドン》タイムス」に掲載された。そして今度は一年前とは逆に、改進党系統以外の者はすべてこの大隈案に絶対に反対の態度を取った。この時問題になったのは外人を法官に任用するということと、外人の内地雑居及び外人に土地所有権を与えるということだったと記憶している。今日から当時の国際情勢を顧みれば、内政上の準備はよほど整って来ていたのであるが、列国から見ればまだ相当に改善の余地があり、この際交渉を成立させようとすれば多少の譲歩は免れず、以上のような条件で話を進める他ないので、政府としてもその決心をしたのだろうと思う。

しかしこの政府案に対する反対気勢は、前内閣の時に行われた政府攻撃の比ではなく、枢密院議長の伊藤を始め、副島、後藤その他政界の大物が一致して反対の態度を表明したのみならず、各地方の民間団体が申し合せたように一斉に蹶起して政府案に反対し、これを押し切ることが出来るかどうか疑わしい状態に立ち至り、政府はあくまで乗り切る態度を取り、島田三郎、矢野文雄ら改進党系統の人々は極力政府を援護したようであるが、大勢を挽回することは覚束なくなった際、不時の出来事が突発した。それは大隈の遭難事件であって、そのために遂に局面は一変したのである。

以上の曲折が示す通り、条約改正は明治政府を悩ました問題の中でも最大の困難を伴った案件だったが、その経過から見れば改正の交渉に当った井上、大隈の両名は実力もあり、またその経歴から言っても折衝の当事者たるに最も適した資格を備えていた人たちであって、当時これ以上の適任者は見当らず、他の何人がその衝に当ったとしても、到底国民が満足するような結果は得られなかったことと思われる。そしてこの時より数年を経て、時機も熟したのだろうが、伊藤内閣の時に陸奥が外相で条約改正の談判が成立し、ここに数十年の懸案がようやく解決を見るに至ったのである。

ついでに私事ではあるが、不思議な偶発とも言うべき出来事があった。大隈が遭難した時私は永田町の総理大臣秘書官官舎にいて、ちょうど幼児（長女の雪子）が肺炎を患っていて重態で、主治医の高木兼寛博士の来診を待っていたが、時刻がたってもなかなか見えないので落ち付かずにいると、突然爆音が聞えた。その時は別に気に留めなかったが、それから暫くしてようやく高木博士が見えた。そしてその話に、先刻来がけに裏霞ヶ関の坂を通ると外相官舎の裏門の辺が大分混雑している様子で、そこに居合せた者の中で自分を知っている者が一人馳け寄って来て、今大臣が大怪我をされましたと言い、自分が往診することを促したので、とにかく行って見たが、なるほど大分ひどい負傷だった。しかし他にも医者が来ていて、応急の手当てもすみ、主治医も程なく来るということなので、自分がそれ以上止まる必要はないと思ってこちらに来たが、遅刻はそのためだということだった。それで初めて先刻の音響が、凶徒が投じた爆弾の響きだったということが解った。

この他に黒田内閣時代の出来事として記憶に残っているのに、次のようなことがある。或る時夜遅く総理の官舎からすぐ来てくれと言って来たので、小牧さんは、と聞くと、小牧はまだ来ていないという返事だった。この小牧は黒田さんの気に入りで、常に側近にあって黒田さんの世話をしていた。それでとにかく二階に上って見ると、黒田さんは大分酔っていて、日本刀をひねくり廻している。そして私に、辞表が出したいから書いてくれという突然の註文だった。しかし総理大臣が辞表を出すということは重大問題なので、いい加減に返事して下に行くと、そこへ小牧が来たので、こういうわけだからということを話して、私はその足で閣僚の一人である松方さんの所に行った。そして松方さんと一緒に枢密院議長官舎に出向いて伊藤さんに会い、更に外務大臣の大隈さんに来て貰い、三人で相談された結果、松方さんが総理の気質と酒癖を承知しているので宥《なだ》める役を引受けた。そして翌日会うと、もう無茶なことはしませんから安心して下さいという次第だった。後で聞いたところによると、そのようなことになった原因は閣僚の出勤が区々《まちまち》で、黒田さんが言った時刻になかなか出揃わないことが度重なるので、正気の時は皆忙しいからというようなことが解っているのだが、酒の上では皆から軽視されるように感じられたらしい。酒は時々思いもよらぬ出来事を引起すことが有り勝ちであるから、始め秘書官を躊躇《ちゅうちょ》したのだが、夜は行かないでもいいという就任の条件は三島一人の呑み込みで、黒田さんの奥さんなどは秘書官が御出でになりませんと言って機嫌が悪かった。しかし、しまいまで招かれた時の他は夜は一度も官舎に行かずにすんだ。

余談であるが、この定例閣議は午前十時から出席の習慣だったが、自分の経験ではなかなか揃わなかった。西園寺内閣の時に原（敬）は内務大臣で、時刻に見えたことはほとんどなかった。時には一時間も後れたことがあり、何か余儀なく手間取った次第を言うこともあった。原の遅刻は常習だったが、政友会を率い、内務省は多事の役所で繁劇は当然とも言えよう。或る夜自分は所用あって原を往訪したところが、控室には数名の来客が詰めていて、面談中電話があったが、その返事に原は夜半一時の約束をしたことを記憶している。原の場合は特別だろうが、一般に日本の大臣は面会が多過ぎる。あれでは政務を熟考する閑暇もなかろう。自分が海外でその地の大臣などに接した時の感想を言えば、相当運動もし、社交場裡にも出入していたようである。これは習慣にもよろうが、世間がその公務を妨げてはと大臣などに面会を遠慮するように見受けられた。余計のことにまで話が及んだが、予定の時刻に人が揃わないのは宜しくない。殊に内閣の場合は大切である。

この他に黒田内閣時代の出来事としては、明治二十一年十二月に宮城の建築工事が終った。旧皇居は明治五年に炎上し、直ちに御造営掛りが出来て、十五年の後にようやく竣工したのである。陛下はそれまで青山に御住いになっておられたが、十二月の末に宮城に行幸になり、翌年一月に赤坂離宮から新皇居に遷御になった。この時の鹵簿《ろぼ》には各大臣以下百官が扈従して行ったのである。そして明治二十二年の紀元節に、憲法発布を宮城の正殿で行わせられた。その時は両陛下御正装で、首相始め枢密院議長以下列席し、各国公使も陪席して大変荘厳な御儀式だった。また私はその時分全くの下役だったが、憲法制定に関聯して多額納税議員の選挙法の草案を作り、また発布式について宮内省の役人と協議したという廉《かど》でこの盛典に陪席を許され、後に憲法発布記念章を拝受して、これを当時の記念とし、光栄としている。また長命のために、この記念章の拝受者で現在なお存命しているのは私一人ではないかと思う。なお私が発布式について宮内省の役人の相談に与った事項は次のごとく決定された。

右御式中
皇后陛下ハ
高御座ノ右側ニ別ニ
御座ヲ設ケテ参観シ給フ
各国公使及公使館員
右左側ニ参列シテ御式ヲ拝観ス
勅任取扱雇外国人勲三等以上外国人在京奏任官三等以上ノ者府県会議長

右正殿廊下ニ於テ参観ヲ許サル

この発布式を謹写した絵が明治絵画館に掛かっていて、御盛儀の模様はこの絵で窺うことが出来る。ついでに記しておきたい思い出があるが、御儀式の途中で急使があって、廊下に居った自分に耳打ちした。それは森文相が式に参列のため永田町の官舎を発車する直前に壮士に刺され、絶命したということを知らせに来たのである。この御盛事の際にかかる凶事があるとは実に意外なことであって、私は直ちに拝辞して官舎に見舞いに行ったが、既に森さんは息が絶え、凶徒はその場で斬られ、もはや手の付けようもない惨状だった。私にとって森さんは先輩で、倫敦以来その親交を辱《かたじけな》くし、その前夜も深更まで対談していたので、その同じ官舎でかくのごとき場面に臨み、ただ呆然として嘆息するばかりだったのである。

黒田内閣も条約改正が祟《たた》り、明治二十二年十月に総辞職を行い、後継内閣が出来るまでの繋ぎに三条さんが総理となり、十二月に山県内閣が成立して私は内閣記録局長に転任し、後に官報局長を兼任した。この記録局の仕事は、政府の記録を扱うことと政府所蔵の図書の出入、保管等で、記録局は言わば内閣直属の図書館のごときもので、有名な紅葉山文庫その他貴重な文献、図書がその所管に属し、後にその蔵書の一部は宮内省の図書寮に、一部は帝大の図書館、それから一部は帝国図書館に、それぞれ分配された。官報局の仕事も極めて簡単で、本職、兼職とも言わば隠居仕事のようなものだったから、余暇も十分にあった。ただ法制局にも関係があったので調査委員会には絶えず出席したが、常務としては閑散であった。当時は条約改正問題を廻る論争が国内に呼び起した反響にも見られるごとく、新旧両様の思想が相対立し、一方世人の物質に対する関心ともいうべき傾向はいよいよ烈しくなり、例えば当時流行語となっていた舶来品とか唐物屋とかという言葉が、何か優秀なものの意味で常に用いられていた。もっともこの種類の習慣は間もなく廃《すた》れたが、思想の方は政治の根本をなすものであり、新しい知識がますます要求されるに至ったことは当然であるとして、この方面の仕事に深入りし過ぎて国家本来の姿が見失われる場合も生じ、識者の間でも国家の将来が大いに憂慮されつつあった際に、明治二十三年十月山県内閣の時に教育勅語を降し給い、ここに日本人の倫理上の根拠が提示され、その結果当時の思想、教育界は一つの指針を得たのである。

その頃私が感じたことを言えば、極端な主義や政綱を丸呑みにする傾向が一般に強く、今少しその利害得失を研究して、当時の我が国情に即しての適否を考えて貰いたかった。またそういう意味で記録局には色々参考になる外来の刊行物が送られて来て、中には中正穏健と思われる論説が少くなく、ただ一読するに止めるのが惜しいので、そのうちでも権威ある学者によって書かれたもので内容が殊に充実している記事、論説を翻訳して、なるべく広く分配したいと思った。それで翻訳は後に衆議院書記官長になった林田亀太郎などに依頼し、印刷配布は秀英舎に引受けさせて、「政治一班」と題する雑誌を刊行した。

この「政治一班」は今でも数冊手許に残っているが、その刊行の趣意書には次のように書いた。

（前略）常に海外より輸送し来りたる書籍及び雑誌を閲し、政治見聞の修養に充つるに、本邦に流行する政治論説とは大にその趣を異にし、今の時勢に当り是等着実の論説は参考上頗る有益なるべしと思考するを以て、従って得れば従って訳し、以て辱知諸君に分たんと欲するなり。

この「政治一班」は多少反響があったと見え、高橋健三氏より左のごとき手紙が到来した。

前略　御恵送の政治一班の第三冊昨夜通読議論剴切我国今日無学政治家の景況に対しては好良の薬剤と可相成不覚の痛快哉の嘆声を相発申候云々

当時私は閑職にあったので、時事問題について色々と感じたところがあり、この仕事を思い立ったのであるが、一年の後に転任になったために止むを得ず停止した。

それから明治二十三年十二月二日に文事秘書局という新しい役所が宮中に置かれた。これは憲法に規定された請願に関する事務を司る所で、井上毅が局長官となり、広橋賢光と私が文事秘書官に任ぜられた。請願は憲法によって国民に付与された非常に貴重な権利であり、そのために特に宮中にそういう役所が出来たのであるが、色々請願はあったが予期したほどのものは現れなかったので、後に内大臣の所管に移された。

なお内閣記録局には明治二十三年から二十四年までいたが、その時分の我が国の財政状態は今日では想像が及ばないような微々たるもので、歳入が七、八千万円で貿易もその程度に過ぎず、従って遣り繰りがなかなか困難で、この時代の蔵相は財政ということを極めて慎重に考え、公債を発行して不足を補塡するというようなことはしないで、あるだけで足らせることに苦心したものだった。そして公債発行は企業とか、その他そういう臨時費を調達するためにしか行われなかったが、それでも政府の財政はとかく赤字になり勝ちで、そういう場合どうするかと言うと、行政整理を行う他なく、人員を減らしたり、局課を廃合したりする目的で何遍も行政整理委員会が開催されたが、私が出席したのだけでも前後五、六回はあった。一回は陸奥が農商務大臣で委員長となった。これらの委員会は各省の経費について調査し、削減出来るものは極力削減した。

明治二十四年五月十一日のことだったが、委員会があって出席中左記の電報が次々に届いた。

京都府知事、内務大臣宛。本日大津ニテ発狂人露国皇太子へ暴行ニ及ビ御微傷アリタレドモ御気色平生ニ変ラズ。唯今御帰京アラセタリ。取敢へズ上申ス。

同、同。露国皇太子殿下県庁ニテオ手当テノ上三時五十分発汽車ニテ西京へオ帰リニナリタリ。停車場マデノ御途中ハ人力車ニテ御徐行、御精神ハ確ナリ。

内閣牧野伸顕宛京都北垣知事。傷ハ右ノ前脳ノ上頭髪ノ中ニテ前ヨリ後ニ及ビ二ケ所ナリ。一ハ長サ二十九サンチメートル、一ハ七サンチメートルニテ深サ頭ノ骨マデ達セズ。先刻御治療スミタリ。御気分確ナリ。五月十一日発。

一同の驚愕甚しく、直ちに閣議が開かれ、当面の処置はそれぞれ取られたが、畏れ多くも陛下御軫念《しんねん》のほど並々ならず、遂に御親《みずか》ら御見舞い遊ばさるべく思召され、翌十二日臨時列車にて御下向遊ばされた。なお事件があった当時、露国皇太子は陛下宛てに左記の電報を発せられたが、これは世にあまり知られていない事実ではないかと思う。

余ニ到来シタル不意ノ出来事ニ関シ陛下ニハ叡慮ヲ悩サセ給フ此レ余カ深ク陛下ニ謝スル所ナリ余カ斯ク陛下ノ宸襟ヲ煩ハスハ遺憾ニ堪ヘス余ハ稍々快気ヲ覚ユ

十一日午後十時京都発ス

陛　下　　　　　　　　　　　　　　　　ニコライ

この事件は朝野に甚大な衝撃を与えたが、直ちに問題になったのは凶徒の処分だった。我が国の刑法には皇族に対する犯罪の処置に関する規定がなく、犯行の扱い方について内閣は当惑を極め、臨機の処置として種々の主張が行われて、中には何らかの手段で本人を始末してしまえなどという思い切った議論をなすものさえあった。しかしこの時に当って大審院長児島惟慊はすべて臨機の手段を取ることの不可を説き、現存法規の定めるところによって処分すべしと強硬に主張し、その部下も児島を支持し、遂にその意見に従って犯人の処置は現行法規によって行うことになった。が一方、内務大臣、外務大臣、滋賀県知事以下責を引いて辞職した。なおこの時の駐日露国公使はその任地の出来事ではあり、ロ吻態度において相当感情的になっていたとのことを記憶している。

当時はまだ条約改正も行われず、日英同盟以前のことで、国際情勢については一般の気分が非常に敏感な時代であり、この事件に対して朝野が深甚な関心を示したことは止むを得ない事情だった。しかし陛下が京都に早急に御発輦になって露国皇太子をお見舞い遊ばされ、続いて神戸に碇泊中の皇太子の御召艦において午餐の御案内に御臨みになったこと、及び事件に対する我が当局の誠意ある処置は相手をして我が方の事情を了解せしめ、とにかく国際的に別段波瀾を起さずに事件は一段落を告げて、時日が立つに従って一時の感情は次第に薄らいだ。ただこの皇太子が御即位後、我が駐露大使が国書捧呈の際などに御傷痕が外部に現れていはしないかという余計な心配をしたというような話もあったが、何ら痕跡を留めず、安心したということである。

私自身について言えば、行政整理委員会の席上最初の電報が届いてから、その日は事件の始末でほとんど徹夜し、係りの人々が深更まで協議をしていたことを記憶している。松方内閣時代の出来事で、伊藤さんは当時小田原におられたが、夜遅く天機奉伺かたがた参内され、拝謁もあったようだ。そして伊藤さんも京都に露国皇太子のお見舞いに出掛けられた。なおこの事件の犯人は巡査で、何故そのようなことをしたかと言うと、露国の根本政策は日本を侵略することで、皇太子はその準備のために日本を偵察に来られたのだという流言を信じてのことということだった。既に言ったような経緯があった後、日本刑法によって無期徒刑に処された。

八　県知事の思い出

明治二十四年—明治二十六年

1891
|
1893

明治二十六年（一八九三）文官俸給の一割を製艦費とす。東北本線全通。

明治二十四年八月に政府は予算問題で議会を解散して、品川弥二郎が内務大臣に就任した。同じ八月だったと思うが、私に総理大臣の所に出て来いということで出頭すると、品川内務大臣も列席で、福井県知事に就任することを勧められた。私は地方行政には兼ねてから興味を持っていて、既に三年ばかり中央の経験もして来たので、すぐにお受けした。しかしながら福井という地方は任地として全く思い掛けない場所で、ただ春嶽公の旧領地であるとか、橋本左内や由利公正の産地だということが念頭に浮んで心を惹かれた。赴任の道順は敦賀港に着いて初めて福井県の土地を踏み、敦賀から三国峠を越えて、鯖江、武生を経て福井に着いた。私は着任後、県庁において左のごとき訓示を行った。

方今我邦ノ現象ヲ案スルニ人民和衷協同ノ調熟ヲ欠キ勢力競争ノ如キニ至テハ已ニ正当

ノ範囲ヲ脱シ殆ント立憲政体ノ広謨ヲ毀傷セントスルニ至レリ
抑モ我政府ハ明治維新大政釐革ノ際凡百ノ制度昔日ノ面目ヲ一変シ且其後　大詔渙発憲法ヲ制定シ建国以来固有独占ノ権利タル其大部分ヲ割キ之ヲ人民ニ分与シテ以テ政治ノ大権ニ参与スルコトヲ得セシメラレタリ然ルニ人民ハ最モ高等ナル大政参与ノ権利ヲ享受シタルモ未タ立憲政治ノ真意ヲ解セス国家ノ生存発達ニ留意スルコトナク又公共ノ福利ヲ維持増進スルコトヲ勉メス専ラ之ヲ各自射利ノ具ニ利用セントスル傾向ヲ現ハセリ若シ今日之ヲ矯正セス之ヲ自然ノ増長ニ放委スルトキハ或ハ恐ル其積弊ノ及フ所政治ヲ軽ンシ終ニ納租納税ノ義務ヲモ免カレントスルニ至ルモ亦未タ知ル可ラス実ニ寒心ニ耐ヘサルモノアリ又地方ノ人心ハ中央ノ大勢ニ刺衝セラル、ヲ免カレサルヲ以テ将来各党派ノ運動如何ニヨリ直チニ県下ニ其影響ヲ受クヘキハ既往ノ形蹟ニ徴シ昭々トシテ明ナリ故ニ今ニ於テ人心ヲ堅固ナラシメ他日如何ナル風潮ヲ顕出スルモ狂奔激騰ノ極遂ニ安寧ヲ破リ又ハ秩序ヲ紊ル如キノ大不幸ニ陥ラサランコトヲ予図セサルヘカラス然レトモ行政官ニ於テハ職務上制限アリ行為言論共ニ規定ノ範囲ヲ脱ス可ラス其行フ所其言フ所宜シク職務ノ規定ニ基キ其責任ヲ全フスヘキナリ今左ニ二三ノ事項ヲ記シ各位ニ示ス各位夫レ之ヲ考慮深察セラレヨ

第一　行政ノ体面ヲ保全シ其施行ヲ円滑ナラシムル事
行政立法ノ二大権ハ共ニ国家経営上ニ於テ偏重偏軽スヘキモノニアラスシテ併重スヘキ

モノナルハ論ヲ俟タス然ルニ現今我邦人心ノ趨勢ヲ通観スルニ叨リニ制法ヲ干犯シ行政ノ処分ニ背戻シ其欲望ヲ達セントスルニ当リテハ手段方法其順序ニ由ラス猥リニ其末ニ趨リテ其本ヲ顧ミス其目的ノ正鵠ヲ誤ルモノ多シ是国家ノ生存ヲシテ危殆ナラシムルモノト云フヘシ若シ此時弊ヲシテ其儘ニ付シ置クトキハ益放縦ノ気風ヲ増長シ其極人民ノ好マサル所ハ総ヘテ之ヲ施シ行フコト能ハサルニ至ルヘシ而シテ国家全体ニ於ケル政治経済ノ関係ハ果シテ如何ソヤ立国ノ精神ハ已ニ消耗シタリト云フヘキノミ事体此ノ如クニシテ立憲ノ美実ヲ挙ケント欲スルモ焉ソ能ク其目的ヲ達スルヲ得ンヤ是ニ由テ之ヲ観スルトキハ現行ノ法令制度及行政ノ処分ヲ重ンスルノ気風ヲ養ヒ国家公安ノ必需ニ対スル所ノ義務ヲ尽スヘキ善良ノ気風ヲ陶冶スルハ目下ノ最大急務ナリ

第二　自治団体ノ基礎ヲ鞏固ニスル事

夫レ自治ノ主眼タルヤ一定ノ区域内ニ於テ法律ノ定ムル所ニ依リ公共事務ヲ処弁スルハ勿論已ニ自治区ヲ制定スル上ハ区内人民ハ尽ク公民トナリ各業其務ニ励ミ各自ノ実力ヲ養ヒ以テ自治団体ノ基礎ヲ強固ナラシムヘシ若シ公民ノ実力微弱ナルトキハ自治ノ名アリト雖モ其実備ハラスト云フヘキノミ縦令其制度美ナリト雖モ其利益ナクンハ徒ニ空文ニ過キス且煩雑ナル制度ト云フヘキナリ故ニ方今ノ急務タル自治区ノ各個人ハ其各自ノ技能ニ従ヒ奮発興起シ今日ノ民度ヲ以テ足レリトセス充分ノ幸福ヲ享用スヘキコトヲ勉ムヘシ夫ノ党派ノ軋轢選挙ノ競争等ハ常ニ余毒ヲ遺シテ自治ノ妨害ヲ為スコト尠シトセス依テ防禦ノ

線ヲ張リ其侵入ヲ避クルコト亦監督官ト有志者ト協カシテ尽スヘキモノ要務ナルヘシ

第三　安寧ヲ維持スル事

現今ノ形勢タル特ニ安寧ヲ維持スル必要ヲ説クノ已ムヲ得サルモノアリ是レ予メ注意シテ事ヲ未発ニ防クノ主意ニ外ナラス競争軋轢ノ極ハ暴力ニ訴フルニ至ル其甚シキニ至リテハ生命財産モ亦失フニ至ルヘシ此レ深ク鑑ミテ戒メサルヘカラサルナリ

以上述フル所ノモノハ今日ノ状況ニ徴シテ深ク将来ヲ慮カル所ノ大要トス苟モ責ニ地方行政ニ任スル者ハ常ニ意ヲ加ヘテ其部民ヲ啓発誘導シ此際町村長又ハ有志等会合ノ時ヲ以テ叮嚀ニ之ヲ懇示シ町村長又ハ有志者ニ在テハ後進子弟ヲ諭シ以テ洽ク之ヲ永遠ニ服膺セシメンコトヲ期望ス

明治二十五年三月

私としては初めて裏日本に入ったのだが、山陽、東海道辺と比較すると何となく陽気に乏しいようで、また交通で不便であることも直ちに実験した。任地に落着いてから、地方の有志者たちの発起で北陸鉄道会社の設立を計画中であることが解ったが、これは敦賀を起点として福井を経て金沢に達する予定で、ただ当時は財界の状況が甚だ悪く、未だに起業の運びに至らず、徒らに時機の到来を待っているということだった。しかしそのように地方有志者の働きに待っていたのではいつ事業に着手出来るか解らず、それまで県民は昔ながらの山越えの不便に堪えなければならない状況なので、私は時機を見て発起人の一人である林藤五郎を招き、従来の行き掛りを棄ててむしろ鉄道を官設にすることを請願してはどうかと懇談したところが、幸いに林は同意してくれて、もしそれが実現出来れば県民の幸福は言うまでもないが、ただ行き掛りもあることだから福井市民及びそれまでの関係者の了解を得ることが必要だろうとの意見を述べた。これはもっともなことなので、その後福井の市役所で開催した関係者及び地方の有力者の会合の席で、鉄道官設請願運動に変更することが得策であることを説いて同意を求めたところが、出席の人々が皆賛成してくれたので、私は一同の意向を体してその次に上京した機会に出願することを約束して閉会した。それでその後上京した時、関係代表者を連れて請願書を携え、当局に鉄道官設を請願して、出来るだけ早く北陸地方の運輸上の便宜を図られたく請願した。当局の方では、勿論時期などの約束はしなかったが、願意の趣は了承したという返事であった。

福井県は越前松平家の旧領で三十万石の大藩だったが、松平家は東京に移住して藩時代の門閥はほとんど実力を失い、そのために県庁が煩いのない、実際の中心となって県内のすべてが動いていた。この県は大野方面の山手を除くと大部分平原で、大野方面だけが事情を異にしているので利害の点でも一致せず、県会においても議論が絶えなかった。また北陸道は本願寺の信仰が最も厚い地方で、福井に住んでいるとそれがすぐに感じられた。例えば夜分など散歩していると、読経の声が方々で聞え、たまたま法主のお通りがある時は実に盛んなもので、人出のために怪我でもするものがあると、それが災難とは人に思われず、却って後生がいいと言われるということも聞いた。ところが私が赴任してから、今度の知事は洋行帰りで耶蘇教信者だという批評が伝わって、これでは公務上にも差支えが生じるだろうと親切に注意してくれた人があった。それはどういうわけかと聞いて見ると、福井は元来飲食が盛んな所で、酒好きな知事などはよく酒席に出入したが、自分は不調法なのでそういう席にあまり顔を出さなかった。また別院で時々説教があり、県庁の人も見えるのに、知事は一度も姿を見せないというので、そのようなことからだろうと思うが、今度の知事は風変りだということになって、右のような評判が立ったことが推測された。しかしそのうちに坊さんなどにも懇意な向きが出来て、真相が伝えられるに至り、いつの間にかそういう噂を耳にしなくなった。

越前の酒井郡は昔から羽二重の産地で、殊に外国貿易が開けてから軽目の羽二重が輸出に適するというので俄かに機数が殖えた。殊に福井市近在では百姓までがその方が利益が多いと言って、田地を売って機織りに転じ、土地には未曽有の俄景気が到来したが、その反面粗製濫造に傾き、このままでは将来の売行きにも影響あるべしと横浜の貿易商から頻繁に注意を受けるようになった。この拡張振りを数字で示せば、明治二十四年の秋に二千四の需用があったのに対して、二十五年の春には各郡村において新規に機業を開始し、同年中に機数は八千五百台に達した。しかし右に言ったごとき粗製濫造の弊害は機業の前途のために捨て置くべきではないと先達の事業家たちは大いに憂慮し、しばしばその旨を県庁に申出ていた。そして県庁においても研究の結果、対策としては羽二重の検査規則を設けるのが適切であるということで、勧業課長の三田村円上にその立案に当らせた。もっとも当業者の中には自家製品の強制検査を喜ばない者もあったが、大勢には抗し得ず、とうとう県費で検査場を設けることになった。この時出来た規則は今日でも行われていると思う。とにかく規則に定められている松竹梅の銘標は現在でも用いられている。今は戦争の後でそういう方面も大きな損害を受けたことと思うが、この福井県の羽二重は大正の末頃には八千万円以上の輸出額に達していた。羽二重は石川県でも作られており、その他の地方でも出来るが、福井県が羽二重の産地では第一位を占めて居ったその説明として、福井地方の水質が機業に適しているということを聞いたことがある。しかし果してそうであるかどうかは研究の余地があると思う。

羽二重の生産がこのように進んでいるので、福井県はよほど利潤を得ており、相当に産をなした者もいる筈であるが、割合にそういう人の話を聞かない。福井県は勤倹の気風があまりない所で、却って飲食に浪費する弊風があると言われている。これに反して隣の石川県は伝統的に倹約を尊ぶ習慣があり、身の締りが固く、これは加賀藩の余風だろうと思う。しかしこういう問題について簡単に断言することは出来ない。

越前には大地主が相当あった。杉田定一もその一人で、千石取りと言われた人だが、この人は自由党を援助して党の勢力拡張に大いに努め、党員などが遊説に来ると杉田の家に泊り、党のためには費用を惜しまなかったので、年が立つのに従って伝来の田地を段々売り払い、しまいには余裕がなくなって、一身を支えるにも困ったようである。この杉田は別な方面で土地のためにも大変尽力した人で、明治の初年に地租改正があり、その税率が非常に不当だというので反対運動が盛んに行われ、また実際に少し比率が高過ぎたのだと思うが、この大運動を杉田が率先支持したので地租が軽減され、農民は杉田の努力を多として、酒井郡方面で杉田と言えば一箇の有力な存在だった。それで明治二十四年の選挙干渉の時に政府は杉田の落選を希望したようだが、自由党の地盤と言い、田租軽減の功績と言い、この方面では杉田の名が深く人心に印せられていたので、落選させることは問題でなかった。

ついでに選挙干渉について当時の事情を述べておきたい。品川内務大臣は議会の解散後、特に地方官を招集して解散の止むなきに至った経緯を述べ、来るべき選挙においてはなるべく中正の人物を挙げるように尽力して貰いたいとの大体の希望を、熱意を込めて慫慂《しょうよう》された。この時議会が政府の予算に大削減を加え、政府はそれでは到底政務の運用は出来ないとして解散に決したのである。即ち藩閥政府打倒は大分以前から叫ばれていて、議会は最初の機会に予算の削減を試みたのであり。その時の事情を考えると、その決議は経費節減よりかむしろ政府不信任、或は政府打倒にあったのだと思われる。それで内務省の警保局（これが選挙の主任である）から各地方官に対し、人事について具体的に色々の註文があったようで、福井県では杉田が一番狙われたようだった。私は帰県して早速、郡長、警察署長を招集して大臣の訓示を伝えたが、候補者の指名などはしなかった。また大体においては選挙については県当局の圧力、特に警察力を手先に使用することは、行政官として避くべきである旨を付け加えた。もっとも候補者については各選挙区において候補者を物色するに当り、先方の内輪話も聞き、こちらの希望も述べて、職務を離れて銘々個人として自分が適当と思う人物を内面において援助することは妨げなかった。杉田については選挙区の有様から言って到底手の付けようがなく、他に一、二の候補者が立ったように記憶するが、最初から物になるとは思っていなかった。

福井県全体から言えば、選挙の結果は政府党の方が少数だった。この時隣県の石川、岐阜などでは大干渉が行われ、しかも警察権を表面に利用して、政府反対の選挙人に対しては交通の自由を妨げたり、空砲を放って脅したり、大騒ぎが始まったが、その結果必ずしも目的を達したとは言えなかった。その他高知、佐賀、福岡の各県においてはそれぞれ地方の事情によって色々目立った干渉が行われ、選挙民の行動は束縛され、被害者も現れ、流血を見た例もあった。そういうわけで、総選挙が終るや否や干渉非難の声が一斉に揚り、攻撃の的となった知事、警部らはその位置に留まることが出来ず、いずれも転任、或は引退を余儀なくさせられた。そして選挙干渉のお蔭を蒙って当選した代議士の数は百名足らずで議会の大勢を制するには至らず、その選挙に関係した地方官等の異動とともに、これらお味方代議士に対する政府の制御力も減じ、銘々勝手に進退するようになり、数年の後には総崩れとなった。

当時代議士は民党と吏党の二派に大別され、地方などで吏党と言えば御用代議士の別名ですこぶる人気がなく、右のような次第で俄作りの政府党は到底健全な存在とはなり得なかったのである。またそれ以前にも議会開設の準備として政府の与党を組織すべしという議論が行われ、その旨政府に進言する者もあったが、このような企ては姑息に成功すべき見込みもなく、結局物にならなかった。しかし実際に議会相手の政治を数年行って見た後、議会に地盤を持たない政府による憲法政治の運用は結局不可能であることを経験して、伊藤は遂に決意するところがあって既往を清算し、明治三十三年に及んで立憲政友会を創設し、当時既に政党人として年功ある有力な在野の政客を網羅して、ここに大規模な政党政治の実現に着手したのである。もっとも政友会の結成に至るまでには種々経緯があり、それまで共々協力して来たいわゆる元老等の中には伊藤の計画に反対したものが少なかったが、伊藤は遂に従来の伝統を破ってその信念を貫徹し、政友会総裁に就任して宣言を発した。この宣言書を読めば、明治政府の従来の行掛りと政党政治との円満な融和を図ることに伊藤がいかに努力したか、その苦心のほどが解る。また今日の代議士諸君がこの宣言書を読んだならば、その内容の保守的な性格に驚くだろうが、同時にそれまでの日本の政治においては激変を避けて、順序立った、漸進的な、賢明な方針が取られて来たこともこの書によって明らかである。

再び選挙の問題に戻るが、終戦後初めて行われた今度の総選挙は全く何らの干渉の事実なく、今後民主主義政治を確立する必要から言っても理想的に施行されて、内外の賞讃を博したが、我が国における今日までの総選挙の経験に徴しても、またこの頃欧州各国殊にバルカンの諸国で行われている選挙の有様と比較して見ても、今度の総選挙のように無難に経過した例は見られない。言うまでもなく、民主主義的な選挙に絶対に必要な条件は民意の表示が無干渉に行われることであって、何らかの原因によってこれが阻止されれば、真の民主主義な政治の基礎は成立しないことになる。今までの経験から言えば、政界のいずれかの勢力に都合のいい結果を得るために選挙に干渉することはほとんど常習のようになっていて、明治二十四年の大干渉以来数十回の総選挙において、時の政府が何らかの形で干渉しなかったことはほとんどなかったと思う。即ち在野党は常に政府による干渉の非立憲呼ばわりをするが、自党が政権を掌握している間に総選挙などを行う場合は多少の手心はしても、やはり同じ轍を踏んで手出しをする。この筋書は今まで幾度となく繰り返されて来ているので、今後の民主主義時代にこの弊風を一掃しなければ、また今までのように政権欲に捉われたものが手段を選ばず、選挙干渉を目的達成のための便法に過ぎないとするがごとき事態が繰り返され、それは国運の退歩を示すことになる。かくのごときは国民を欺き、ポツダム宣言を無視することであり、内憂外患を来すことは必然である。故に政府及び国民は選挙権を尊重してその行使を掣肘《せいちゅう》することなく、また国民はその行使に当って他に左右されないように深く注意しなければならない。

明治二十四年の大選挙干渉後、既に述べたごとく、多くの地方官は免職となり、主務大臣は引責辞職し、またこの問題の余波として閣員の統一を欠き、遂に内閣総辞職となったのである。それで現在までの選挙干渉の歴史を顧みれば、国情危殆に瀕している今日、我々は最近行われた総選挙を模範としてこの例を厳守して行くことが必要であると思う。少しく冗長にわたったが、政府の干渉がいかに政治を乱したかということに思い及んで、いささかくどくどしく話したのである。もし出来ることならば、今日の政党において指導的な地位にある人たちが各党を代表して選挙無干渉同盟を結ばれ、誓って各自の義務としてその実行に当られたら、将来の国民は大変仕合せだろうと思う。またそこから民主主義の黎明を期待することも出来る筈である。

福井に在職中に起った今一つの出来事は岐阜の大地震である。明治二十四年の地方長官会議に出席中、岐阜の大地震の電報が届いた。福井は岐阜と背中合せの土地だから、必ず被害があったと推測して、その日に帰任の途に就いた。東海道線は豊橋で線路が破壊されているので、その先は人力車を利用して汽車がまだ動いている所まで辿り着き、岡崎まで再び汽車で行ったが、岡崎以西は全然不通なので更に人力を雇い、途中道路が壊れていてた。幸いにここから汽車が通じてていたので翌日米原に出て、敦賀を経て福井に帰着し死人や倒壊家屋も相当あり、九頭竜川の川縁の村で総数百戸の家屋のうち九十戸倒壊した所もあった。川縁は地盤が弱いために被害が甚だしく、川から一里ほど離れると全く無害だった。福井市内は連日にわたって時々地下の鳴動があり、そのために屋外に夜を明かす者も相当あった。

また岐阜県との境の山手に三菱経営の面谷《おもだに》の鉱山があって、この方面が最も被害がひどかった。この鉱山付近の谷間には山村もあって、救助米を持たせて慰問させたが、地震のお蔭で生れて初めて白米にあり付いたと言って感謝した村人もあったということで、意外に思い、ちょうど善後策について打ち合せをするために郡長会議を開いていたので、席上この白米の話をしたところが、出席していた郡長等が、その地方には従来米以外に主食として用いられている食物がかなりあるという話をした。それで私は更にそういうことなら、我々が平生見馴れている食品以外で地方で常用されているものを帰任の上取り集めて県庁に届けて貰いたいと頼んだところが、各郡より全部で二十種近くの標本を送って来た。その中には何で出来ているのかすぐには解らないものもあり、とても食べられそうもないようなものもあった。その或るものは例外に使用するとか、混食される程度のものではないかと思われたが、とにかくこれらの食糧は切角集まったのであるし、珍しいものなので、辺地の民情の一端を語る資料として、上京の折これらの標本を携えて皇后陛下の台覧に供した。

私は福井にいる時分、知事というものは二重生活をしているような感じを起したことがある、即ち県会に臨めば無遠慮な弁論を聞き、直接攻撃の的となることもあり、勿論県会の議事は県の予算に関することに限られていたが、とにかく中央議会の雛形《ひながた》で色々な難題を持ち出されることがあって、知事はそのすべての相手にならなければならなかった。また時々は大勢の陳情者が官舎に押し寄せることもあって、今日のような大規模な示威運動はなかったが、その端緒は開かれていた。ところが県民は全般に渉って見ると極めて穏かで、親しめる感じがし、また時には封建時代の余風と見るべき出来事もあった。或る時、知事官邸の門前に土下座して独り言を言っている者があるという知らせだったので、どうしたのか聞かせて見ると、それは近在の農家で、その用向きと言うのは、昨日知事公が親しく自分の村を御巡視下さった、昔越前様は三十万石の領主で一遍も自分の村にお出でにならなかったが、今の知事公は七十万石の土地をお治めになっていてそれで自分の村などに来て下さった、実に有難いことだからそのお礼に罷《まか》り出たのだ、ということだった。そしてどうしても門内に入ろうとしないで、そのまま立ち去った。私が巡視に行ったというのは、その村で藍の栽培をしていると聞いたので、奨励の意味を兼ねてその視察に行ったのである。

この時分までは、県庁が率先して企てた仕事に県民は大抵素直に応じてくれた。それで指導のやり甲斐もあったわけで、世の中もまだ比較的に進んでおらず、なすべき事業も多かったのだと思う。殊に殖産方面の仕事が多かった。その時分は県庁が県民のためを思って、公正な立場から勧告すれば、県民は大抵の場合それを受け入れてくれたから、知事にしても仕事のし甲斐があったのである。

なお今一つ記しておきたいことがある。若狭国は福井県ではあるが、藩の時代には小浜藩所属であって、地理、人情も福井県の他の地方とは異なっていた。そして敦賀の港があるので海運が発達し、殊に浦塩《ウラジオ》方面との交通が開け、土地の先覚者たちはこの事実に着眼して色々な事業を始めていたようである。その中で最も活躍した一人は大和田庄七で、これは敦賀の旧家の出であり、浦塩との貿易には大変力を入れていた。若い者には似合わず才気があり、この男が私に銀行を経営したい希望を洩らしたので、上京の折一緒に連れて行って大蔵大臣及び日銀総裁に引き合わせてやったが、その承諾を得てすぐに開業したこの大和田銀行は非常に成功し、近年に至って第三十四銀行に合併されるまで、地方銀行の中でも有力なものの一つになっていた。

福井県には明治二十四年から二十五年の暮までいたが、この年に井上（馨）内務大臣から私に茨城県に転任するよう話があった。それは茨城県からの陳情に、今度の知事は鹿児島県人になって貰いたいとの請願なので、私が選ばれた次第だった。福井県にはまだやりたい仕事も残っていて一応辞退したが、断り切れぬ行掛りを生じ、遂に茨城県に行くことになった。

茨城県に着いて見るとちょうど県会が開会中で、県が要求した警察費が削減され、この決議を採用するか、或はこれを拒否して再議に付するか、知事が採決しなければならないので、私は警部長を呼び、原案通りに巡査を増員しなければ治安の責任が取れないかどうか聞いて見たところが、そうでもないという返事なので、それでは再議に付したりして面倒が起るより県会の決議を重んじた方がいいと言って、警察費の削減を承認することにした。そうしたところが思い掛けないことに、今度の知事は民議を尊重するというので大分評判がよかったと聞いた。この時の内情を聞くと、その警部長は新任であったが、前任地の高知県在職中、選挙干渉に大変働いたことが知れたために、県会がそれを咎《とが》める意味でそのような行動を取ったのだという噂だった。選挙干渉は各地でも類似の禍根になったと思うが、国民が迷惑するのである。

不思議な話だが、水戸藩は烈公以来内訌《ないこう》が甚だしい所で、私が行った頃もまだその感情が残っており、烈公の時代から二十年たった後でもやはり小学校の生徒までが、あれは俗論党だ、とか何とか言って互いに排斥し合ったりしていた。

私はまず県内を巡視することを思い立ち、水戸から結城、土浦を経て銚子の港まで行こうとしている途中で、東京から電報が来たので上京すると、今度井上毅が文部大臣に就任し、私に文部次官を受けるよう内務大臣から井上文部大臣の依頼としての話であった。そういうわけで茨城県には三ヵ月許りしかいなかった。

九　文部次官時代

明治二十六年―明治三十年
1893
|
1897

明治二十七年（一八九四）日清戦争起る。日米通商航海条約調印。日伊通商航海条約調印。実業学校令公布。

明治二十八年（一八九五）欧州列国アルメニア人虐殺により土耳古《トルコ》に行政改革を忠告。伊太利再びエチオピアに出兵。下関条約成る。次いで三国干渉起る。

明治二十九年（一八九六）伊太利アドワにエチオピアと戦って敗る。第一回オリンピック大会アゼンスにて開催。独、仏、白、丁と通商航海条約締結。蚕業講習所官制公布。


井上毅はこの時初めて入閣したのであるが、経歴から言えば明治の中期における諸般の制度の創設に当っては常に重要な役割を演じ、当時既に一箇の顕著な存在になっていた。井上は法制に熟達し、憲法その他諸法規の取調べには大抵関係していた。語学は出来なかったが、明晰な頭脳の持主で、翻訳物の要領を摑むことが非常に早かった。そして多くは伊藤の下で仕事をしたが、岩倉公の知遇も得ており、政治上にも相当の見識を備えていた。

漢学の素養があるので文章も達者であり、ただ主に政府部内にあって画策した人なので、その働きの割には世間に知られていなかった。井上とは明治十三年に私が初めて任官した時から一緒に勤務し、むしろ後輩として引立てて貰ったが、とにかく官僚臭くない、役人としては珍しい型の人で、色々立案することや調べ事が最も得意であり、実務にはどちらかというと縁遠い質だった。私は以上のような縁故から井上の下で次官を勤めることになったわけで、なお当時文部省には加藤弘之、浜尾新、同輩には岡倉覚三、木場貞長ら、開成学校時代の同窓も居ったので、初めての仕事ではあるが全然不案内の役所ではなかった。この頃の文部省は外濠の竹橋際にあって、木造の二階建てだった。

私が就任した時は明治二十六年の議会が間近に迫っており、予算関係のことは次官の受持であって、予算の内容をよく研究して胸に畳んでおくことは執務上必要なことであると考え、暑中休暇を利用して会計課長を伴い、なるべく人中を避ける目的で交通が極めて不便な草津温泉に出向いて半月ばかり滞在し、一通りの概念を得た。言うまでもないことだが、草津温泉は癩病に特効があるとされていて、私たちがいた所から谷間を距てて癩病村があり、確かにあまりせいせいした環境ではなかった。その頃草津へ行くのには軽井沢から九里の道を駄馬に乗って行くのであって、軽井沢は当時全くの農村で、今日のように賑わう所になることは誰も予想していなかった。

この時分は議会開設以来まだ日も浅くて、依拠すべき先例もなく、専ら法規を楯に取ってすべてを処理した。政府に対する議員の質問にしても大概は書面を以てすることとし、時には議場で即座に口頭による質問があることもあったが、政府側はその時の都合で書面を以てされたいと返答することも異例ではなかった。また委員会に大臣が出席するのは特別の場合だけであって、大概は次官が政府委員として衝に当り、予算関係に至ってはほとんど次官の担当で、政府攻撃などの場合に鉾先が向けられるのは大臣だったが、普通の折衝はすべて次官ですんだ。これは余談であるが、当時の議会の有様はどんなだったかと言うと、或る時の予算総会で一人の議員が大山陸軍大臣に向って、国防としては陸海軍のいずれに重きを置きますかと質問したのに対して、大山は、陸海軍は車の両輪のごときものでありますと答えてそれですんだ。また或る時同じく予算総会で、議員の一人が大蔵大臣に色々しつこく聞いていたところが、松方は煩《うるさ》く思い、次官に、お前やって御覧、と鹿児島弁で小声で言ったのを覚えている。

そして議会の窮極の狙いはいつも内閣不信任案の提出、決議であり、これを目指しての議員の質問に対する政府の応酬は繁劇を極め、議会は薩長政府打倒の空気に支配されていて政府には与党なく、結局は議会解散となる場合が多かった。そしてこのような状態にあって、各省の次官は専ら予算のお守り役を勤め、ひたすら政界の不安を気に掛けながら予算だけは無事議会を通過するように努力するのだったが、委員会では例えば文部省の場合を例に取るならば、教育上の方針に関する本質的な議論などは起らず、枝葉の問題を取り上げての質疑が多かった。例えば或る議員が町医者を代表して、医科大学教授との肩書を利用して治療に当るのでは、町医者は大学の先生とはとても競争が出来ないから、大学教授は大学病院以外の診療を一切禁止すべしとか、その診察料を強制的に引き上げて町医者の生活を保護すべしと提案したり、音楽学校は洋楽ばかり教えているが、国家が外国音楽の教育に当る必要がどこにあるかと質問したりする類だった。後者の質問に対しては、小学校で唱歌が学課に加えられているので、オルガンが弾ける唱歌の先生を養成するためであると答弁したことは既に述べたと思う。

音楽学校と言えば、文部省には伊沢修二という特殊の技能を備えた先覚者がいた。これは音楽学校、盲唖学校等という日本では未知の教育機関の設立に尽力した人で、その経営上の実務に当ったばかりでなく、そういう特殊教育について専門的な知識を持っていて、我が国においてはこの種類の事業に最初に着手した人だったと思う。少くとも、他の者が考え及ばなかったような教育の分野で画期的な仕事をした人だった。なお日本が台湾を占領した後、本島人の教育問題が起り、特別の考慮を要することなのでその主任者を物色した結果、伊沢が適任だということになり、同人を煩わしたが、台湾赴任後、伊沢は教育方針について立案し、同島の教育事業も緒に付いた。伊沢はその任地の台北付近で或る時生《せい》蕃《ばん》の襲撃に遭い、辛うじて避難することが出来た。台湾占領後は数年間各地で生蕃の暴動があり、内地人を襲撃し、治安を紊して総督府を悩ましたが、当局の理解ある指導によってやがて完全に帰順し、ほとんど理想的と言い得る治安状態が確保されるに至った。台湾についてなお一言付け加えておきたいことがあるが、同島は甘蔗の産地であるのに生産される砂糖の品質が極めて粗悪なので、大学の教授を派遣して視察させたが、その報告によれば、従来の製糖の方法が長年の慣習によるもので、それを色々と基礎的に改良することは至難だろうということだった。しかし後に総督府はこの方面に非常に力を入れて糖業者を奨励した結果、台湾は世界的な砂糖の産地となるに至り、国運の進展に多大な貢献をなした。

話は大変横道に逸れたが、議会のことに戻って、予算委員会は連日開かれ、本省の事務はとかく停滞することになるので、無駄な日常を送る思いをした。我々は毎日政府委員室に集まって、議員の勝手な質問に対して真面目に受け答えしなければならない辛さを互いに喞《かこ》ち合い、政府委員ほど厭な仕事はないと嘆いた。或る海軍省の政府委員などは、我輩は子々孫々に至るまで決して政府委員になるなと遺言するつもりだと放言していた。とにかく私自身の体験から言っても、委員会で態度、面相を乱さないでいるのは、よほどの忍耐を必要とすることだった。なお当時文部省の予算は百万円内外で、実に微々たるものだったが、政府の歳出総額が八千万円内外だったのであるから、増額には非常に骨が折れたが、一方では文部大臣は伴食大臣と称され、いつも予算の取合いでは甚だ不手際であるとの評は、前からしばしば耳にしていた。そして自分がその下働きとなるに当って、大蔵省が教育事業に対して冷淡であることを多少遺憾に感じたこともあったが、やはり軍事費のために予算が削られることが多かった。大臣の技倆は別として、教育事業は目立たない仕事なので、後廻しにされ勝ちなのは今日でも同じ傾向があると思うが、この点は為政者が大いに反省するところがなくてはならない。現在海外の先進国の国民と、我が同胞との間に見られる知識の程度の相違は、あまりにもひど過ぎる。今後は、文化を主とする建前から言っても、また国家としての将来から言っても、教育がかくのごとき状態におかれているのでは、今後取らるべき民主主義的な建前から考えて寒心に堪えない。

議会は遂に本会議において政府不信任案を決議し、政府は十二月三十日に議会に解散を命じた。これはもとより大局から見れば憂うべき成行きだったが、毎日の徒労の役目から逃れて自分の本職に戻るのは、確かに余計な重荷を降した感じがした。

話の順序は前後するが、その翌年の明治二十七年には日清戦争という歴史的な大事件の勃発を見た。私はその直前に所用があって伊藤総理を永田町の官邸に尋ねると、その場に児玉少将が先に来合せていて、支那問題について総理と話し込んでいるところだった。この事件の原因は、朝鮮における日本軍の引揚げについての交渉が思わしく捗《はかど》らず、支那側が日本に対して誠意を示さなかったことにあり、或は我が政府と議会との絶えざる衝突などを根拠としてか、日本を軽んじる態度も見え、しかも支那側は朝鮮に援兵を送りつつあるとの報道もあって、私が総理を尋ねた頃はもはや事態はこのままの推移を許さざる局面に達していた際で、児玉は切角意見の開陳を始めていたのだったが、その時そこへ陸奥外相が事ありげな様子で入って来て、電報を手にして言うのに、七月二十五日に我が聯合艦隊の遊撃隊が豊島沖で清国艦隊と交戦し、高陞号を撃沈し、他の一艦操江号を捕獲したとのことだった。陸奥の報告が一同に深甚な衝動を与えたことは言うまでもなく、私は今までの行き掛りがこれで解消し、局面が一変したことを直感した。総理も支那との国交断絶は勿論、開戦も覚悟した様子だったが、高陞号撃沈のことはいずれ国際問題にまで発展することを予想し、交戦開始直前の顚末を取調べておくことが必要であるとして、直ちに末松謙澄に、現場に急行して我が浪速艦について発砲直前の事情を聴取することを命ずべしとのことだった。

後日の話としてついでに述べておくが、この事件は予想通り各国の公法学者が問題にするところとなったが、末松の取調書も既に完備しており、英国の公法学者ホーランドらが我が政府が公表したこの報告を真先に研究して、日本の軍艦が高陞号に停船を命じたるにも拘らず、兵員を搭載した同艦が逃走しようとした事実などを認めて、日本側の処置は公法上違法ではないと断定してその意見を発表したので、その後この問題について何ら物議を醸《かも》さずにすんだ。

八月一日に遂に支那に対する宣戦の詔勅が降った。そして議会はこの時既に解散を命じられた後なので、予算は前年度予算を踏襲することになり、新規の事業は一切中止され、文部省でも専ら事務的の仕事に没頭することになった。

当時の文部省は実際に人物が揃っていた。帝大には浜尾新、山川健次郎、菊池大麓、高等師範に嘉納治五郎、女子師範に高嶺秀夫、工業学校に手島精一、美術学校に岡倉覚三、省内には沢柳政太郎、福原鐐次郎らがいて、いずれも独特の存在であって、各自の方面に名を成した人たちだった。その一々について詳述することは他日に譲ることとして、ここではまず以て美術学校を創設した岡倉覚三について特に語りたいと思う。

岡倉は、今後の日本が文化方面に発展を遂ぐべき国柄であることを力説して、その文化の再建に尽瘁《じんすい》した斯界の恩人として記憶さるべき人である。岡倉と私とは開成学校の同窓で、時にはどうかして機嫌を損なったこともあったが、しかし何となくお互いの間に同情が絶えたことがなかった。美術学校は岡倉が作り上げたもので、従って今日の基礎は岡倉の創意に負うところが多い。岡倉が何をしたかと言うと、従来の日本の美術は、維新の際に美術などは無用の長物として排斥され、斯界は萎靡《いび》不振を極め、これを捨てておけば日本の美術の運命もどうなるかと気遣われた時代に、岡倉は我が美術界に活を入れることに努め、大なる成績を挙げたのである。岡倉は用談のためによく次官室に入り込んで、美術上の施設について諄々と説明するのだったが、勿論職務上当然のことではあったが、一面には次官を啓発する気持ちもあったかと思う。そして自分も大いに興味を持つに至り、得るところが多く、結局弟子入りをしたようなものだった。

岡倉が設立した美術学校の構想の大体について言えば、橋本雅邦、高村光雲を始め、彫金、漆工等の巨匠、名工を迎えて、その技術を後進に伝えさせ、かくして日本固有の芸術の保存を図る目的で、これらの大家も多くは当時日々の生計を立てるのにも苦しんでいる有様だったが、これらの人々を教授に採用したのである。しかるに中にはもともと職人上りで、背中に入れ墨をしているようなのもあり、そういう人たちと同席することは御免を蒙ると言って他の教授が排斥し始めたので、これには岡倉も非常に困ったようだった。しかし美術学校としてはこれらの大切な芸術を後進に伝授しなければならないので、そのために取った止むを得ない処置だと岡倉が説明して慰撫したところが、皆納得したので無事に納まり、新任の教授たちは任官後は衣服も洋服に改め、同僚の仲間入りをしてからは環境になじみ、他の教授たちと別に変ることもなく、何も問題は起らなかった。そういう名工たちには却って人格が高い者が多かった。

今日美術界に重きをなしている人々は皆、直接、間接に岡倉の感化を受けている。明治二十九年頃のことと思うが、岡倉と同道で上野の絵画展覧会に行ったことがあるが、岡倉はその中で優秀な作品を指さして、これこれは後に名をなしますよ、と言った。それが大観、観山、春草らの人々であって、いずれも当時二十代だったが、その作品には既に見所があったのだろうと思う。

岡倉は英語が特別に達者で、英語で書いた著書も幾つかあることは周知の事実であり、外人に日本の美術を理解させる上でも多大な貢献をなした。今度の戦争中、京都、奈良が日本文化の中心地であり、この地方の建物やその他の美術品は世界で一流に属するものであるから空襲は差し控えるべきであるという提唱がなされ、これはその筋に納れられて、同地方は空襲による被害を全く免れたが、米国の当局に対してこのことを進言したのは、岡倉の門人でランドン・ウォーナーという人だった。このウォーナーという人はまだ二十代の時分に、米国で岡倉が日本の美術について行った講演を聴いて非常に興味を覚え、後に日本に度々渡来して奈良地方には数年を過し、ますます造詣を深めたのであって、私も数十年前からウォーナーを知るようになったが、或時彼は私に、何か難しい問題が起ってその解決に苦しんでいる時、岡倉の教えを受けると胸がすくような気がして妙味を覚えた、と語ったことがある。ウォーナーは最近進駐軍の用で来朝し、奈良方面を訪れたが、その際大変な歓待を受けたようである。その他岡倉の思い出は尽きないがあまり長くなるから、終りに岡倉の銅像が美術学校内に建設された時、その除幕式に際して発起者側からの註文で述べた祝辞を左に掲げる。

祝　辞

私は今日の除幕式に臨むことを得まして衷心洵《まこと》に喜ばしく存じます。

岡倉先生を記念するための事業なり建設物なりは、疾《と》くに出来なくてはならぬと存じて居ったのであります。是非何らかの形において後進者というよりもむしろ我国の一般美術界が、謝恩と追慕との誠意を致さなくては義理が立たぬと考えていたのであります。今その宿望の一端が実現されたのでありますから深甚なる満足を感ずる次第であります。

この美術学校の今日あるを得ましたのは故人に負うところが最も多いのであります。もとより故人の印象を遺されたことは美術界全体にわたりますけれども、比較的多年の間この学校において仕事をされました。即ちこの学校は先生の精神の罩《こも》っている棲み家であって、心労を尽されたのもこの学校のためであったので、この銅像が校内の最も目立つ位置に建てられたことも申し分のない御選定であると思います。静かに銅像に直面致しますと実によくその特徴を捉えてあって、全く故人に御逢いするような感を致すのであります。あの薄い口髭を捻《ひね》りながら今に何か説き出されはしないかと思われるほどであります。また思い切ってこの銅像を屋根造の記念堂内に安置されたことも大変善い御趣向と拝見致します。さすがにその道の方々の御設計だと敬服致します。恐らく故人の霊も御不満足ではあるまいと思います。

岡倉先生は実に斯界の偉人でありました。御維新後、社会組織が一変して思想界は大いに動揺し、新旧の流れが融和せず、制度文物は落着かず、美術方面のごときは全く火の消えた有様でありました。この時に当って美術が文化の上に欠くべからざる要素であり、而して我国には世界に誇るべき各種の美術が存在しているに関らず、時の政治的変遷の影響を受けて将《まさ》に廃滅に帰せんとするを慨嘆し、廃《すた》れるを興し衰えたるを助け、遂に今日の隆盛に赴くべき基礎を造ったことは、先覚諸氏の努力に因《よ》るは勿論でありますが、私はその中でも岡倉先生を以て第一位に置くべき功労者であると思います。故人の美術眼は万能でありました。書画は勿論、彫刻、鋳金、陶磁器、建築、苟《いやし》くも美術と名の付くものには非常なる敏感を持っておられ、只自分で感ぜらるるばかりでなく、これを他人に移すことを知っておられました。美術の大切なることを諄々と説得し、その熱誠に依って人を動かすことが出来たのであります。美術学校創立の時、各専門の部門を設定し、当時ほとんど世に忘れられたような各専門の大家をも物色して教授に推薦せられまして、学校今日の組織の基礎は大体その時成り立ったのであります。苟くも美術に志す者には向うところを示されました。今日斯界の各方面の諸大家は、恐らく直接間接にその感化に俟《ま》つところが多いと存じます。私の最も敬服することは、一は故人がよく後進の才能を鑑識せらるる点でありまして、今から三十五、六年前に在りて将来必ず名を成すべしと指摘せられた方は、いずれもその期待に背《そむ》かず、それぞれ高名を博されているのであります。なおこの際一言致したいと思うことは、近年日本の美術が海外に広まって来たことで、しかもその橋渡しをした有力なる一人はこれまた故人であります。それは専ら著述や口演等に依って紹介されたのであります。また海外に招聘せられ種々指導に当られました。故人は実に多能の人で、英文学においても達人でありました。その著述も英文でせられましたが Ideals of the East

の出版元の前書にこういうことを書いてあったのを記憶しております。この著は日本人の筆に成って多少の癖はあるが、しかし一種独得の文体で魅力があるから、手を付けずこのままに出すという風にいってありました。即ち彼の畑でも一家を成しておられたといっても可《い》いと思います。私の知っている或る米国人は、美術のことで迷うことがあるとすぐに先生の教えを受けに行ったが、一度教えを受けると眼が覚めるような気持がすると言っておりました。故人は真に天才で、自分で自分を作った人であったと思います。私は同窓でありましたが大学で別れてから六、七年目で再会した時には、先生は既に斯界の権威者となっておられました。全く御自分の力に頼って立たれたのであります。かくのごとく考えて来ますれば、岡倉先生は真に美術の権化であると言った方が適当かと存じます。

今この銅像に依って永久にこの美術の権化ともいうべき故人を記念することが出来、誠に喜ばしい意義深い美挙であると思います。私は斯界において故人の遺された印象が後世に刺戟して、殊にこの校内よりその後継者たるべき人物の出現せんことを希望して已《や》まぬものであります。これを以て祝辞と致します。

なお岡倉が亡くなった当時ウォーナーが私に寄せた手紙に、岡倉の死を悼《いた》んで故人の曽《かつ》ての姿を追想している次のような一節がある。

I wonder if this country will ever know how great a man and true a patriot they lost in him?

Every day I find myself wishing to hear his keen humorous criticism and to know how he would attack some of the complicated subjects which are presenting themselves. No one else has his gift of comprehending the whole sweep of art and history as a living thing. The rest of us work like blind men in a coal-pit, picking away at the little wall in front without any conception of what the others are doing…

（大意。日本人は岡倉の死によって、いかに偉大な人物、またいかに誠実な愛国者を失ったかをいつかは理解することが出来るだろうか。

私は現在一日として彼の実に鋭い、そして諧謔に富んだ批評を聞き、また今日我々に課せられている各種の複雑な問題を、彼だったならばいかに処理するかを教えられることを望まずにいる日はない。例えば学術及び歴史というものの大きな流れを、一つの生きた全体として眺めることが出来たのは彼だけであって、彼が亡くなった後、我々はちょうど盲の人間が炭坑の中で、他のものたちが何をしているかを知らずに、ただ自分の前にある岩壁を突っついているような具合に仕事を続けて行く他ないのである。）

文部大臣の井上は前にも言ったように漢学者で、また法典、諸制度に通暁していたが、教育事業にも興味を持っていた。そして文部大臣としてした仕事の中で特筆すべきは、井上が実施した実業教育（いわゆる technical education）だと思う。これは工業の他に商業、農業をも包含するもので、井上は日清戦争が起る前に大臣に就任したが、戦後の教育として は国情に適応し、また実地に応用出来る教育を授けなければならぬと考え、国家の実力を養うには、農、工、商業に従事する者の基礎教育に対する根本方針を立てることが必要であるとしてその実現に着手し、この種教育施設が持つべき組織について綿密に立案してこれを公布したのであって、この制度は全国に普及するに至った。そしてこれは日本の産業の奨励ということを教育制度の上で行った最初の実例である。大臣は不幸にして就任当時既に難治の固疾に悩まされていて、やがて引退を余儀なくされた。

しかしとにかく機械とか工業とかいうことが一般に普及していない時代に、実業教育――そういう言葉は当時まだなかったが――かかる教育を実施して多大な効果を挙げたことは異数に属することと見なすべきで、その時分工科大学は既にあったが、これは言わば斯界の参謀本部のようなもので、その下で手先となって働く者を養成する所がなく、この参謀本部と兵士との間の存在たる将校を作るというのが実業教育の狙いだった。そしてこの種類の実業教育については、先覚者の間には既に外国における先例も知られていたことと思うが、これを文部省が組織的に制度の上で実施したのは初めてのことで、その施行に当ってはまず委員会を作り、次官が委員長となり、手島、小山、木場、真野等を集めて外国の参考書、雑誌、新聞等に目を通して準備した。手島は曽て万国博覧会に関係してから博覧会と言えばいつも仕事に引出された人で、学者ではなかったが、実業、産業に造詣が深く、後に蔵前の工業学校の校長になった。そして就任後は出勤すると色々の相談に押し寄せた当業者に囲まれて、終日その応対に遑《いとま》がないという有様だった。真野は前にも言ったが、機械学の泰斗で、こういう人たちが集まって学課、課程及び実習方法等の大体を決定して発表し、経費は地方税で賄《まかな》い、政府が少額の補助をするという形式を取ったが、国内でもちょうどそういう施設の必要が感じられつつあった時だったと見えて、右の方式に従った実業学校は各県に続々と創設され、この実業学校令施行の直前には全国で二十校位しかなかったのが、その後間もなく百数十校を数えるに至り、実に意外な発展を示した。この制度は今日でもなお存在し、利用されていることと思う。昭和九年に文部省が実業教育五十年史という冊子を編纂して刊行したが、それにはこの五十年間にいかにこの種の教育が発達したか詳しく創業より今日までの経過が記載されている。実に驚くべき成績で、その統計を見ると、実業専門学校五十二、実業学校一千三、実業補習学校一万五千八十二を数え、経費総額五千七百七十万円（以上昭和六年現在）に上り、実業教育実施以来七百万に余る技術者を養成したとある。

前節に挙げた蔵前の工業学校は今日の工業大学の前身で、五十年前にはこの種類の教育施設としては模範的なものとして一つの呼び物になっていた。この学校の目的は技師、技手の養成にあり、同時に試験所も付属していて、他に経営者の相談所というような役割も兼ねていたようで、特に陶器の改良に石炭を燃料に使用するに成功し、洋式の織機その他機械の操作とか、そういう新しい方面についての実習を行っていた。そして機械の運転を練習するために米国から数名の職工長を招聘《しょうへい》して講習を行い、またこの他に校内に徒弟養成のために伝習所があった。

当時は我が国の工業がようやく緒に付きつつある際で、実業界では機械を動かしたりする上で素養ある従業員の欠乏を感じ始めていたこととて、蔵前の工業学校はちょうどこの需用を満したのだった。手島は度々海外に渡航し、特に実業方面には趣味も理解もあったので、実業家のいい相談相手になり、蔵前の工業学校が評判が良かったのは教師が揃っていたからでもあったが、手島校長の個人的な存在がその大きな原因の一つだったと思う。これは少し後のことであるが、手島の功績は次第に世間に伝わり、遂に上聞に達し、特別の思召により恩賜の御沙汰があった。これは一学校の校長としては異数のことで、手島の同僚及び景慕者が集まって祝賀会を催し、非常な盛会だった。私は席上主催者の求めに応じて左の祝辞を述べた。

今般宮内省より、手島君が工業教育に大なる貢献をなした廉に対し稀有の御沙汰書並びに恩賜品を下され、また続いて工業教育御奨励のため皇族殿下が本校に御来臨あらせられるという恩典に浴しましたことを記念して、実業界、教育界の有力な方々が手島君のためにこの祝賀会を開かれましたことについては、全然御賛同致し、且つ感謝致したいと思います。本会がかく迅速に、且つ盛んに、自然的に成立した所以は決して偶然でなく、大変意味があると思います。それは手島君の人格に衆望が帰するためで、従って同君の名誉にもなると思うのであります。教育の事業は自分の利害を度外視して献身的に従事すべしとは、世にしばしば言われることでありますが、手島君の日常は確かにその典型であると思います。私は明治二十六年以来間断はありますが、同君と職務上密接な関係を有しておりますが、手島君より話を聞く時はいつも工業教育に関することか、本校の経営に関することか、要するにその職務上のことばかりなのであります。また世に先んじて考案されたことが多く、斯道には実に至宝ともいうべき方と存じておりました。本校はその種類において実業教育の魁《さきがけ》で、最も優良な成績を挙げたのであって、その特色というべきは学校の各分科がことごとく成功したと言って差支えないことにあると存じます。この好成績は偶然に現れたものとは思いません。学校の安否、利害が寸時も手島君の頭脳を離れたことがない結果であって、そのためにかく同君の功績が天聴に達し、恩賜品を賜わり、皇族殿下の御来臨もあったことと存じます。殿下御来臨の節、御覧の末、本校がかく整頓しているについて、手島の心遣いが解ると仰せられましたが、私は誠に有難い御沙汰であると思いました。私は殿下に、手島と学校は一つでありまして、手島の学校か、学校の手島か、区別が付かないほどその間の関係は密接なのでありますと申上げたのであります。皇室は戦後経営の一つとして工業界における人物の輩出と後輩の養成は国運の発展上必要の事業とお認めになり、その道に成功したものの功労を御奨励遊ばされ、また将来一層の発展を期待遊ばされる深い思召であると拝察するのであります。これは国民一般が特に念頭に置くべき大切なことであると存じます。諸君が実業界の面目として、且つは手島君の名誉を表彰するためにこの盛大な祝典をお挙げになったことは、国家将来の発展は実に工業の発展にあるとの御確信に出たものと存じます。即ち上下が以て国是とするところがここに示されたものと存じます。終りに臨んで私が最も重要と考えますのは、教育家と実業家との接近を図ることであります。国家が発達して行く上に実業がもし学問を基礎とせざればその根拠甚だ微弱となることは、何も私一箇の独断ではないと存じますが、両者が実際において遠ざかっていたのは帝国歴史上あまり遠い過去のことではなく、私たちの記憶に新たなところであります。然るに今日の企てのごときは両者の接近を如実に例証するもので、国家文運の進歩を語るものとして大いに喜ぶ次第であります。手島君の健康を祝するとともに、発起人、来会者諸君に感謝致します。

井上が去った後には芳川顕正法相が臨時に文相を兼任したが、間もなく西園寺さんが本官で就任した。その時私が西園寺さんの下で依然次官を勤めることになった経緯は既に語った。西園寺さんの文相としての主な主張は、女子教育を一層程度の高いものにしてこれを普及させることで、その一例として成瀬の女子大学の創立を声援された。今一つは世界主義を唱え、島国根性を脱して国際的に行動すべきことを提唱されたが、これは文部省の方針として当時一般の注意を惹き、特に教育界には相当の刺戟を与えたことと思う。

なお日清戦争後の教育界において特に顕著な現象は一般に入学者が激増して、教育機関の拡張、増設を促されたことである。

今日次官時代のことを回顧すると、仕事のことは別として、最も頭に浮ぶのはやはり当時私が接触した卓越した人物である。岡倉、手島のことは一通り話したが、これはその時分の文部省についてその特殊な一面を示したに過ぎず、教育行政の全般にわたって足跡を残した人々についてこれから少しく語りたいと思う。部内で最も重きをなしたのは浜尾新で、これは本省にも勤務したが、その個性を真に発揮したのは開成学校とその後身たる帝大においてだった。浜尾は明治五、六年頃に任官し、初めは開成学校の幹事で、当時学生の大部分は各藩の貢進生として入学した者で年齢も浜尾と大差なく、時には手に余るような難題を浜尾に持ち掛けるのだったが、浜尾は一向に窮せずに折り合いを付けて行くので、度重なるうちには学生たちも自分たちが浜尾の相手ではないことを知って、浜尾は皆から一種の信頼を寄せられるようになった。当時の学生は気風が荒くて、学校の食事に対して不満を感じると賄征伐《まかないせいばつ》というようなことをやり、卓子《テーブル》を叩くやら何かして大騒ぎをした。

その時分開成学校の食堂で出した食事は肉の料理など洋食まがいのものもあったのだが、発育盛りの学生のことでとても足りるわけはなかったのだと思う。浜尾は開成学校が帝国大学になってからその副総理に就任し、次いで総理（後の総長）になり、常に本省と各学長、教授の間にあって折衝の任に当り、誰とでも親切に相談に乗って、曽て物議を醸すようなことはなかった。なかなか議論が多い人だったが、普通の役人肌ではとても捌《さば》けないような問題が始終あったにも拘らず四十年間以上も在職し、開成学校の新誠舎という寄宿舎の幹事から始まって、後には数千坪の建坪を占める本郷の帝国大学の総長として国際的にも遜色のない学園を綜攬し、その間国内にあり勝ちな排斥運動を起されたりしたことは一度もなく、終日来訪者との面談に過して夜遅くまで総長室を離れず、実に驚くべき精勤振りだった。そしてそういう有様なので、浜尾と面会の約束をした時はよほど時間を見込まねばならないと言われていたが、いつも誠意ある態度で人に接し、相手が言っていることを聞き流すようなことは決してしなかった。また在職している間には時勢にも相当な移り変りがあったが、浜尾はこれに遅れずに付いて行ける人だった。別に学者として専門というものはなく、しかし何にでも気が向く人で、美術にも非常に関心を持ち、岡倉とは殊に懇意で、常に岡倉を庇護していた。浜尾は西洋の事情には通じていなかったが、西洋人の扱い方を知っていた。或る時そういう西洋人のお雇いたちをお茶に呼んで次の間を指さし、"Please eat next room, but there is nothing"（日本語の直訳で、英語でこう言えば、「どうぞ隣の部屋を食べて下さい。しかし食べるものは何もありません」という意味になる）、と言ったのは有名な話である。そういうことを平気でやる人だった。後に浜尾は皇太子の御学問所の副総裁に任ぜられ（総裁には東郷元帥が就任した）、御終業まで勤続し、その間にその仕事の仕方について或る元老が不満を抱き、浜尾に注意したことがあったが、少しも意に介せず、所信を貫いた。とにかく浜尾は私の六十年間の公生活において最も深く念頭に残っている人である。

なお西洋人と言えば、これは少し後の話になるが、私はラフカディオ・ハーンのものを愛読し、その著書は大概読んでしまいに本人に会いたくなり、その頃日本に来ていたヒューストン・チェンバレン教授にその話をして、ハーンは当時どこか九州辺りに住んでいたので東京に出て来た時でいいから会わしてくれないかと頼んだところが、もし私がハーンのものを読んでその著者を尊敬しているのなら、本人には会わない方が却っていいだろうと言われて、このことは取り止めになった。チェンバレンの話によると、ハーンは人物が変っていて、会えば不愉快な印象を与えるということだった。

開成学校、及び初期の大学においては教授の大多数が外国人のお雇いだったが、明治十年頃から、海外の大学を終えておのおの専門の学業を修了して帰朝した文科の外山正一、理科の菊池大麓、山川健次郎らが教授に就任して、外国人の雇は次第に減少した。これら新帰朝者はいずれも専門の学者だったが、皆それ以上の人材で、外山、菊池は後に大臣になり、山川は総長になったが、個性の強い人たちで、会津武士の風貌を失わなかった。私は開成学校に在学中、外山の論理学の講義を聞いたのを記憶している。そしてこの人々が大学教授に就任してから時々大学の講堂で邦語演説会が催されるようになり、この頃から外国人は段々引揚げ、その後には我が留学生の新帰朝者が教授になり、漸次国立大学としての体裁を整えるに至った。私は次官になって十七、八年前の開成学校在学中を追想し、環境の変化に打たれずにはいられなかった。

当時大学があったのは東京だけで、これでは到底十分とは言えないのでまず京都に法学部を設置することに決定し、そのために差し当り高等学校校舎の一部を転用することにしたが、教授が足りないので、東京帝大法学部の学生の中から三名を選抜して留学させることになった。その結果選ばれたうちの一人は高根義人で、その他いずれも優秀の人々だった。なお日清戦争中、及び戦後の人事について特に目立ったことは、医科、工科出身者の需用が激増したことで、医学士などは短期間大学病院で助手でも勤めていればすぐ地方の病院長位に迎えられることもあり、工学士にしても就職率が高かった。それで高等学校の理科希望者が非常に多く、従って及第率が低く、優秀な学生は皆理科に集中する有様で、人材がすべて医者や技師になっては困るではないかと視学官の間で話し合ったというが、しかしこれは一時の現象で、やがて反動が来てそういう偏重の心配もなくなった。

これは別な方面の話であるが、図書館は国民の大学ともいうべきもので、これからも大いに利用されることだろうし、またその需用も高まることと思うが、私の次官時代にその必要を感じて、予算について度々大蔵省と折衝したことがある。しかし先方ではなかなか聞き入れてくれないので、一時は少し上の方から話をして貰ったら利き目があるのではないかと思い、大隈さんの所に行って声援を頼むと、それは尤《もっと》もだと言って大いに賛成してくれたが、大隈さんのことなので実際には何もしてくれなかった。しかし大蔵次官の田尻稲次郎に何度か会っているうちに、しまいに根負けがしたと言って予算の一部を承認してくれた。図書館はその性質から言って広く国民に利用さるべきものなので、私は日比谷辺りの便利な場所を敷地に選定するつもりだったが、ちょうどその時分に転任になり、これは実現しなかった。結局帝国図書館は依然上野で、現在の建物は在来の小規模の旧館に僅かに一翼が出来たばかりで、しかもその一翼は自分が次官時代にようやく大蔵省に容認して貰った予算で出来たので、五十年を経た今日、全然図書館の増築には手が着いておらず、昔のままである。その傍の帝室博物館と比較して、外国人などは図書館の貧弱さを不思議に思うに違いない。すべて役人の仕事は長続きしないのが通弊であり、国家にとって困ったことである。私は外国から帰って来て上野の現状を見て驚いたが、結局帝国図書館をもっと完備することは国民の輿論《よろん》に俟《ま》つ他はないと覚悟した。帝国図書館の蔵書は豊富であるが、運用の仕方が悪いので今は学生が利用する位ではないかと思う。歎かわしいことである。なお帝国図書館の初代の館長は田中稲城《いなき》という長州の人で、私が開成学校に在学していた時、学校の和漢文学科に籍を置いていた者は私とこの田中との二人だけだった。田中はその時分から図書館に関心を持ち、図書館を研究するために海外にも留学して大いに図書館の事業に貢献する準備をして居ったが、終《つい》に時機を得ずに終った。

図書館の建築といえば、曽て米国に都市建造物調査委員会というものがあることを米国のカッスル大使から聞いて、非常に面白く思い、大使にその規則、定款を取り寄せて貰ったことがあった。これは公共の諸施設の設計や位置について専門家が各種の相談に応じる私設機関で、それが決定したことを強制することは出来ないが、米国では一般にこの種類の建築や計画についてはこの委員会の意見が権威あるものとして尊重されることになっており、従ってこういうような相談所が出来たら、東京のように銅像とか橋とか公園その他公館等が環境を構わず思い思いに設計されたりせず、例えば停車場の建物にしても周囲と調和した立派なものが出来ることになる。それで私はこれを非常にいいことだと思って、十四、五年も前だったと思うが、東京市の公園係その他都市計画の関係者五、六名に集まって貰ってその話をして、日本でもそういう機関を作り、銅像などを立てるにしても一応その意見を徴することにして見てはと言ったところが、皆至極結構なことだと言って賛成したが、その場限りの話で、その後このことについて何らの沙汰もなく過ぎてしまった。今東京の都市計画が審議されている際、前記のような機関も必要ではないかと思われる。

とにかく東京の公共建築物の建て方はいささか乱雑すぎると思う。その一例として帝国議事堂は宏壮な建物だが、その向い側の総理官邸は帝国ホテルの大型とでも言う他はなく、議事堂と並んで建っていて何とも不調和な感じがする。いつか一度加藤高明に、この建物が不適当であることについて話して見たことがあるが、既に決定したことだから致し方ないということだった。何故このようなことになるかと言うと、代々の総理大臣以下当局が必ずそのような問題に理解があると限らないから、盲判を押して全く技師に委せておき、技師は自分たちの専門の範囲でやることになるのである。橋や公園の設計にしても同じことである。

それについてこういうことを記憶しているが、倫敦《ロンドン》の王宮の前に公園があり、その中央にヴィクトリア女皇の銅像が立っている。この銅像の設計はまず懸賞で一般から募集し、採用した案を基礎として委員会が作られ、その委員は欧州の大都市の記念碑等を見て廻って自分たちが見聞したところに基づいて原案に修正を加え、そのようにしてこの銅像が出来上ったのである。また紐育《ニューヨーク》の停車場などもよほど考えて作ったものと思われる。東京でそのように計画的に設計した例としては、虎の門から桜田門に至る通りの海軍省、司法省、大審院の建物がある。これはもっと大規模な官衙街をその周囲に作る計画で、維新後まだあまり時も立たない頃に建てられたもので、そのために建築局という役所が出来、井上馨が総裁になり、三島通庸が副総裁で、技師は独逸《ドイツ》人だった。しかし予算が足りなくなったので、右の三つの建物だけでこの計画は中止になり、やがて建築局も廃せられた。

文部省の話に戻るが、これは一概に日清戦争の余波とは見られないが、戦後教育界の不祥事として我々を悩ましたのは学校騒動の続発だった。それがひどかった時は今日のゼネストのように全国に波及するのではないかと思われたほどで、どういう騒動かというと、各地の学校の校長や教授が排斥され、その手段として学生が学校を休み、これが早く片付かなければ勿論校長や教授の進退問題にまで発展した。しかも排斥された人物は実際相当の理由がある場合が多く、これを取り上げてその人物を処分すれば、学生が学校の人事に干与することを認めることになって綱紀を乱す基を作り、また学生の本分を守らせようとして首謀者の五、六名を処分すれば学生全部が結束して休校するので、当局としてはその処置に非常に苦しんだ。それでいつも色々と工夫を試みて成功せず、結局両成敗ということになって、生徒はその名目の立つ者だけを処分し、騒動の原因たる校長や教授は時機を見計らって転職、或は退職を命じた。このような際に問題の校長や教授に申し分がなく、当局としてはその後も留任、勤続させることが出来ればいいのだが、そういう場合は極めて稀だった。そしてこの種類の騒動は地方の中学が最も多く、殊にその土地出身の代議士や県会議員が生徒の肩を持ったりすると、調停に当った知事の仕事はますますやりにくくなった。また地方によって事情は異なったが、大概の場合は校長、教授にその人を得ないのが原因になっていて、例えば仙台の高等中学の騒動には生徒も参加したが、事件の真相を言うとその時の教頭が校長排斥運動を始め、これに生徒も加わって、問題は非常に面倒になり、しまいに専門学務局長をわざわざ仙台に派遣して、その報告に基づいて処分した。ところがこの教頭が山本悌二郎で、後に政友会の領袖となり、大臣も勤めたが、或る時この山本と一緒に食卓に着いたことがあって、話次山本は三十年前の仙台時代のことを持ち出し、あの時は御心配を掛けましたとお詫び言のようなことを言ったことがある。

これは少し後のことになるが、もう一つの念が入った騒動は一ッ橋の高等商業学校の学生全部に退学を命じた事件で、これは帝大で商業専科を廃して商科を置いたことに端を発し、前から高等商業学校が商科大学に昇格されることを高商側は希望していたのであるが、それが実現されないうちに帝大に商科が置かれたことはこの昇格の望みが一時絶えたことを意味すると見て、教授も学生も大臣その他の有力者を歴訪して陳情を行い、大騒ぎを演じた。これは明らかに学生による行政への干与であり、また内面の事情について面白からぬ風聞もあった。しかし要するに高商側では既成の事実は事実として、昇格は教授、学生一同の宿願であることを当局に示すためにこの挙に出でたもので、教授の中には学生の後押しをして、退学になってもやれというようなことを言った者もあったようである。とにかく千五百名の学生が総退学の処分を受けたのであり、何と言っても校長以下教授側の責任であって、無力、怠慢の非難は免れない。

なお学校についてよくこの昇格問題が起きるのは甚だ忌むべきことであって、日本の教育界の通弊とも言うべく、例えば徒弟学校であると工業学校への昇格が目標となり、工業学校は高等工業学校に、高等工業学校は工科大学にと、常に一段上の学校になることが希望されるのであり、これは私が在職中しばしば体験させられたことである。勿論中には実際にその必要があって昇格した学校もあるが、大概の学校はその創立の際にそれぞれの目的に応じた規模で計画されたのであって、容易に昇格を望むべきではないのに、そこは教授の待遇の問題とか、在学学生の見栄もあって、何かにつけて昇格問題が起きるのだった。外国では単にスクール（学校）と称して大学程度の教育を施している所があり、これは名を棄てて実を取るというべきもので、学校の伝統を尊ぶ結果だろうと思う。日本では名ばかりを取り、決して芳《かんば》しいことではないのである。しかしこういう学校騒動に思想的な背景と言ったようなものはなく、単なる排斥運動で、要するに教員の素質に欠くるところがあり、それが原因をなしていた。そして教員の質がこのように低くなったのは実に日本の教育界の癌であって、同じ学校で教員の一部が他の一部を排斥したり、或は教員が学生の御機嫌を取ったりして、結局は教育が一つの職業となったためにそういうことが起きるのだと言えるのである。勿論これは教育界の全部について言っているのではなく、むしろ一部少数の者の不心得から生じた結果であって、教育界全般から言えば、広く表彰さるべき篤志家、功労者は数え切れぬほどあると信ずる。

この時代に私が関係した仕事の一つとしては学校樹栽日の設定がある。これは現在でも存続していることなので、その由来からして少し詳しく説明しておきたいと思う。その頃教育に関する米国の雑誌を読んでいると、Arbour Dayという言葉が目に付いたので、どういう意味かとなお読んで行くと、これは米国のネブラスカ州に始まった一種の木祭りのような行事で、一定の日に学校の職員、生徒及びその父兄が総出で、学校の構内或は付近の野原に場所を選んで木を植えることであることが解り、大変意義があることであり、軽々しく見逃せない記事だと思った。このArbour Dayの概要は後に述べた通りであるが、その米国内においての普及に最も尽力したのはノースロップという博士で、それがちょうど日本に来ていたので私はこの人にも会って詳しい話を聞いた。

私は兵庫県に在職中の体験として、神戸付近は禿山が多く、少し雨量が加わると神戸市内を流れる生田川が氾濫して、沿岸の市民が非常に迷惑したことや、鉄道で神戸から大阪に行くと沿線は禿山が続いていたことを記憶していて、禿山と水害との関係は神戸にいた時のことと結び付いて常に念頭にあった。また福井県に在職中も福井市内を流れている足羽川の水害がひどく、川が氾濫すれば沿岸の者は畳を上げて二階住いをして水が引くのを待つ他はなく、これがまた甚だ不衛生な話で、階下は便所も何も皆水中に没するので、水が引いた後は家中に臭気が満ちるという有様で、この場合も原因は、足羽川の水源の山地で水量を調節すべき山林を濫伐したためだった。そのように地方は至る所で水害に悩まされ、そのために地方の土木費がいつも嵩《かさ》むのであり、それやこれやで私は植林の必要を痛切に感じさせられていたので、このArbour Dayの記事を読んで非常に刺戟され、これは日本でも是非ともやるべきことだと思った。勿論その場合は各地方の事情、例えば気候の相違や土地の性質というようなことを考慮に入れなければならなかったが、とにかくこれを実行に移すことが急務なので、ちょうどその時分に師範学校長会議が開かれていたので、このことを提案するためにわざわざ人を集めるよりはこの機会を利用した方がいいと思い、会議の最終の日に時間を割《さ》いて貰って命令としてではなく、一つの研究問題としてその話をして見た。

この時私が行った演説の概要は次の通りであった。

諸君、連日会議で御苦労に存じます。もはやあと一時間ばかりとなって、そのうち御質疑もあるそうですが、その間にごく簡単に、今日各県にお帰り後十分お考えになりたいと思うことを一通り大略をお話ししておきたい。突然の問題でありますけれども、少しお話しする中にはすぐに明瞭になることです。即ち樹を栽える日ということである。本邦では事新しいか知らぬが、聞くところによれば雑誌などに出て居ったこともあるそうであります。その事柄は亜米利加《アメリカ》合衆国で専ら行われていることであって、或は加奈太《カナダ》地方にも行われているということであります。その他の邦々にては曽て聞かぬことと思うている。その樹栽日の起りを尋ねれば、亜米利加の或る州では土地の多くは原野であって、地質も痩せており、ほとんど人の住居に適せぬ所、即ちネブラスカ州のごとき地方において、どうしたら地質を改良し、人の住居に適するを得るであろうかと研究を重ねた結果、千八百七十二年頃に時の州知事モルトンという人が、自説か人の説を採用したか分りませぬが、とにかく一の方法を案出して、一年中の或る期日を定めて樹栽日と言って、その日には、州民挙《こぞ》って樹を栽える制度を設けました。いかなる樹を栽えるか、またどこに栽えるかというごとき細目はよく承知しませぬが、とにかくその日は州民挙って野外に出で樹を栽えることになった。その法が行われて以来三十年近くなるが、ほとんど三十万町歩は立派な森林を成し、それがため気候も変り、地質も肥え、風色も増してよほど立派な所になっている。そのモルトンという人はその州の元祖となって、今日においては人民のため非常の追慕を受けているそうであります。

それから千八百八十三年に至って学校の樹栽日ということを定めて、学校の子供のために樹栽をさせることを創設しました。即ち目下日本にいる亜米利加の教育家ノースロップ氏は、学校樹栽のことには最も尽力した人である。これはネブラスカ州において州民の従事する樹栽の事業の制を行いたる後である。学校においての樹栽日はその日、朝一時間か二時間、教員等が木植えのことについて講話し、樹の成長効用その他経済上の利益、国土と森林の関係のことなどを説明し、それから教員生徒おのおの十本乃至二十本の苗木を携え、学校の構内町村の共有地もしくは近傍の禿山に栽える。もっともその日に各地挙って樹を栽えるのであるから、生徒はことごとくこの命を遵法して樹を栽える。もしこの法を日本に行う時は、児童の数全国数百万であるから非常の数を栽えることが出来る。それを十年間もやれば非常の数に達する。児童の教育上植物の観念は勿論、天然物の性質等について注意するなどという習慣を養い、教育上の利益は言うまでもなく、国家経済上の点より言えば非常の利益であろうと思う。三十年も経った後には建築材にもなろうし、或はその年数に至る間は薪炭にも用いられ、すべて費用を掛けずしてそういう仕事をするのでありますから、よほどの経済上の利益である。それと同時に教育上に大層な益を与えるのみならず、郷土を思わしめ、愛国心を起させることと、その他直接間接の利益に至っては一々申述べることも出来ぬ。よくお考えにならば間接直接に利益のあることは自然御気が付くであろうと思う。亜米利加ではその日を撰ぶについては気候がおのおの異なるものであるから、一定の日に全国やるわけには行かぬ様子です。州により日を変えてやる。日本でやる時は随分長い国でありますから気候も違い、一定の期日にやることは出来ぬが、随分大祭日その他の祭日が多いから適宜の日にやって差支えないと思う。大祭日などは随分学校生徒が数里の山道を越えて出で行き、勅語奉読式を終り、唱歌でも終ればすぐ散じてしまい、また二、三里も帰って行きます。勅語奉読式は元より結構であるが、御式が済んでから山に出て樹でも栽えるとすれば大祭日を利用し、帝室に関係あることであれば忠君愛国の思想を養うに適切であろうかと思う。近頃森林濫伐《かんよう》の弊もあり、水源の涸《か》るということも喧しく聞えることである。もし町村などに水源涵養の事業に向って町村が学校生徒を利用することも、或は方法によって出来るかと思う。もしさる場合には一挙両得で、一方は町村の事業を助け、同時に教育の発達を計ることとなる。私はこのことを曽て或る報告で見たこともあるが、近頃ノースロップ氏より直接概略の話を聞いて非常に感じたことである。このことを日本に行えば経済も助かり、学校生徒の浮薄な思想を抑えて着実な考えを与えるに宜い方便であるかと切に感じましたから、今日概略の話をしてそれ以上は諸君でお考えをして戴いて、教育会或は教員の集会とか、地方の学務委員などの寄っている所で、亜米利加に行われている美風を日本で実行するについて篤と御研究になれば、国家のために好結果を生じようかと思う。切に感ずるところあってこの席を借りて概略のお話を致しました。

右は一片の訓話に過ぎず、別にこれを実行する上での手続きを明細に指示したわけではなかったが、ただその後、農商務省山林局長に話して、不用の土地の提供というようなことでなるべく便宜を図ってくれるように頼んだところが、山林局の方では好意を以て承諾してくれた。一方師範学校長は私の話の趣旨を非常によく了解してくれ、それぞれ帰任の後は実地に土質、苗樹等を調査して樹栽の実行に着手し、各県知事も競って訓令を発し、督促するまでもなく自発的にこの事業に乗り出した。これは樹栽日に関する提案が地方の事情に適合し、あらかじめこの種の計画を歓迎する気分が熟していて、治山治水ということは大概の地方官が頭を悩ましている問題であると同時に、学校においては祭日を有益に過すということは各校長が関心を持っていることなので、そういう理由からこの案が好意を以て迎えられたのだと思う。

その後明治三十七年、日露戦争の当時私がウィーンに在勤中、久保田文部大臣から次のような手紙を受け取った。

前略、陳者貴官本省に御在職中師範学校長会議に於て学校生徒の樹栽に関し懇切なる御諫諭有之候所各地方に於ても之が必要を感じ其実施を努め今や市町村小学校のみにても現在樹数三百万余に達し頗る有益のことと相認候に就ては今後益々之が奨励を図る意見にて別表調製致候間御一覧に供候

尤も該表の事実は初度の報告を徴候ことにて木の種類、材積の調査を欠候に付き御含置度被下候

七月二十八日

久保田文部大臣

牧野特命全権公使閣下

なお同年九月、文部省はその意味で奨励の訓令を発したが、これは相当の効能があった

ことと思われる。

その後の経過については、昭和十三年十月に農林省山林局において刊行された報告書の数字によると、学校林の面積五万余町歩、学校林を有する学校五千六百余校となっていた。また帝国治山治水協会はこの事業を熱心に奨励している団体であるが、同協会は我が国における林野の総面積二千万町歩に対して学校林の面積は五万余町歩に過ぎず、割合から言えば僅かであることを遺憾とし、この事業が更に大いに奨励され、計画的に継続されることを要望している。

現在この事業の普及に努めている団体では、大日本山林会、帝国治山治水会等があり、また今日のごとき資源に窮迫している時代においては、この種類の事業に大いに期待していいと思う。

個々の例としては、和歌山県の師範学校の学友会では、山村において植林の作業中必ず国旗を掲げ、始業、終業の際には東方を拝した後に国歌を合唱する等、非常に意義ある形式でこの事業に当っているということである。

他の府県においても、この樹栽日のついでに学生の啓発のために類似の工夫を凝らしているようである。私は文部省に五年間在職し、同僚の好意ある援助により無事に勤務することが出来た。それ故に別に職を去る必要はなかったのであるが、次官の職は複雑な性質のもので、上下の板挟みになる場合が多く、長官の信任が大事であって、井上、西園寺両文相はよく私を理解し、信任もしてくれたので下働きをするのに好都合だったが、今度は蜂須賀という人が文相に就任し、これは全く未知の人で、自分としては協力出来るかどうか解らず、また新文相は省内の人事について何らかの腹案もあるようだった。偶然この時小村（寿太郎）外務次官から海外に勤務する希望はないか、伊太利《イタリー》の公使が空いているがとの内話があったので、右のような次第であり、一方私は英国から帰朝後十五年間内地に勤務して、この際再び外国に出て見聞を新たにし、違った立場で働きたいという気持があったので、色々な意味からこの辺が身の引き時だと思い、小村にその話をして伊太利行きを受諾した。

ところが年来の同僚として親しんで来た浜尾君がそれを聞いて、留任を勧告しに夜分私の宅に来て、三時間にわたって私を説得した。私は返事に窮して、内情を打ち明けることも出来ず、ただその時伊国政府から私の任命を受諾する回答が既に届いたと聞いていたので、そのことを言ったが、浜尾君はなお承知せず、一旦先方に受諾されても公使の任命が撤回された前例がないわけではなく、例えば西郷従道も駐伊公使に任命されてからそれが中止になったことを指摘して私を困惑させたが、時間が立ち、遂に深更に及んだのでようやく引き上げた。しかし私が立つ時には非常に大勢の人が送別会を開いてくれた。元来文部省は行政官庁ではあるが、仕事の性質上俗務を離れて教育に関する精神的なことにわたる場合が多く、相手は大学の総長を始め校長や教授で、そういう人たちとの交渉は修養にもなり、他の役所とは違った意味で自分のためになることがある。それで送別会の席上でも皆から慰労の挨拶を受けたが、私は却って各位から色々なことを教えられ、この経験は一生忘れられないと答えた。

十　伊太利在留

明治二十七年—明治二十九年　1894-1896

明治二十七年（一八九四）三　月　金玉均暗殺さる。
八　月　日清戦争起る。
十一月　旅順口陥落。
十二月　日伊新条約調印。
明治二十八年（一八九五）四　月　清国と媾和条約調印。
五　月　三国干渉。
十　月　朝鮮事変起る。
明治二十九年（一八九六）三　月　日本郵船欧州航路開く。
六　月　白馬会発会。
十一月　樋口一葉死す。

私が着任したのはクリスピ内閣が倒れた後で、この首相は相当の手腕家ではあったが、エチオピア征伐の失敗のために挂冠したのである。伊太利《イタリー》は統一後列強の仲間入りはしたが、領土は狭く、またその頃は各国ともに植民地を獲得しようとしていた時代でもあり、伊太利もこの趨勢に伍してエチオピア遠征を企てたのであるが、エチオピアの抵抗が意外に強く、後援続かず、遠征軍は窮迫して進退極まり、国内の不評判は高まって、内閣は遂に持ち切れず、遠征軍の引揚げとともに責を引いて総辞職したのである。

伊太利は領土が限られている上に石炭その他の鉱物がなく、工業も急速には発達せず、農産物が主な生産品で、かくのごとく資源が之しいのに加えて、独立当時の債務償還等で財政は極度に行き詰り、時の大蔵大臣ルザッティは有能な財政家として知られた人物だったが、議会で議員の追及に対して財政の困難を告げ、これ以上一銭たりとも歳出を増額することは出来ないと放言したのを記憶している。そして国勢の発展は国内輿論の希望するところだったが、エチオピア遠征のごとき大失敗を見た結果、この種の企図は放棄するの止むなきに至り、以後は国産品の増産及び貿易の発展が主たる眼目となったようだった。ところがこの時不幸な出来事が起り、それは伊太利にとって最大の得意先だったフランスが伊太利との通商条約を廃棄したことで、そのために当国の特産たるオリーヴのごときは最大の販路を失った。この対策としては差し向き過剰人口を調整する意味で南米への移民を奨励し、アルゼンチン、ブラジル等との貿易の振興に力を入れたようだったが、私が在勤中ローマ駐割《ちゅうさつ》のアルゼンチン公使が特に厚遇されるのに気付いたが、偶然のことではないと思った。

私はミラン、テュリン方面の工業地視察を兼ねてから予定していたので、着任後暫くしてからこの地方の工場、製作所等を巡歴した。絹織物紡績、護謨《ゴム》製品、化粧品、燐寸《マッチ》等が生産されるのであって、主に南米に向けて輸出されるとのことだった。またこの際特に注意を惹いたのは、これらの工業には仏蘭西《フランス》及び独逸《ドイツ》による投資が相当に利用されているということだった。この北方地方の工業に対して伊太利の南部は農業に適していて、その重要な産物はオリーヴであり、これが伊太利の輸出では首位を占めていた。要するにこの国は産業においてあまり恵まれず、例えば石炭にしても主に英国のカーディフ炭が使用されていたが、それを英国からジェノア港まで運ぶ運賃よりも、同港からその消費地のミランまで汽車で輸送する方が余計にかかると言って、当業者が嘆いていた。

以上私が視察して得た結果は全く外面上の事柄に過ぎなかったが、日本と伊太利との貿易関係にも多少留意して、当業者にその見込みを聞いて見たところが、その余地はあるような話であって、製糸、雑貨のごときものは既に輸入もしており、ただ将来の発達を阻んでいるのは、すべて日本品はハンブルグ或はマルセーユ経由で来るので、大変な廻り道になり、運賃が嵩《かさ》んで引合わないことだと言われた。それで私は、もし船がスエズからネープル或はジェノアに直航すればそのような廻り道が省かれ、この方面の貿易に色々益するところがあるだろうと思ったので、郵船会社の社長にこの事情を知らせ、ジェノアなりネープルなりに定期航路を開くように勧めたところが、その返事に、もっともな意見だが、目下のところ船はいずれも満載で、それに船が不足していて急に船数を増すことも出来ず、困っているとのことだった。これは全く素人の思い付きだったが、後に希臘《ギリシャ》、ウィーン方面に行き、我が商品の前途について調べた時も、やはり相当に見込みがあるが、ハンブルグ経由で送られて来るので運賃が売行きの障碍になるという、同様の話だった。元よりこれは商品を売るのに直接に影響する問題ではあるが、もっと広い意味で、運賃を稼ぐために、特に地中海各港の連絡を目的とする航路を開くことも将来は考えられるのではないかと思った。例えば英国の海運業は主に第三国間の輸送の運賃で成り立っているのである。

それから当時ミランには我が領事館が設置されておらず、ここは北部伊太利の商業の中心なので、日本の領事館を設けるように上申して、これは後に実現されたと思う。

大変横道に外《そ》れたが、要するに伊太利は統一後財政困難の状態にあり、民間にも財力なく、外資を仰がねばならぬ位で、その実状もよく解ったが、これを例証するようなことも度々耳に入った。その一つに、着任後間もなく或る海軍関係の人から聞いたのが、マルコニーの無線電信の話だった。マルコニーはこの発明を英国で完成したのだったが、彼は渡英前、伊太利の海軍にその研究の援護、補助を申請したところが、海軍にその余力がなくて断られ、自分の国では到底見込みがないと諦めて、有力筋を頼ってその後倫敦《ロンドン》で研鑽の結果遂に成功し、その海軍の人は大変残念なことをしたと言っていた。それから二十年の後に私は巴里《パリー》の媾和会議の時に、何かの委員会でマルコニーが英国側の専門委員として来ているのと同席したが、何となく英国人のような感じがしたのは、長い間の倫敦生活で土地の人間に同化されたのだろうと思う。その後伊太利政府もその偉業を認めて彼に授爵した。

また音楽美術等について見ても、優れた技倆を有する芸術家でも自国にいては報いが少いので英国や米国に渡り、そこでは大変に持て囃《はや》されて世界的な名声を獲得し、裕福に暮すというような有様だった。要するに金力の問題であって、例のドレッドノート型の戦艦にしても、これは初め伊太利の海軍が考案したのだったが、この型が完成されたのは英米においてであった。

伊太利の強味は地理的に有利な位置を占めていることであって、スエズ運河、ダーダネルス海峡、バルカン半島、及びアフリカの沿岸を制する地点にあり、それ故に英仏にとっては粗略に出来ない相手なのである。伊太利自身もそれを認めていてその海軍に重きを置いていたが、ただ鉄、石炭、油等皆輸入しなければならないのが非常な弱点で、第一次、第二次の世界大戦で伊太利の海軍が期待されたほどの働きが出来なかったのも一つはそのためではなかったかと思う。

伊太利が三国同盟の一員だったということは一時的な国際情勢が然らしめたのであって、これは露仏の同盟に備えるためだったが、実状を言えば伊太利と墺太利《オーストリア》の間には各種の相容れない係争があって、トリエスト、チロル両地方の所属等の国境問題は両国間の長年の懸案であり、そこには戦争を誘発し兼ねまじき危機が常に伏在していて、この種の問題について時々悶着が起きることが双方にとっての大きな悩みで、同盟国とは言いながら輿論はすぐに激昂し、そのためにこういう問題について少しでも常軌を脱するようなことがあると、両国の外相が会合し、声明を発したりして、各自の国民の感情を緩和するように努めなければならなかった。また独国皇帝が三国同盟の存在を強調して斡旋《あっせん》することもあり、国際不安の気分が絶えなかった。しかし幸いに仏蘭西との通商条約が改めて締結され、この方面だけは差し向きの安定が確保された。そして仏蘭西も従来の態度について再考する必要を感じたのだと思うが、条約の成立とともに敏腕家の聞えある大使を伊太利に派遣して、積年の悪感情を一掃することに力を入れたので、暫くして「ローマ」の仏蘭西大使館は俄かに人気を呼ぶようになった。

私が在任していた頃は、列国が盛んに支那の各地を租借して同国に各自の勢力範囲を設定しようとしていた時代で、伊太利でも列国に倣って支那に手を出そうという気運が次第に強くなり、遂に抑え切れなくなった。或る時海軍中将の肩書がある外相カネヴァロが私に面会を求めて来たので、行って見ると、支那政府に三門湾の租借を申し込んだので、それについて日本の援助を懇請したのであった。いかにも突然だったが、とにかく公式に依頼されたので、その旨を政府に報告しましょうと答えて帰って来た。実際を言うと、伊太利と支那とのそれまでの関係には何らの行き掛りもなく、今度のことは伊太利側の全く勝手な試みなので、直ちにものになるとは思わなかったが、いずれにせよ伊太利政府が支那に対して正式に申し込んだことなのでその成り行きが気遣われ、後報を待っていた。ところが総理衙門は果してかかる要求に取り合おうとせず、伊太利政府の公文をそのまま返して寄越した。ここにおいて伊太利としてはそういう侮辱的な仕打ちを看過することが出来ず、政府もよほど責任を感じたのだろうと思うが、直ちに駐支公使に対して支那政府に提示すべき最後通牒的な電訓を発した。

この事件は後に意外な椿事を引起したのであって、その経緯について今ここで少し詳細にわたって語りたいと思う。

この伊太利政府の申し込みはすこぶる念が入ったもので、伊太利海軍の碇泊地として三門諸島及び三門湾沿岸地帯を一定の年限間租借すること、及び浙江省のいかなる地点も他国に譲渡せざること等を希望条件とし、総理衙門としても自尊心があるので、かかる要求は無視することにして、普通の外交上の慣例によらずに伊太利政府の公文をそのまま突き返すことにしたのだろうと思う。それで伊太利側はこれに対して日限を付けて談判を開始することを求め、もし総理衙門がこの要請に応じなければその責任は彼にあるという、最後通牒のような文書を発送した。その時伊太利は既に六隻の巡洋艦を東洋に派遣しており、更に英国から買い入れた巡洋艦二隻その他運送船を増派する手配をなしつつあった。これはいかにも軽率な仕打ちのように見えたが、或は独逸にはあらかじめ今回のことを内牒し、また独逸も内密に伊太利がこの挙に出ることを慫慂《しょうよう》したのかも知れない。これは全く私一個人の臆測であるが、そういうことも考えられた。

それで英国は、日本と同様にかねてから伊太利のこの計画を援助することを依頼されていたのであるが、伊太利艦隊増派の情報が入ったので、事態容易ならずと見て調停に乗り出し、懸案については在支英国公使をして双方間に談判が開かれるように尽力せしむべく、その結果が判明するまでは暫く手を控えられたいと、伊太利政府に対して懇切な申し入れを行った。この時伊太利政府は、既にその在支公使宛に発した電訓はこれを発送してから僅かの時間しか経過していないので、まだ公使の手から総理衙門に送られていないと断定し、英国の好意ある申し入れを受諾して、前の電訓を差し控えるように公使宛に取消しの電訓を発した。然るに不思議なことに、電信の取り扱い上の疎漏からか、マルティノ公使は第二の電報を先に受け取り、第一の電報をそれから五時間後に落手したので、公使は軽率にもよく内容を研究せず、電報の番号にも気付かず、後に来た最後通牒的な内容の方を総理衙門宛に発送してしまったのである。即ち取り消された電訓を実行したのであるから、正式に言えば電訓違反ということになり、公使という責任ある地位に置かれた者にしてはいかにも無分別な執務振りなので直ちに召還されることに決り、もっともこの公使は他にも不都合な行跡があったということであるが、とにかくその行動によって伊太利が蒙った不利益は蔽うべくもあらず、幸いにすぐには外部に洩れなかったと見えて、議会で問題にはされなかったように記憶している。とにかくこの事件は初めからの不手際に更に続いての蹉跌《さてつ》で、何らの結果も齎《もたら》さずに中途で葬られてしまった。しかし電報が前後して到着し、しかも先に出した電報が後のよりも五時間も遅れて来るというのは珍しいことである。

それから在任中に希臘と通商条約を締結すべき訓令を受けたので、書記官を帯同してアゼンスに行った。それまで我が国と希臘との間には条約が結ばれたことがなかったのであるが、希臘はダーダネルス海峡を繞《めぐ》る国際情勢を観察するのに適当な場所であり、またそれまでは通商関係がなかったが、その方面で前途に期待していい国柄なので、条約の締結及びこれに続いての我が公館の設置は時宜を得た施策だった。この時の交渉はローマ駐在の同国公使を介して打ち合せもすんでいたので、着後先方の委員と案文について数回審議しただけで、別段行き掛りの問題もなくて比較的に迅速に談判は終了し、もはや批准を待つばかりになって私の使命はここで終った。

希臘の面積は北海道位だろうかと思うが、工業は見るべきものがなく、全くの農業国で、気候は温和な方で我が貨物の輸出には有望だと思った。希臘人は商業に長じた人種で、その点では猶太人《ユダヤ》に次ぐと言われ、地中海の沿岸貿易で産をなした者が多く、倫敦辺りに店を開いている者も相当ある。これは国が小さいので自然出稼ぎに向うのである。首都アゼンスは欧米の標準から言えば三流以下の都会で、王宮は貴族或は富豪の邸宅位の規模で、ただ庭園が割合に手広いだけだった。この土地に似合わない感じがするのは博物館で、これは建物、内容とも立派なものだったが、聞くところによると、これは海外で成功した篤志者の寄付で出来たのだということであった。また英米の探検隊で古跡の発掘を目指して希臘に入って来るのが少くないと聞いたが、ちょうど私が博物館に行った時は米国の一団が或る有名な古墳を掘り当てて、その発掘物が陳列されており、これは大変に立派なものだった。

アゼンスと言えばアクロポリスの衛城の旧跡が呼び物で、市外に聳《そび》えている千尺位の高さの丘陵に、今なお堂々たる殿堂の壁や石の柱が昔のままに残っている。そしてそこまで昇って行く坂には大理石の石段が敷いてあり、全体が曽ての繁栄を回想させるに足るものであって、その昔対岸の亜細亜《アジア》大陸からこの民族の先祖が渡って来て、この一角に根拠地を構え、欧州を睥睨《へいげい》した当時の抱負が偲ばれる。またその付近には周囲に座席を廻らした劇場の遺跡がある。なおこの他にも希臘の国内の各地には探検隊によって発掘された旧跡が多く、各国の観光客はよくこれらを一巡するようである。

我々がアゼンスに着いて特に感じたことは、あの覇業をなし遂げ、文明の範を示して二千年後の今日に至るまでその余光を普及させている卓越した先祖たちの子孫として、現在の希臘人はいかにも見劣りがするということだった。今の希臘人は身長が低く、小柄であって、怜悧かも知れないが、とてもそのような民族の後裔とは思えないので、それとなく土地の識者に質問を試みたところが、その説明によれば、この長い年月の間戦乱が続いて、往時の希臘民族はほとんど種切れとなり、現在の希臘人は他所から入り込んで来た異民族の子孫だということで、そう言われて見るとなるほどと頷《うなず》けた。またこれはありがちなことであるが、希臘人は二言目には先祖の偉業を誇りたがる癖がある。

私は通商問題について当地の有力者にも会って、両国間の貿易の将来について話し合ったが、やはり日本品はハンブルグ経由で汽車で輸送されて来るために、運賃が嵩《かさ》んで引合わないということだった。それから当地を引揚げるに際して、暇乞いのために王宮に伺候して記帳した。そうすると玄関番が私の名前を見て、ちょっと待って下さいと言って奥に引込み、再び私の所に来て、国王がお会いになるからということなので、行って見ると、お待ちになっておられて、握手の後席に着き、国王は両国間の条約成立をお喜びになり、その労を犒《ねぎら》われて、今後の貿易関係に期待すると言われた。そして希臘の特産は currants と称する小粒の葡萄《ぶどう》で、これが輸出の首位を占め、専ら菓子を製造するのに用いられるが、多くは英国に輸出されるので、同国の令嬢たちが一番のお得意なのだ、と笑いながら話された。いかにも手軽で、無造作な謁見振りで、他の欧米諸国では見られない破格な法式だった。

ローマの話に戻って、ここにいる間に最も興味を惹いたのは、キリナルの王宮と、ヴァチカンの法王庁との対立だった。これは喩《たと》えて言えば、京都の本願寺と府庁とが対立して互いに相手の存在を合法的には認めず、一方は行政全般を司り、他の一方は宗教方面を支配しているようなもので、ただそれよりも規模が遥かに大きく、更にまた行政と言い、宗務と言っても、明確な区別が付け難い場合もあり、そして双方とも相手を認めないのであるから問題を引き起すわけである。このことがあるためにヴァチカン側は正式には一歩もヴァチカン領の境界から外に出ず、またキリナル側もヴァチカン領には足を入れず、しかも伊太利人は一般に旧教を奉じていてヴァチカンを本山としているのであるから、これは随分込み入った、不自然な状態だった。またそういうわけなので、ローマには両方の外交団が別々に駐劄し、その主体が互いに没交渉なので、派遣された大公使もその由来、伝統を重んじてやはり互いに没交渉であることを余儀なくされ、この慣例を無視して自由に往来したりすると背任問題になるのだった。もっとも以上は私が在任中のことで、後に両者は和解し、伊太利政府とヴァチカンとの間に条約が締結され、その間柄も尋常なものとなった。しかもこれは七、八十年を経てようやく双方の確執が解けたのである。しかしこういう公式の関係は別として、ローマではヴァチカンが人気の焦点で、これがあるために観光客や参詣者が世界の各地から集まって来た。ヴァチカンの建物は世界無比と言うべく、また付属の博物館には歴史的な宝物の粋が集めてあり、確かにヴァチカンは全世界の好事家の興味を惹くに足る名所である。

ここの博物館の絵画部には我が支倉使節がヴァチカンに公式に参賀した時の油絵があり、その行列が整然としていることは、あの時代に遠路の旅先でよくもあれまで支度が出来たものと、使節たちの周到な用意とその自尊心の程が窺われて感服する他なかった。私はローマ在任中観光客の資格でしばしばヴァチカンに遊び、その庭園や寺院、博物館等を徘徊した。なお水都ヴェニスのセント・トーマス寺院にも類似の記念物がある。それは日本の使節がこの寺院で洗礼を受け、帰国の後日本にも寺院を建設する約束をしたとの文言が浮き彫りしてある額で、そこの廻廊の壁に掛かっているが、ヴェニスに行った折に見て珍しいものだと思った。なお同地の日本名誉領事はこの地の旧家であって、この使節一行に関する古文書を所持している。

伊太利は日本の留学生などで常住している者がなく、日本人は特殊の目的で来る者の他は皆観光客だった。この国は気候はよく、山海の風景に富み、古跡、博物館等が無数にあり、それを見に来る外国の観光客の他に外国人の居留者も相当にあった。それでローマを始め、ネープル、フロレンス、ヴェニス、ジェノア、ミラン等いずれもホテルの設備が行き届いていて、客は九分通り外国人だった。またヴェニスにおける美術博覧会は毎年の売上金が百万円以上で、多くは外国人の土産品になったのだと思う。この他にホテルの収入や土産品の代金は巨額の金額に達し、資力に乏しい同国にとっては貴重な財源になっていた。なおその時分の話では英米人は金遣いが荒く、日本人は少数ながら金遣いが綺麗で、ただ独逸人は吝《けち》だと言われていた。また露国は寒いので、貴族などで伊太利に居留する者が多く、ローマの郊外にはそういう露国居留民の住宅地があり、この他に米国人の居留者も時折見掛けられた。

或る時、交際季節中に我が公使館で夜会を催し、土地の交友を始め外交団、観光客の知人等数百人を招待したことがあった。そして舞踊も弾み、夜も更けたが、この夜会に或る米国の名ある夫人と令嬢も来合せていて、世話役が早速一人の若い男をその令嬢に紹介し、ダンスするように勧めた。令嬢は最初少し疲れていて、躊躇《ちゅうちょ》するように見えたが、母親が脇から暫時でもと口添えしたので二人は連れ立ってダンスを始めたところが、よほど気が合ったと見えて、その後数回続けて組み合い、それが手引きとなって以後も交際を重ね、間もなく両者の間に婚約が成立した。その男はプリンス・キャンタクゼネという知名な露《ロ》西亜《シア》の貴族で、我が公使館の夜会がこの国際間の婚約が結ばれる動機となったことが伝わり、当地の話題に上った。

この話とは反対に、そのようにめでたくない出来事があったが、ついでに話しておく。これも米国の金持の親子に起ったことであって、この人たちもローマに来ていて豪奢《ごうしゃ》な生活を送っていたが、公使館にも度々出入し、私の妻とも懇意にしていた。或る時その令嬢が母親とともに来訪して、その内話に、ホンガリアの或る貴族と婚約が出来たということで大変な喜び方で、わざわざこのことを披露するために訪問に来たのだった。ところがその後聞き込みがあったと見えて、そのホンガリアの貴族は故郷に妻があって現在別居していることが解った。それで破談になり、娘の悲しみ方があまりひどいので、母親が私の妻の所に来て慰めてやってくれるように頼んだ。妻も即座に慰めようもないので、今日の場合なるべく早くこの地をお引上げになった方がいいでしょうと勧めていた。そのためか、この親子は間もなく当地を去った。交際社会では時々こういう出来事があるようだが、これもローマの外交官生活の一端だった。

十一　ウィーン在勤

明治二十九年―明治三十八年　1896―1905

明治三十年（一八九七）十二月　露国旅順口占領。
明治三十一年（一八九八）四　月　米西戦争起る。
明治三十二年（一八九九）五　月　第一回国際平和会議海牙《ハーグ》において開催さる。
明治三十三年（一九〇〇）五　月　北清事変起る。
明治三十四年（一九〇一）十一月　李鴻章死す。
明治三十五年（一九〇二）二　月　日英同盟締結さる。
明治三十六年（一九〇三）十　月　尾崎紅葉死す。
明治三十七年（一九〇四）二　月　日露戦争起る。
明治三十八年（一九〇五）九　月　日露媾和条約調印さる。

一　墺太利の国情、バルカン半島の情勢

ローマは古い歴史を持つ都会ではあるが、政治的な面から見れば新興国の中心であって、

人の往来も激しく、市の区域も次第に拡張されつつあった。これに反して今度の任地たるウィーンは時代を重ねた旧都で、久しい年月にわたって東部欧州の中心であり、欧州大陸のこの一画における人間の動きは、政治、交通、金融、商工業その他すべてウィーンを基点としていて、ここにローマから転任して来たことは、我が国で言ったならば神戸から京都に移ったようなものだった。今日その当時のウィーンを語ることは全く往時の追懐となり、二回にわたる世界戦争の後にそれまでの欧州の政治組織はほとんど破壊され、しかも第一次世界大戦は墺太利《オーストリア》がその直接の原因だったのであり、そのように欧州の政治組織が崩壊したこととの責任は墺太利にあると言うべく、かくのごとくこの国は欧州における局面の大転換を誘致することになったのである。

これはその時の当事者たちが夢想だにしなかったことに相違なく、彼らはこのような大事件の近因、遠因が伏在することに考え及ばずに行動したのだった。即ち、セルビアの不穏分子が数年来墺太利に対して不逞な行為を続行して、兼ねて悪感情を醸しつつあった際に、例の皇儲《こうちょ》暗殺事件が起り、国内の輿論が激昂し、軍部は殊に強硬な態度を取って前からの鬱憤を晴らす好機会となし、政府も遂にセルビアに対して、苛酷極まる最後通牒を発したのである。しかもセルビア人は、スラーヴ系であって、その意味で露国がこの国に関心を有し、後の結果から見れば墺太利はこの点について十分考慮しなかったのであり、その間に色々と経緯があったが、結局露国が動員令を下し、独逸《ドイツ》も動員し、墺太利は勿論のことで、遂に世界大戦となり、その揚句、墺太利は滅亡したのである。そして、墺太利とセルビアとの交渉について言えば、墺太利国内の人種の統一を図る必要上、また一方輿論の激昂を和し切れず、全般的な破綻の危険を多分に含む文書をセルビアに突き付けたのだった。これは当事者が、国際情勢を明察しなかった結果であるとも言えるが、とにかく墺太利国内の事情は複雑を極め、人種上の悩みが絶えず、国家としての弱点もそこにあり、仮りに暗殺事件がなかったとしても、国内の異人種、及び国外のそれらの同胞が絶えず提起する各種の問題はますます深刻になって、現状維持は不可能だったと思われる。

私が赴任したのは明治三十二年であるから、第一次世界大戦より十数年前のことで、墺太利の政治情勢は右のごとき事態の徴候を既に現していたが、これはその頃はまだ言わば裏面の事情であり、表面は当時依然として墺太利は爛熟した文化を誇る大陸の大なる存在であって、ウィーンは大陸の東西に跨《また》がるこの帝国の首府たるに相応《ふさわ》しい特色ある大都会だった。その時分のことを今更言うのは昔話になるが、歴史は一朝にして作られるものではなく、その当時のことで後に起った事件の前提として顧みるに足る事実も少からず、それ故にかかる出来事を理解する上での参考に、この時代に親しく見聞したことを記して置きたいのである。

墺太利は国家としての組織に無理があり、また当時は国際情勢に激変を見た時代で、この際に墺太利がその旧態を維持して行くことは容易なことではなかった。なお墺太利は露西亜の隣国で、この両国が非常に複雑な関係にあったのは単に地理的な条件によるのみではなく、人種上、また歴史上互いに関心を有する間柄で、しかして日本と墺太利との間には何ら直接の懸案がなく、また貿易とか、地理上とかの関係もなく、ただ日本にとって露国は極めて重要な相手であって、同国内の出来事には常に深甚な注意が払われていたことは勿論であるが、時には外部よりの観察の方が却って要領を得ていることがあるのは、あたかも一家庭内の出来事がむしろ隣家に正確に伝わる場合が多いのと同様で、隣国の墺太利にいれば露領内にいる者よりも正確な情報が得られることもあり、私はウィーンに在任中この前提の下に執務していた。既に言ったごとく、この時代は欧州におけるそれまでの政治状態の末期で、墺太利は独逸系の本国人の他に、洪牙利《ホンガリア》、クロアチア（ユーゴ人）、ポーランド、及びボヘミア（チェック人）の四国の民族を統《す》べ、その公の称号は墺太利・洪牙利帝国で、更に細別すれば墺太利帝国と洪牙利王国との連合に旧ポーランド王国領のガリシア、それからボヘミア、及び南部スラーヴ民族が居住するクロアチアを合せたもので、これらの民族の文明も実力もまだ備わっていなかった時代に、当時既に欧州の大国だった墺太利に征服されてその領土に編入されることを余儀なくされたのであるが、交通、教育の発展に伴い各民族の生活状態は向上して、彼らはその隷属的な地位に満足しなくなり、中央に対して絶えず反抗し、これが政府の悩みの種で、そのために始終各種の対策を施して弥縫《びほう》していなければならなかった。

このうち墺太利と洪牙利は大体平等の聯合で、他に類例を見ない複雑を極めた取決めによって連絡されていた。即ち元首は墺太利においては皇帝、洪牙利においては国王で、Emperor-King と称され、それが同一の人物であることを除いては双方とも全く独立した国家の観を呈し、ただ外交と国防だけは両国共同でこれに当るので、それに伴う経費も従って共同して協議し、それ故に外交、国防、大蔵の三大臣は両国の上に立って共同の政務を執行して、両国間の連鎖機関の役割をなしていた。そしてそれ以外のことについては両国はすべて別々の機関によって統治されているので、右三大臣によって執行される共同政務に参与せしめるために両国の議会から四十名宛の代表者が選出されるので、都合八十名の代表者が送られて委員会を作り、これが Delegation と呼ばれ、三大臣はこの Delegation に対して責任を負い、Delegation はまた両国の議会に対して責任を負うのであって、更に委員たちは各自の議会に対して報告を行うという、実に複雑な仕組みになっていた。しかも委員たちはそのようにその所属の議会を代表するので利害を異にし、そのために議事が容易でなく、決議事項が片方に有利であれば片方にとっては不利益であり、少しでも損なことがあると委員の不信任ということになるので、各委員は極力自己の立場を主張し、そのために議事が行き詰ることがしばしばあった。

具体的な例を挙げて言えば、両国共同の歳費においての負担の歩合や関税の問題などであって、墺太利は大体工業国であり、洪牙利は農業国なので関税についての利害が一致せず、外交においても、かかる事態が他国との交渉で不利益な結果を招く場合が少なかった。しかもその頃 Kossuth 一派（独立党）の問題が大きくなりつつあり、どこまで発展するか前途が憂慮されていた。もっとも綜合的に見れば、両国はかくして聯合国の形を取って初めて国際間に重きをなし、また分裂すれば輸出入にしても歳入歳出にしても、各自で賄《まかな》わなければならなくなるので、国内の一部に分離の要望があってもそれを貫徹することが出来ないのだった。しかし感情的にはまた既に述べたような一部の利害の点で、分離論も止まなかった。ついでにここで付け加えておきたいことは、墺太利皇帝は毎年一定の期間、洪牙利の首府ブダペストに移り、これは全く形式的なことではあったが、そこで洪牙利国王として執務し、外交団もブダペストに移転して皇帝の膝下に形式的ではあるが奉仕し、この間ブダペストはお祭り気分で、外交団は各国の代表として方々で特に歓待された。

ボヘミアは現在のチェッコ・スロヴァキアで、墺太利に併合された当時は文明の程度が低く、独立を維持することも困難であったが、後には生活程度も向上して民度も高くなり、独立の思想が国内に徹底し、議会ではかの有名なマザリックに統率されて、少数ではあったが、同国の議員が結束して難題を持出すので、それが内閣の大きな悩みとなっていた。そしてその中でも一番重大な問題はボヘミアにおける軍隊の用語であった。これは初めは独逸語を使用していて誰もそれを怪しまなかったが、右のような次第で国民の独立思想が発達するに従って独逸語の使用に対して非常な反感が起り、到底治まりそうもなく、しかも独逸語を廃止しては中央の威厳にかかわり、軍部は特に強固に反対したもので、チェック語の使用はなかなか実現しなかった。しかしボヘミアの首府のプラーグでは、町名も商店の看板も皆チェック語で書いてある位で、大勢は已に時の問題かと思われた。また洪牙利でも同様の問題があり、この二つの懸案は遂に私が在任中には解決を見なかった。

　ポーランドは旧王国の領土が露西亜《ロシア》、普魯西亜《プロシア》、墺太利に三分されて各統治国に隷属せしめられ、住民に対する取締りは露西亜が最も厳しく、次に独逸で、墺太利は最も寛大だったために、墺太利領には露独の圧制に反抗するポーランド独立派の同志が集まっていた。

　要するに墺太利は寄せ集めの国家で、列国間の均衡上その存在を保障されていたようなもので、或る批評家は墺太利について、「もし東部欧州に仮りに墺太利が存在しなかったら、勢力の均衡を保つために一個の纏まった国家を作らなければならなかっただろう」と言っている。そして墺太利帝国が昔よりあまり変らない、事大主義的な政策によって治められていたことは、既に述べたことで明らかだろうと思う。

　以上は墺太利の内情であって、その外面について言えば、墺太利の宮廷は欧州の宮廷の伝統を中世紀以来厳守していて、Liechtenstein, Schwarzenberg, Windische-Graitz その他数百名の大貴族が幅を利かし、首相、外相等にしても無爵の者はほとんどなく、外国使臣が新たに到着するとその本国での家柄を調べて、然るべき出の者でなければ、執務には差支えはないが、上流社会に出入することは出来ないようだった。例えば或る外国の大使は、ここに来てから数年になるが、まだ一度も上流社会の人たちに招待されたことはない、と言っていた。また或る米国の批評家は、「ウィーンでは男爵以上でないと人間扱いにしない」と言っているが、米国の金持の漫遊客は英国や伊太利《イタリー》では持てても墺太利では駄目で、従ってあまり来なくなった。この批評家の言葉もそういう漫遊客の感想ではないかと思われる。しかしこれは墺太利の人間が殊更に排他的であることを意味するものではなく、伝統が然らしめるのであり、付き合って見ると親切であって、善良な、言わば好人物型の人間が多く、ただ個人の考え方が時勢に伴わないのだった。

私は着任後、国書捧呈については落度がないように首席公使に尋ねたりして、無事に式をすませた。また日墺両国間には何ら懸案がなかったので、式は全く儀礼的なことだけで終った。しかしこの後で主な皇族の方々にも挨拶する仕来りであるということなので、或る皇族の別当と打ち合せて少し早目にフロックコートで出向いたところが、別当に大礼服着用が恒例だと注意されて、意外だったが、時間もあったので引取り、服装を改めて出直した。これが唯一の失策だったが、公の場合ではなかったので、問題になるようなことはなかった。それから前にウィーンの上流社会を構成すると言った貴族たちは、墺太利・洪牙利、ボヘミア、ポーランド等に散在する銘々の領地に居住し、交際季節の間だけウィーンに集まるのであって、その中で例のメッテルニヒの後裔であるプリンセス・メッテルニヒというお婆さんなどはまだ幅を利かしていた。

また社交界の用語は主にフランス語だったが、若い者の間では英語が流行し始めていて、或る時食事に招かれて行き、食卓で隣り合せた或る夫人が私に列席の若い人たちについて、「あのお嬢さんたちは黙っているでしょう。これが英語ならばもっと喋《しゃべ》るのですが、どうもフランス語はあまり得意ではないのです」と言ったことがある。それから宮廷の宴会としては、まず年に一回皇帝が外交団を晩餐に招待されることになっていて、これは皇后はおられないので女性抜きの宴会で、私に注意してくれる人があり、皇帝は平生一人で食事される習慣で非常に早いから、気を付けるようにということだった。またこの食事の後で皇帝が外交団の一人一人に言葉を掛けられるのがやはり慣例になっていたが、これもそういう場合なのであり来りな話のやり取りですんだ。その他文武官等を始め一般の有資格者が千人ばかり招待される大夜会があり、更にもう一つ、大公使の他は系図持ちの粒選りの貴族ばかりで、閣僚でもこれに該当しない者は招待されない夜会があって、これに招待されることは皆名誉に思っていた。

すべてが宮廷中心に出来ているウィーンの社会は、フランス革命後に取り残された欧州の貴族階級によって維持され、従ってウィーンという都会には、或る特殊な雰囲気があった。一般的に言えばウィーンは人気がいい所で、文化的な面においては巴里《パリー》に次ぐ高度の発達振りを示し、帝室の庇護を受けているオペラを始めとして、博物館とか、プラーターという有名な公園とか、Wiener Wald と言って何時間も馬車を走らせることが出来る奥深い森などがあって、その他別荘地や遊山地でシュトラウスのワルツで歌われているような自然美を湛えている山川に恵まれ、散歩に出掛けて倦きるということがなく、実際に住みいい所で、更にウィーンの特徴としてその周囲には工場地帯というものがなかった。しかし工場はなくても、ウィーンはバルカン方面の生産品の集散地で、更にまた東部欧州の金融の中心であり、それ故に大陸では至る所で猶太人《ユダヤ》が迫害されているのにここだけは一種の別天地をなしていて、社交的には絶対に排斥されたが、事業界には活躍し、この方面では勢力を持っていた。例えば私は着任後もっと適当な建物に公使館を移そうと思い、方々貸家を探して歩いたが、家主はほとんど全部猶太人だった。また「ノイエ・フライエ・プレッセ」というウィーンで最も有名な新聞は猶太人が出資者であり、その他医者、学者、金融業者等の一流所には猶太人が多かった。これは、彼らに対する社会の圧迫が甚だしいので、これに打ち克とうとする抱負からその児女の教育に力を入れる結果で、それだけ知識の程度も高いのである。

私はウィーンにいる間に猶太人の何人かと懇意になったが、その各自の専門については勝れて居ったことに気付いた。殊に年頃の猶太人の女子は読書の範囲が極めて広く、従って話題も多方面にわたり、言うことに内容があった。今や猶太人種は種々の問題を提供していて、それを簡単に解決することは出来ないだろうが、同じ猶太人にしても社会的に成功している者とそうでない者との間には非常な相違があり、後者はその環境に安んじることが出来ないので社会の不平分子と結合し、その中でも働きがある者はこれらの不平分子を指導して国際間の治安を乱すに至ることもあり、当時もこの猶太人問題について一概に言うことは出来ないと思った。ウィーンでは猶太人が町の一画に閉じ籠められているというようなことはなかったが、プラーター公園に行く途中で、この辺には猶太人が多く住居していると注意されたことがあった。また或る時、猶太人排斥のために独逸から避難して来た猶太人を大勢載せた列車がブダペストの停車場に到着し、事情が解って彼らは汽車から降りることを禁じられ、当局もその取扱いに困った事件もあった。それよりポーランドに行った時、坊さんの衣のような、シャイロックの服装を聯想させる衣裳の人間が大勢停車場辺をうろうろしていたが、これらは猶太人の不遇の連中だったと思う。ついでであるが、墺太利の国教はカトリックで、それも極めて厳しいカトリックで、ウィーンには大きな寺院や尼寺や、それから山間の勝地に城砦のような、本山とでもいうべき大規模の寺院があり、皇族を戴いて居ったが、大体国内は宗教の支配下にあると思われた。

ウィーンは前にも言った通り住み心地がいい所で、知人の数も増し、政府との直接の交渉はあまりなかったが、ここには五年間もいて、これも既に述べたごとく、ここの重要性は露国の内情を知る上で得難い便宜を提供する点にあり、日露戦争になってからこの五年間の経験は相当役に立った。しかしその話は後廻しにして、ここで少し当時のバルカン半島の情勢について話しておきたいと思う。

今日でもこのバルカン半島は国際間の争議の中心であるが、この方面は百年来列強間の平和に破綻を生じさせる焦点となった土地で、今から四十年前に私がウィーンに在任していた当時も、国際間の不安の主因をなしていた。そして今日でもなおここを廻る紛争がいつ拡大されて世界の平和を攪乱するに至るかも知れない禍根を蔵しているのであるから、この問題の恒久的な解決がいかに困難なことであるかが解ると思う。またこのバルカン問題は当時の日露の関係にも相当影響するところがあったので、在任中自然この方面には注意を怠らなかった。元来バルカン半島の大部分は土耳古《トルコ》の領土で、領民の生活が向上する一方隣国の援助もあり、また土耳古の勢力が衰えたことも手伝って、ルーマニア、セルビア、およびブルガリアが次々に独立し、最後にいわゆるマセドニア三州が残されたのである。ところがここにはブルガリア人と同じ種族に属するスラーヴ人が数百万人、土耳古の支配下に置かれていて回々《フィフィ》教徒の土耳古人と耶蘇教徒のスラーヴ人との間に闘争が絶えず、流血を見る事件が続発し、それが度重なるうちに遂に一地方の出来事としては問題があまり大きくなり、また擾乱の鎮圧の仕方も残酷を極めたので、欧州の輿論はこれを人道問題として取り上げ、列国はその善処方を土耳古に迫ってマセドニア三州の行政改革を提議したが、効果がなく、その間に曲折はあるが、遂に該地方に列強が監視として憲兵を派遣することになった。そして土耳古は初めこの提案を拒絶したが、輿論はますます活潑に事態の改善を要求し、各国政府もこれを黙殺することが出来ず、結局土耳古の主権の下に憲兵を派遣してこれを伊太利の憲兵将校が指揮することに決定した。

その頃ウィーンの土耳古大使館にアッシム・ベイという一等書記官がいて、これが或る時私に語ったが、今度協定が成立し、規則も出来、近いうちに実施されるだろうが、これによって露国や墺太利が期待するような効果は到底得られない。それはマセドニア地方の状態を一瞥すれば解ることだが、マセドニアにいるスラーヴ人と土耳古人とは旧来の讐敵で、またセルビアはこの二者にとって共同の敵であり、更にギリシャの異分子がいてこれまたいずれの民族とも仲が悪く、またこれらが征服者たる土耳古人と協調出来ない点では皆一致している。マセドニアには六種以上の人種と三箇以上の宗教があって、数百万人のスラーヴ人が各地に散在し、治安攪乱の最大の素因は宗教の相違で、回教の他にロシア正教及びその系統に属するブルガリア教があり、各宗教の僧侶は教徒間に多大の勢力を有し、問題が起れば銘々自分の宗旨を奉じる側に同情して忽ち騒動を惹起し、かかる場合に土耳古に対して露墺両国が干渉を行えば勢い基督教徒に加担すべく、民族間の摩擦は悪化するとも緩和されることがないのは今から予言出来ることである。要するに、今更新しく言うのではないが、マセドニア問題は宗教問題、即ち回教、基督教間の問題に端を発し、列国の同情がいずれにあるかは明らかであり、同地方の住民を利用して彼らが土耳古の支配を脱するように運動している分子もある、と大体右のような意味のことを言って、この土耳古の書記官は暗にマセドニアのスラーヴ人の背後には露国があることを仄《ほの》めかしていたが、この見方は確かに真相の一部を穿っていると思った。

当時の日本の立場から言えば、バルカン半島に問題が起れば露国はスラーヴ人種の保護者として主役を務めるべく、これは日本にとって最も望ましいことなので、このバルカン半島方面に関する情報については正確を期する必要があり、また情報はその出所によってとかく一方に偏する傾きがあるのでこれを是正することが大切だった。その頃デンマークは露国と親密な間柄であり、これには両国の皇室の関係も手伝っていたが、従ってまたウィーン駐劄のデンマーク公使も親露派で、私はこれとも懇意にしていた。或る時この公使が私に、極東と近東との情勢は相関聯すべく、マセドニアの協会派（独立派）は春の雪解け頃を期して蹶起《けっき》するだろうという流説が行われているが、一方から言えば協会の巨魁たちはむしろ日露の開戦を待っているとも考えられる、と語ったことがある。これは確か明治三十五年頃のことだったと思う。

また当地在勤のブルガリアの外交事務官でケッチョという人がいたが、これは本国で国務大臣を勤めたこともあり、ブルガリアでは有力な政治家で、同人が私に土耳古とブルガリアとの関係について相当詳細に説明して言うのに、両国は平常の外交関係を保っているとは言えない。しかしまた国交を断絶したわけでもない。例えばブルガリア人で旅券を持っている者でも、土耳古領内に入ると、地方官がその人物を見て治安に害ありと判定すれば、直ちに退去を命じられる。またブルガリアから輸入する商品は土耳古の税関を通過するのに非常に手間取り――このブルガリアの外交官は私に自国の立場を了解させようとして色々の例を挙げて説いたのであるが――、殊にダイナマイトの密輸入の噂が土耳古皇帝の耳に入ったりすると検査がなおさら厳重になり、時には商品を化学的に分析することさえあって、かかる取扱いは到底商家が堪え得るものではない。そしてこのダイナマイトが密輸入されているという噂は土耳古の探偵が捏造《ねつぞう》したもので、皇帝がダイナマイトが大嫌いなのに付け込んで陰謀を企み、その密輸入を内奏して恩賞に与《あずか》ろうとするのである（因みに、土耳古皇帝のダイナマイト嫌いは当時有名な話で、これを周囲の探偵たちが利用したわけであり、そのために土耳古が輸入品を厳重に検査したのはブルガリアに対してだけではなかった）。また土耳古には、アリ・パシャとか、ファド・パシャというような有能な政治家もいるが、すべてが皇帝の親裁で、政府は有名無実の存在であり、宮中の者どもが実権を握り、政治はこれら宮人の私利の具に供せられ、結局は一切が偏狭な皇帝の意志次第で決せられるのであるから、政治が乱れるのは当然である。またそれ故に今日有為な人物はいても、文官、武官で少しでも頭角を現して皇帝の信任を得れば、宮廷の佞人らは彼らを皇帝に讒《ざん》し、甚だしきに至ってはそういう人々の邸宅の前に探偵を置いてその行動を密告させるというようなことまでする。そして土耳古はブルガリア政府に対して、ブルガリア人が自由に越境して来て土耳古の国内で騒動を起し、また領内の基督《キリスト》教徒が治安を乱しては国事犯人となってブルガリア領へ逃れるのは、畢竟ブルガリアが国境の監視を厳にしないからであると言って抗議を申し込んでいるが、国境は六百粁《キロ》にわたり、山道が多く、これを監視するのには非常に費用が掛る。しかも土耳古領内で土耳古人のために破壊された基督《キリスト》教徒の村落は昨年だけで百十余村に及び、その村民が無一物になって避難して来たのをブルガリア政府が保護しているが、土耳古政府は未だにこれらを引取ろうとせず、そういう事情からブルガリア人が土耳古を憎むこと甚だしいのである、とこの外交官は語った。

そして以上は両民族間の反目の一斑に過ぎずとして、話題を転じ、土耳古、ブルガリア間の係争の根本的な原因を指摘して言うのに、およそ五十年も前に、まだ欧州の交通機関が完備していなかった時代には、土耳古領内のブルガリア人は欧州の文明を知らず、土耳古が彼らに許した僅かな自由で満足していたが、今日では交通が開け、ブルガリア人の青年は続々西欧に留学して、これらが帰国すれば昔に少しも変らない故郷の暗澹たる状況に憤激し、回々教徒の治下に安閑と日を送ることが出来ず、その揚句国事犯人となってブルガリアに移住するのである。彼らの多くはここで文武の職に就くが、この種の位置には限りがあり、しかも土耳古領内のブルガリア人で西欧で教育を受ける者の数は増すばかりで、結局留学生を出すことは国事犯人を養成するようなものである。そしてまた土耳古領のブルガリア人とブルガリア本国のブルガリア人とは同じ人種で同じ宗教を奉じているのに、二十年前には同じ状態の下に生活していたのが現在では彼らの境遇に格段の相違があり、土耳古領内の同胞に対するブルガリア本国人の同情は高まる一方で、この両者の間には常に密接な聯絡が保たれている。そして現在、土耳古領出身のブルガリアの文武官は数千を算し、もし協会派の会員が今日全国に蜂起すれば、政府は到底彼らを抑えること能わず、列強の干渉も無効に終るだろうと思われる、と語った。

少し冗長にわたる話ではあったが、ブルガリア人の言い分として当を得ている発言であり、前に述べた土耳古の書記官の話とともに事態の概要を知るのに参考になった。

我々としては露西亜がマセドニアに力を入れることを望んだが、なかなか思うようには行かなかった。即ちバルカン半島と極東の背後に露国が絶えず策動していることは当時常識になっていて、常に外交官の間で話題に上り、従って日本としてはバルカン半島の事情を正確に摑んでいることが特に肝要だったことは既に述べた通りである。

バルカン半島と直接に利害関係を有するのは土耳古に次いでブルガリアであって、しかもこの両国だけで半島に関する諸問題を解決することが出来なかった事情は既に引用した、両国の代弁者とも言うべき二人の外交官の話によって明らかであると思う。それでこの種類の問題を処理するのに当って、両国以上の圧力を加え得る位置にあったのは、第一に露国、次に墺太利、それから半島の耶蘇《ヤソ》教徒に同情を有する同宗教徒間の輿論の激昂によって干渉を余儀なくされる他の列強の政府であり、かくのごとくバルカン問題は実に複雑極まる情勢の下にあるので、個々の事件に基づいて根本の見通しを付けることが出来ず、それ故に絶えず推移する事態について入って来る情報を集めて注意している必要があった。

バルカン半島の情勢の変化が時々予想外に出ることがあるのは前にも語ったが、或る時、協会員の蜂起が明日にもありそうだというやや確実な報道が伝えられている際に、そのマセドニア協会がいつもはそれほど関心を示さない日露関係に、近頃になって熱心に注意し始めたという情報があったので、この真偽を確かめようと思って墺太利の外務次官に面会したところが、彼は極東の情勢が緊迫したのを機会に協会員が暴動を起すことを大変気遣っている様子だった。

これは平生ならば露国が極東問題で忙殺されることは、墺太利としてはむしろ喜ぶ所であるのに、もし露国が極東に全力を注ぐことになれば、墺太利は独力ではバルカンにおける治安維持の責任を負うことが出来ず、事態は自然他の列強による共同干渉を招来するに至るべく、その結果として半島の形勢は急変して協会員が横行跋扈《ばっこ》する素因をなす憂いがあり、次官はその懸念の一端を洩らしたものと思われる。

而して実際は一般の予期に反して半島全体の形勢は急速に平静に復し、続いて伝えられた情報によれば、極東問題の成行きが更に緊迫して、近東に砲声を聞くような事態は起り得ず、むしろこの方面は例になく平穏な状態を保っているということなので、更に外務次官にその真偽を質《ただ》したところ、彼はこれを肯定し、半島に散在するスラーヴ人は、土耳古にいる者も、ブルガリアにいる者も、彼らの母国露西亜が極東において大敵を迎えようとする切迫した事態に同情を示し、この際に敢えて露国に患いを掛けないように努め、平生は相互間の闘争が絶えないのに、却って露国が国難に遭うに及んで、彼らの保護者たるその旧恩と同人種間の誼《よしみ》の観念に動かされると見え、更にまた露国は近東における軍隊の配置は極東の情勢如何に拘らず変更せず、また半島の行政改革についても遅滞しない旨をしばしば声明した事実もあり、これも半島のスラーヴ人をして反省せしめるに役立ったのではないか、とそのように次官は語った。

これは明治三十六年の頃のことで、日露戦争の開始以前だったが、恐らくこれとその前に次官に会った時の話から推測するに、墺太利は随時この方面の問題について露国と協議したのだと思った。以上で半島問題の輪郭だけはほぼ明らかにしたつもりである。元よりこれは出来事の順序を顧みない単なる思い出話であって、歴史としての体裁を整えないものであるが、要するに、半島問題については墺太利は露国と共同戦線を張っていたが、その動機は同じではなく、露国はスラーヴ人の援助を目的とし、墺太利は半島との地理的、並びに人種的な関係によって動かされていた。

二　瑞西行、義和団事件、日英同盟

この辺で私が墺太利から瑞西《スイス》に行った時のことについて、少しく述べておきたい。当時墺太利駐劄《ちゅうさつ》の我が公使は瑞西国を兼任していたので、私は明治三十二年に国書捧呈のためにベルヌに赴いた。そして世界各国のうちで瑞西の国柄を最も特色あるものに思った。私がベルヌに着いて、政庁に行くためにホテルで大礼服に着換えていると、ボーイが私に窓際に来るように言って、路上を単身徒歩で行く人を指さし、あれが今出勤する大統領です、と教えてくれた。私が窓際に行った時は既にその後姿しか見えなかったが、いかにも淳朴な感じがする光景だった。それから政庁に赴き、案内者が二階の上り口の部屋に通した。私は大統領の謁見室はもっと奥の方にあるのだと思ったが、そこで案内者が去ったので、よく見ると一人そこに誰かが控えていた。それでその人が奥に案内するのかと思っていると、その様子も見えないので、これが大統領なのだと思い直し、態度を改めた。

すると幸いその時向うで一歩進み、口を利いてくれたのでこれに応対し、国書を捧呈して無事に式を終えた。大統領の服装は燕尾服ではあった。なお瑞西では大統領は重役四、五人が順番に一年交代で就任することになっていて、その手当も驚くほど少額であると聞いた。私はベルヌに来る途中、ズーリックで一日を過し、その間にそこの絹織物工場を見学したが、その社長は有力な実業家で、瑞西では名が知られた人だった。そしてこの人と会っている時話が大統領に及んだところ、先方はすぐには思い出せない様子で、今の大統領は誰だったか、と記憶を呼び起そうとしている風に見え、国首たる大統領が誰だろうと念頭にないようなので一瞬意外な感じがした。

瑞西は昔からの中立国で、平生は国際問題というようなものはなく、内政は各行政区(canton)で処理するので政治上の面倒もあまり起らず、弁護士上りの職業的な政治家で事は足りるので、従って政治があまり人の関心を惹かない点では、他の各国において有力な人間が政界に群がっている風景とはよほど趣を異にしている。これは国柄が然らしめるのであるが、政権争いが絶えない他の政体と比較して、政治の形としては理想的なものと思われた。

また瑞西は二回の世界戦争においてもその国境を犯されることなく、治安も維持され、瑞西人は幸福な国民であると言える。しかし中立国と言っても、国民皆兵の制度が採用されていて、軍事的な演習も絶えず行われていた。これは独立国として自衛の責任を果し得るためである。

瑞西では毎年外交官を招待してホテルで食事することになっていて、その献立の内容が豊富であることは、一般の質素な風習に鑑みいささか驚愕の念を抱かせるに足りた。一年一回だったためでもあろうが、或る無遠慮な外交官は笑いながら、主人側も滅多に飽食することがないからこういう機会に均霑《きんてん》するのだろうと諧謔を交えて評していた。或る時この会合の席上で米国公使と雑談中、向うより突然、新島襄を知っているか、と尋ねられた。それで知っているし、会ったこともある、と答えたところが、公使は彼と深い交わりがあり、その卓越した人物に傾倒していて新島の小伝を書いたこともあるということで、詳しくその経緯を話してくれたが、新島が海外に信仰者を持っていることを聞いて、維新後の日本を海外に紹介した一人である新島のことをこのベルヌで聞くことが出来たのを喜ぶとともに、やはり国際間の接触は個人的な交際に始まることが最も有効であるという考えが頭に浮んだことを思い出す。

私が初めて新島に会ったのは英国より帰朝後、明治十三年の暮に京都で歓迎会があって、新島もこれに出席したのでその席上だった。この時他の出席者も皆新島を非常に尊敬していて、また私自身も新島が耶蘇信者で、京都の両本願寺の中心に入り込んで、しかも明治初期に耶蘇の学校を始め、人望を博して居ったことに感心しないではいられなかった。それから度々会うようになり、或る時彼は徴兵令の文章に不備なところがあり、そこを利用して徴兵を免れようとさせる意味で青年を迷わすから宜しくないと言って、私にそのことを大山陸軍大臣に伝えるように依頼したこともあった。

新島は、岩倉使節が欧米に派遣された時は通訳として随行した。またベルヌで彼のことを私に話した米国公使は、確かヒルという人だったと思うが、これは慥《たし》かではない。

一体に維新前後の教養ある、人物の出来た武士型の日本人は外国人にも尊敬された。一例を言うと、吉田松陰は米船で外国に密航する企てに失敗して下船を命じられ、幕府の手で下田町の路傍の仮牢に繋がれたが、その辺を散歩して通る米国人がその態度を視て、これは教養ある紳士であるからなるべく寛大に扱って貰いたいという意見書を奉行に提出している。また別の例を挙げると、私が知っている或る米国の書記官の話に、彼が最初に日本に来て就いた漢学の先生は、いかにも学者らしい立派な人だったが、一度自分が米国に帰ってまた来るとその人はもういなくて、その後に来たのは中学校の先生か何かで、軽々しい感じがして尊敬出来なかった、ということだった。また私が宮内大臣をしていた頃、ゾルフという独逸の大使で、第一次世界大戦後一時外務大臣を勤め、大統領にも擬せられたことがある人を知っていたが、このゾルフと或る日打ち解けて話をしている時、彼は、日本では礼儀作法というようなことが段々衰えて来て、殊に若い人は以前と比べて粗末な感じがして、言葉遣いもぞんざいになりつつあるようだが、社会の秩序を保つ上から言ってこれでいいのだろうか、というようなことを私に洩らしたことがあった。

序話が大変長くなったが、これから後戻りして、瑞西は或る意味では非常に国際的な国で、欧米の観光客で瑞西に遊ばない者はないと言ってよく、また一面には各国の政客で何らかの理由で自国を追われた者や、情報を漁る新聞記者等がここに集まり、Journal de Genève という瑞西の新聞は世界的に知られ、国際的な記事が多くて割に正確であるというので、その報道は注目されていて、世界各地の新聞に転載され、外交官らも大概読んでいる。それから日本と瑞西との関係は通商に限られていて、私の在任中に通商条約の改定もあった。

当時瑞西に我が公使館はなく、用事がある度に出向くのだったが、国際事情を探るのには便利な土地なので、我が外交官の常駐が望ましいと思った。瑞西は北部は独逸語、中部は仏語、南部は伊太利語が使用され、複雑な分子を含んでいるが、長い歴史に馴致されて、政治組織は安定している。

ウィーン在任中に起った大きな問題の一つは、明治三十四年に北清を舞台として発生した義和団事件だった。そしてその成行きが、直接間接に重大な影響を日本に及ぼしたので、これについて少し詳しく語っておきたいと思う。

この事件はいかにも突然に起り、運動の目標、その勢力及び支那の現政府の要人たちとの関係が明確でないために、成行きの見通しが付かず、各国も前途につき大いに擬議したが、一方現実問題としては北清在住の外交団及び居留民は義和団の軍勢に囲繞され、明日にも彼らの捕虜になりかねない運命が気遣われ、その安否についての各国政府の関心は勿論、全世界の耳目はこの事件に集中され、実際北京と外部との連絡は事実上遮断されたので、縁遠いウィーンでさえ義和団の話で持ち切り、全く未曽有の大事件だったことを記憶している。

情報によれば、この凶徒は外国人及び耶蘇教徒の絶滅を目的とし、山東省に運動を起してから殺傷掠奪を恣《ほしいまま》にし、その勢いは猛烈を極め、鎮圧に向った支那兵の手に余るのみならず、多少その内部にも内応の疑いがあり、遂に賊徒は北京を包囲するに至り、その進軍の途中、独逸公使及び日本の公使館員を殺害した。

ここにおいて差向き列強に課せられた問題は北京救援の応急措置だったが、これは各国が平生取って来た対支政策に影響するので、一国で単独に出兵することを控え、各国で協議したが、話が纏まらず、しかもその間に天津も危殆に瀕したとの報道が伝えられて輿論は激昂し、東京駐劄の各国公使は日本に出兵を促し、英国公使のごときは日本は手近でもあるから至急出兵ありたく、その費用は英国が負担するとまで東京の同国代理公使より照会して来た。またこの頃、ウィーン駐劄の英国大使は私に、北京を救うことが出来るのは日本だけであり、人道のために何も遠慮する必要はないと内話した。六月の末に、訓令もあったので、外務大臣は不在だったので次官に会い、支那における事態はますます険悪になるばかりで、どこまで発展するか解らず、これに対応して貴政府は更に臨機の処置を取る考えはないか、日本は列強とともに暴徒鎮圧のために共同の手段を講じており、今後とも必要の処置を取るべく用意している、と言ったところが、次官はこれを諒とし、既に前日在東京公使よりほぼ同様の電信があり、これは主として事態の急迫を知らせて来たもので、善後策については深く触れていなかったが、自分は重要な情報と見たから各国駐劄の墺太利使臣にその内容を打電し、これについて各国の意向を問わせたが、まだ返事が来ない。しかし墺太利としては独自の処置は取らない筈で、既に派遣した巡洋艦二隻で自国の権益を保護するに十分であり、自分の考えでは、地理的に、また直接の利害関係から言って日本が責任をもって事件の処理に当るのが妥当であり、墺太利としては日本が列強と共同して尽力していることに対しては最大の同情を寄せ、もし事件全体の処理が日本に委嘱されることになればそれは最も好意を持つものであると述べたるに付き、それは貴政府の決定として報告して差支えないかと念を押したところが、宜しい、ということだった。

その頃新聞雑誌で暴徒の鎮圧を日本に委託する説が盛んに行われ、「倫敦《ロンドン》タイムス」の通信員も来てそれが実現しそうな話をしたが、それについて果して列強間に公然の話合いがあったかどうか疑わしく感じたので、更に次官に会い、試みにこのような風説の根拠ありや否や問うたところが、次官は、まだそこまでは聞いていないが、要路の人々の間でこの案が話題になったことは事実であると信じる、しかしそれが正式に交渉されるまでに至らなかったのは、露国がこの案を受諾しないこと、また独逸も同様の態度に出ることが予期されたためだというのが実情であると承知している、と答えた。

それで私はこの話が実現する見込みはまずないと思うたが、何か聞き込みがあることを当てにしてこの日更に英国大使に面会すると、大使は、英国より一個師団の兵力を派遣する旨列強に通知したことを知っているか、と尋ねたので、知らないと答えると、大使は改まった調子で、北清における事態は急迫し、列国が狐疑している時ではないと言って、迅速に処置が取られないことを歯痒《はがゆ》く思っている様子だった。

その後仏蘭西《フランス》大使は或る宴会でわざわざ私の席に来て、日本より一個師派遣の報告があったことを深く喜んでいると言い、この措置を非常に賞讃していた。また私がこの出兵のことを外務大臣に報告すると、彼は既に前日日本にその決意ある旨の通知に接したことを告げて、当然の処置であると思うと言った。そして以上の諸事実を綜合すれば、この北清事変については列強間に二つの態度の対立があったことは争えない事実であって、これはその時も推測されたが、支那問題については将来においても、この行き方ですべてが処理されることを覚悟すべきだと思われた。即ち英仏その他の態度に対して、露独が単独出兵を企てていたことが次第に明らかにされて行ったのである。

最初この事件については、関係各国が急場に臨んで大軍を出動させれば、それが支那に対して自国の勢力を扶植する端緒となることを考えているように誤解されることを恐れて逡巡したために、出兵の時期を失した形だったが、事態がもはやそのような斟酌《しんしゃく》を許さなくなったので、また出先の各国の将校から本国への申請もあり、東西各地に駐屯している兵力を集めてこれを増強し、七月の中旬までに既に五万に達する軍隊を編成する見込みが立った。

しかし間もなく聯合軍は天津を占領することに成功し、日本から派遣された山口第五師団も到着して、聯合軍は日本軍が主力となって匪徒の撃退を開始し、途中敵を掃蕩しつつ、八月十五日には北京に入城して、城内の聯合国の官民を救助することを得た。またその結果、西太后及び皇帝は西京に避難し、北京は一時無政府状態に陥ったが、聯合軍が入城するまでは各国の居留民は各公使館内に収容され、守備隊に伍して防禦に当り、非常に苦戦したのであって、その実況は当時の新聞紙上に報道され、読む者をして讃嘆させたのである。北京入城までのことについて特記すべきは、日本軍の評判が高かったことであって、例えば墺太利の外務省の機関紙 Fremden Blatt は日本軍を賞讃して、その編成、教育、規律等について長文の記事を掲げ、日本人は西洋の学術、制度を研究してその優秀な部分を取り入れ、国情と照し合せて一種の新しい体制を案出し、現在では強力な軍隊も持つようになったのであり、そしてこれらの改革を指導する任務に当ったのは最初は西洋人だったが、これを完成し、この好成績を挙げた現在の指導者たちに対してその功績は大いに賞讃すべきである、と言った。また当時私が外務次官に面会した時も同じようなことを言っていた。

その他の諸新聞にしても、大沽、天津が陥落して以来北京入城までの日本軍の働き振りやその規律が正しいことを、いずれも激賞して報道したのである。これは日本軍が聯合軍の主力たる役割を与えられたので、司令官を始め各員がその責任を重んじて奮戦するのを他の外国の将兵が目撃したので、自然その評判が広く伝えられたのだと思う。また出兵に際しても日本の慎重な態度が列強の日本に対する信用を高め、それが日英同盟締結の主な原因の一つとなったのであると信じる。

北清事変はこの一ヵ月間の戦闘によって大体解決が付いたが、聯合軍の派遣に際してその総司令官の人選が問題になっていたところが、八月七日に独逸皇帝から我が陛下に宛てて、露国皇帝の提議により支那に赴任の途上にある独逸のワルデルゼー将軍を総司令官に任命したしとの親電があった。それで政府は聖意を伺い、露独両国皇帝が同意する以上は御承諾ありたき旨を言上したので、直ちにその旨の御返電があった。

しかし表面はともかく、この任命は国際間に微妙な波紋を起したのであって、私は八月に外務次官に面会し、総司令官の人選問題は今日までそのままになっていたが、今ワルデルゼー将軍が任命されるという説が伝えられている、これについて貴政府には何か確報があったか、と質問すると、次官は、実は昨日伯林《ベルリン》駐劄の我が大使から、独逸側の提議としてワルデルゼーの任命に対して我が政府の同意を求めて来た。ワルデルゼーは一流の人物であり、独逸皇帝と親交があるとも言われているので、当方としては異議はない。それで交渉の結果、この任命は実現する見込みがあると思うが、我が政府は伯林からの請訓で初めてこのことを知った。しかし信ずべき筋によれば、今度のことは独露両国の皇帝の話し合いで決ったことで、英国では物議を醸すかも知れない。それは英国では輿論が人道を重んじ、無益な殺傷を好まないのに、最近独逸皇帝が今度の事変について行った演説には「敵を鏖殺《みなごろ》しにする」とか、「復讐」とかという激越な言葉が用いられていて、英仏人はかかる君主の命を帯びた者の下で働くことを忌避するだろうし、英内閣はこれに対処するのに困難を感じるだろうと思われるからである、とそのように次官は答えた。

それで私は更に、仏蘭西は一層難色を示すように考えるが、と言ったところが、次官は、英国には全く突然に提議したらしいが、或る情報によれば、仏蘭西は露国と特殊な関係にあるので独逸は事前に仏蘭西の内意を探ったということである。それで貴国の態度はどうです、と言ったので、自分はまだ公報に接していないが、ワルデルゼー将軍の威名は広く伝えられていて、今度の事変が辿った現在に至るまでの経過に鑑み、日本が故障を申し立てるようなことはしないだろうと思う、と答えた。これに対して次官は、今度の人選で日英米とその他の国とが二派に分れることは極力避くべきであり、もっともワルデルゼー将軍の任命以前に聯合軍が北京に入城するならば問題は起きないだろう、と語った。

以上の談話から推測するに、独逸が最初に露国の同意を求めたのに対して、露国はワルデルゼーの名声に鑑みて故障なしと回答し、更に独逸は仏蘭西の内諾を得たのであって、墺太利及び伊太利は独逸の同盟国でもあり、また支那との関係も密接ではないので間接に照会し、英国は南阿戦争の最中で、支那に派遣するのに適当な将軍がいないのを見越して、同様に突然に提議したものと思われる。

なおこのワルデルゼー任命問題が一段落を告げた後に、九月の初め、「倫敦タイムス」のウィーン通信に、時事に関する極めて適切な記事があった。その要点を挙げれば次の通りである。

今度露国が突然に提議した、北清における軍隊引揚げの問題は世間一般を驚駭《きょうがい》せしめた。仏蘭西にしても、露の同盟国であるという特別の間柄にも拘らず一驚を喫することを免れなかったということである。しかしながら輓近《ばんきん》の国際情勢に明るい方面では、近来露独間にややもすれば軋轢《あつれき》があることを認めており、ワルデルゼー将軍任命の顚末が両国間にかくのごとく疎隔を生じた主な原因であると言うべく、この人選が露国皇帝の発意に基づくとの報道は、露国側が最も不快に感じていることとである。

それはかかる臆測が同盟国の仏蘭西の悪感情を招くからであって、今回の露国側の弁明によれば、ワルデルゼー将軍を任命する提案が行われた時、露国は単にこれを承諾したに過ぎないということであり、また最近発表された露国皇帝より仏蘭西大統領ルーベに宛てた親電の優渥《ゆうあく》な文言は、かかる過去の悪感情を打ち消そうとしてのことであることは疑いの余地がない。

勿論この行き悩みは、何らかの方法によって穏便に処理されることになるだろうが、それが将来に残す面白からぬ結果は(欧州列国間の関係に変動が生じることをいう)、何人も察知出来る事柄であるから、この際、英政府は慎重な態度に出てその従来の政策を維持することに努め、何らかの決定をなす場合は、その駐清公使の意見を徴する等することが最も適切であると思う。

「当墺太利における独逸贔屓《びいき》の諸新聞は、現在なお頻りに軍隊引揚げに関する露国の提議が不当であることを主張し、それが欧州では一般に喜ばれていないことを言っている。そしてこの提議を吟味すれば、それが独逸に対する当て擦《こす》りの意味を持つことは明らかであって、少くともそれが独逸皇帝によって支那問題に関し数度表明された方針に対して一大障碍をなすものであることは争うことが出来ない。例えば「ノイエ・フライエ・プレッセ」紙は、露国が独逸を無視してこの提案を行った経緯が、墺太利の独立派の諸新聞にさえすこぶる悪感情を抱かせている事実を指摘し、この際墺太利の外務省は周到な観察を行って、既に十分に露国政府の思惑を看破することを得た、と報じている。なお右の新聞によれば、露国政府は支那問題については列強による共同工作を解消させ、単独の立場から行動することを目論んでおり、支那に対しては誠しやかに、支那に歴史的な友情を抱いているのは列国中露国一国だけであることを言明して、支那における己の権益を拡張するに当って他の列国から束縛を受けないようにしようとしている、ということである」云々。

以上、義和団事件についてはかなり詳しく語ったが、顧みればこの事件において日本が国際関係については信義を重んじて慎重に行動し、また一方その実力を示したために、列国間に信用を博し、東洋において有事の際に無視出来ない一大勢力たることを明らかにしたのであって、日英同盟もこの事情がその機運を助長したと思う。

そして一方露国は、支那に対して独自の政策を取り、その目標が満州及び朝鮮の北部に置かれていることは明らかであって、多数の軍隊を派遣してこれらの地方を侵そうとしている消息も伝わり、日本としては到底これを看過することは出来なかったのであり、そのために進んでこの相手国の責任ある地位にある者と交渉を開始して平和的に局面の打開を図るべく、我が内閣も国内の輿論も焦慮したのである。また当時は閣外にあったが、伊藤、井上の両元老はこの説の最も熱心な主張者だった。

然るに明治三十四年の春、英国駐劄の独逸大使代理から、露仏同盟に対抗するために日英独間に同盟条約を締結することを英国政府及び我が林（董）駐英公使に提議して来た。そして結局、英国政府においては、日英同盟に対しては好意を有する旨を林公使から打電して来たのであって、一方露国との当面の諸問題については、これから交渉を開始しようとしていた際に英国からやや具体的に同盟を懸案として協議したい意向を示して来た次第であり、我が政府としてはいずれにするか、重大なる問題に直面したのである。

かかる場合、議論が二派に分れることは有り得べきことで、一時は対立の形となって問題はすべての角度から検討し尽されたようだったが、結局両立の形式が採用され、伊藤は交渉開始のために露都に向うことになり、林公使には同盟締結についての協議を進めるべく訓電が発せられた。かくして伊藤は露都に至り、首相ラウスドルフ及び外相ウィッテと会見し、向うも協議を希望する意向を示して、我が方よりの提案を求め、伊藤は私案として、朝鮮の独立を尊重し、また日本の朝鮮との特殊関係に関する案文を公布することを提議して、露国がこれについて十分に考慮することを要請し、一週間滞在した後に露都を去って伯林に向い、ここで露国側の回答を待つことにした。

この時伊藤は、露国との交渉に抵触しない限り日英同盟に関する協商が進捗するのは差支えないという態度だったが、英国政府においては伊藤の露都行きを気遣い、同盟に関する協議が進められることを望んだようだった。そしてこの交渉が開始されて以来その成立までに割合に時間を要したのは、英国は一つの伝統として他国との同盟条約を結ばない国柄であり、その上に遠隔の地にあって深い関係もない、また文化的な点でも異なった東洋の一国と同盟を締結することについては、一部に躊躇する者もあったためと思われる。

伊藤は私にとっては兼ねてより恩義ある先輩であり、また同盟にも私は関心を持っていたので、任地から伯林に出向いて伊藤に面会し、自分の所見として、日本は地理的には島国であって海軍に重きを置き、英国とは似寄りの環境にあり、日本の将来は海上にあるので、英国と結ぶことが最上の国策に思われるとの趣旨を述べたが、伊藤はそれについては直ちに賛否を表明しなかった。

ところがちょうどこの時倫敦より松井書記官が林の命令で、日本から英国に交渉すべき最後案について伊藤の同意を求めて来て、伊藤は枝葉の問題について多少の意見もあったが、日本においては既に元老会議で決定されて御裁可を得たことであるので、彼も同意を表し、そのままこの案を英国政府に提出することになり、かくして同盟の内容も確定した。

一方露国からも相当の時日を経て伊藤の私案に対して回答し来り、朝鮮についてはその従来の態度を固執して譲らないので、伊藤は交渉の延期を復答し、露国との行き掛りはこれで一まず打切られた。

伊藤は帰途倫敦に立寄ったが、皇室を始め政府は非常な歓迎振りで色々な催しがあり、盛況を極めた。そして翌三十五年の紀元節に日英同盟締結の発表があり、私は当時ウィーンにあって、この画期的な事件が突然に公表されたことは、新聞界、外交界を驚愕させ、かかる重大な問題がよく外部に洩れずに発表まで機密が保たれた、というのが一般の感想だったことを今に記憶している。また当時私はこのことがそれだけ日本に対する国際間の信用を増したことも感じた。

ついでに、話が少しく先走りするが、翌三十六年の春頃から日露間の交渉が引続き東京で開かれたが、同年の末に至っても朝鮮に対する露国の態度は緩和することなく、いよいよ帝国の安寧が脅かされることとなったので、遂に三十七年の二月に我が政府は露国に対して最後通牒を発した。そして日露戦争中、我が国が日英同盟に負う所少くなかったのである。

思えば義和団事件は日本の姿を世界に紹介する機会となったのであり、露国との大戦争の結果日本は自衛の目的を達したのであって、いささか話が長くなったが、これを以て将来においても国際関係に対する国民の慎重な関心を必要とすることの教訓としたいのである。

三　カイゼルとエドワード七世、セルビア皇帝暗殺事件、日露交渉の経過

ここで外交官としての心得というようなことについて一言するならば、大体明治の初年より私が伊太利に赴任した頃までの現地における我が国の外交官は、条約改正が延期されているために仕事は比較的に閑散であり、更に自分が駐在を命じられている国の国情を研究することは最も必要であったので、社交界に進出することがその主な仕事であるような状態だった。

しかしこれには金がいるので、中頃からは大名華族の裕福者を海外使臣に任命することが一時行われ、その結果佐賀の鍋島が伊太利に、阿波の蜂須賀が仏蘭西に、肥後の長岡が和蘭《オランダ》に、また岐阜の戸田が墺太利に派遣されたが、金が掛るので留守居から苦情が出るし、職務上勤続を要する任地の事情も存在せず、当人らも落ち付かないので、結局三、四年の後に前後して離任され、続いて外務省の本職の若手を派遣することになった。

しかし社交は外交官にとってこれも大切な仕事で、それには夫人の援助が必要であり、この点日本の婦人はそういう教育を受けていないので遺憾に思われる場合が多い。

例えば本野（一郎）夫人、井上（勝之助）夫人などは語学も出来、外国人と交際する素養もあって、社交界に出ても立派だったが、一般には外交官は試験にさえ及第すればいいことになっていて、夫人の素質とか、家柄とかを問題にせず、従って日本の外交官はこの点で、他国の外交官と比較して引目がある。以上の理由から外交官は結婚する場合にその配偶の家柄とか、家庭とかをもう少し考慮に入れる必要がある。結局内容ある人物であるならば、語学に多少不足はあっても社交界に出入して困ることはないのである。なおこの点について、我が海外使臣の交際費を増加する必要はあると思う。

話は変るが、ウィーン在勤中の記憶の一として想起されるのは、独逸皇帝の人物に関する一般の評判である。例えば私が賜暇帰朝で暫く任地を離れることになり、不在中に欧州に何か事件が起る気遣いはないかどうか、世間話に同僚の或る外交官に尋ねて見たところが、彼は、それは一にカイゼルの気紛れ次第でしょうと答えた位で、言葉は簡単であったが、これはよく当時の一般の気分を言い表している。

即ちその頃はカイゼルが誰に会ったとか、どこに行ったとか、その一挙一動が社会一般の人々のみならず当局者、外交団、新聞界その他各方面の注意を惹き、当時あれほど話題に上った人物はなかった。例えば皇帝が露国皇帝に親翰を送ったとか、墺太利の老帝を訪問されたとか、どこでこういう演説を行ったとか、そういう話で持ち切り、また皇帝の夏季の行事としてホーヘンゾルレンというヨットで北海を航海したり、地中海沿岸を旅行されたりするので、これもその都度世間の噂の種になった。

私はその頃ウィーン在勤の独逸大使でカイゼルとも親しいオイレンベルク伯という人と懇意だったが、彼が言うのに、自分はカイゼルに供奉してヨットで航海中、カイゼルは或る日曜日に水夫たちを集めて説教をしたということだった。これは皇帝がいかに多能であるかを示すためにそういう話をして聞かせたのだと思うが、皇帝はどこかの学校に行けば教育談をやり、演習では軍人に演説して士気を鼓舞すると言った調子で、機会あるごとにその意見を発表し、その言説が外交問題に触れることもあり、ヨットで航海する時は必ず何か政治的な問題を惹起し、とにかく言われることがしばしば極めて唐突なので、独逸皇帝の身分ではあり、自然世人の注目を惹くことになって、従ってまた国際関係に始終不安を与えていた。

皇帝は即位後間もなく元勲のビスマルクを退け、国政を独裁し、その下で政務を見なければならない首相は皇帝と共に仕事をするのに困難を感じていずれも長くは続かず、元駐伊大使で最後に首相を勤めたビューロウの伝記を読むと、在職中カイゼルと面白くなかった経緯が詳しく述べられている。また或る女官は独逸の宮廷に仕えている間のカイゼルの行状を暴露したものを書いて、これは大分評判になった。

なお皇帝の健康について、兼ねてから懇意の「倫敦タイムス」の通信員が、はっきりどこが悪いと言わなかったが、それが優《すぐ》れない話を聞かせてくれたことがあるので、その話はどこから出たのかと聞くと、実は英国大使館員の内話であるということだったから、何か根拠があるのではないかという感じを起した。

しかもその話は大使館に数回にわたって齎《もたら》された情報に基づくものということで、要するに皇帝は近来精神上に異状があるような話だったが、詳しいことは解らなかった。

ところがその話を聞く三週間ばかり前と記憶しているが、ウィーン駐剳の英国大使が停年で引退することになったので、私は別れの挨拶を兼ねて大使を訪問したことがあった。その時大使は突然私に、皇帝の健康について何か聞いたことはないかと尋ね、別に何もないと返事したが、それと通信員の話とを思い合せて見て、確かに大使館には特種の情報が入っていたと察せられ、大使も近いうちに倫敦に帰るのでなるべく各方面の話を聞いておこうとしていたのだと思った。

私も風説として日本に報告するについてはなお確かなことが聞きたかったので、その頃親しくしていてまた早耳なので知られている白耳義《ベルギー》公使にこのことについて尋ねると、最近には何も聞いていないが、カイゼルの副官をしていた男が数年前に語ったところによると、カイゼルは耳鳴りに悩まされ、その音を打ち消すために大きな蝶に羽搏きさせる機械を装置して自分の居室に備えているそうだ、という返事だった。以上は私が賜暇帰朝で日本に帰る前だから、一九〇四年のことである。

当時皇帝は五十歳に近く、後から段々考えて見ると、多少精神に異状があったかと思うが、とにかく釣り合いが取れない、我儘な性格だった。これに反して先帝は温厚な、平和的な方で、英国の第一皇女であるその妃との間に出来たのが即ちこの皇帝であり、両親に対しては常に面白くない感情を抱いていた。或る時先帝が咽喉《のど》を患われた時、その治療にわざわざ英国から専門医が呼ばれたことがあったが、皇太子だったその頃から皇帝は英国趣味が段々宮中に入り込むことに対して不満を抱き、何かの時に、軍人や一般民衆の人気を得るつもりでか、自分は英国人の血統を引いていることを心苦しく思うというようなことを言ったことがあり、また或る時鼻血を出して、これは自分の体から英人の血を流してしまうためだと言ったりしたこともあった。

またそういうわけで英国皇帝エドワード七世ともとかく不和を生じがちで、彼は汎独逸主義を標榜して独逸民族の盟主を以て任じているので、英国の皇室との血縁関係を始終気にしていた。そういう人物であるから、とにかくその当時独逸皇帝は各方面から非常に物騒な存在に見做され、どこに行ってもカイゼルの名が口にされ、汎独逸主義はその頃の国際関係において一番大きな問題で、墺太利は独逸とは同盟国でありながら、墺太利人も常にカイゼルを懸念している状態だった。

カイゼルが取った行動の中で国際的に成功した一例は土耳古との関係においてであって、前に述べたヨットで地中海を遊歴中、カイゼルはしばしば土耳古を訪問して土耳古の皇帝や軍部と親しみ、彼らに独逸の軍隊が他国の軍隊よりも遥かに優れていることを納得させて、遂に土耳古に独逸式の軍制を採用させることに成功したのである。またバグダッドからペルシアに至るいわゆるバグダッド鉄道の敷設権も土耳古皇帝から獲得し、これは独逸の勢力をペルシアまで伸ばすという風に解釈されて一時は大分騒がれたが、その後独逸は資金の調達に窮して、最後には英国の資本家にも頼まなければならなくなった。

しかしそういう次第で土耳古はとにかく大分深入りし、遂に独逸派になり、第一次世界大戦の際には独逸側に付いた結果、独逸は敗北して、土耳古も敗戦国としてヴェルサイユ条約の時にはかなりの悪条件に服させられた。当時土耳古の全権は、最高会議（Supreme Council）に訴えて色々に陳弁したが、その弁疏は受け付けられず、気の毒に思ったことである。

皇帝の病状に戻るが、これについては正確な情報もあったことと思うが、墺太利は独逸の同盟国でもあり、当局者に質問するのも如何なものかと思われたので、遠慮した。要するに皇帝に対する関心は、当時の欧州における一般的な現象だった。ここで皇帝とヒットラーと比較するならば、ヒットラーの方が遥かに組織的にものを考え、その目的も明確であって、皇帝は熟慮の結果動くのではなくして単に気概から行動する場合が多かったように思う。

もしビスマルクが始終皇帝の傍を離れなかったならば、あのようなことにはならなかったろうが、ビスマルクの後には適当な後継者がなく、遂に独逸帝国の崩壊となったのである。

エドワード七世はカイゼルのように世間の注目を一身に集めると言った、派手な存在ではなかったが、味わいがある人物であり、優れた政治家だった。即ちカイゼルの言動が列強間にいかに敏感な反響を呼んだかは、今その思い出の一端を語ったが、そして今日から言えばそれは一時の流行の話題に過ぎなかったとも考えられるが、とにかく私が前後七年にわたってウィーンに在任していた間、これは最も真面目な、現実的な問題として取り扱われ、決して単に一奇人の行動に関する興味本位の風聞として取り沙汰されたのではなく、それは列強間の平和がカイゼルの意志次第で危くされる恐れがあると見られていたからである。そしてカイゼルに触れたついでに、同じく王者の地位にあり、全く正反対の性格の持主で終始列強間の治安を維持するために尽して大なる事績を挙げた、英国の皇帝エドワード七世の人物についても語っておきたいと思う。

エドワード七世がカイゼルの叔父君に当ることは前にも言ったと思うが、非常に常識に富んだ方で、新聞に報道されるその行動や演説の内容にはそれが窺われ、内外に徳望が高くあらせられたのもかかる御性格の結果だったと思う。英国は憲法政治が発達していて、内治外交ともに内閣がその責任を取り、君主は政治に容喙せず、また容喙することを許されもしなかったが、実際においてはこの皇帝は内閣以上の成績を挙げられたのである。そしてそれが国際関係、即ち英国の外交上に最も顕著だったことは、言論があれほど活潑な、議会中心主義の英国で、少しも非立憲等の物議を醸さず、新聞雑誌等が一様にその功績を認めて皇帝を平和の使節として讃美したのだった。

事実、皇帝は外交史上類例がない働きをされたのであって、今ここに少しくその事情について述べて見るならば、皇帝は国際間の平和維持に常に関心を抱かれ、その誠意は年月とともに内外に徹底し、また当時英国の国際関係は極めて不安定な状態にあったので、皇帝は英国政府とは別個の立場からこの行詰りを打開しようと努力されたもののごとく、その手段としては一般政治家には不可能な方法を用いられたのである。当時の国際情勢の一端を述べるならば、英国は仏蘭西とはかのファショダ事件の後を受けて国交があまり円滑ではなく、一時は危機に瀕したほどで、また独逸とは年来の商業上の競争から、また両帝室間の疎隔のために融和を欠き、露国との関係においては元来英露は歴史的にその利害が相反すると見られ、露国にとっての利益は英国の不利益とされ、英国がなすことは露国が邪魔をするという有様で、クリミヤ戦争以来一般に両国は到底両立出来ない立場にあるとの見解が行われ、米国とは別に取り立てて言うほどの問題はなくなったが、米国では英国のことを何事につけても悪し様に批評する習慣があり、しかもこれらの四国が外交上英国にとっても最も重要な関係にあるので、皇帝は即位以来この不安な空気を憂えられていたのであるが、独断で外交の内面に立ち入ることは事情が許さないので、別な方面からの打開に努めることを思い立たれたのである。

皇帝は生来旅行好きで、洗煉された社交家でもあり、殊に巴里の風致を好まれてしばしばこの地に滞在され、また仏蘭西南部の海岸に避寒を試みられることもあり、更に健康上の理由もあって独逸領内の温泉に逗留されることが多く、少からぬ日数を大陸に過されて、一時は皇帝は国内のことを顧みられずに大陸の漫遊に耽《ふけ》られるとの批評を受けられたほどだった。そしてもとよりこういうことは皇帝の平和的な御気象に適《かな》っていたのであるが、そこには常に一定の目的があり、各地においてその帝王としての位置を利用されて、土地の君主、政治家に交際を求められ、接触を重ねられるに従ってその平和的な御性格が次第に相手に理解されるに至り、皇帝の周囲には一種の親しみに満ちた雰囲気が醸成され、延《ひ》いては英国に対する大陸諸国の感情が緩和されて、これら諸国と英国との従来の関係に次第に変化を見るに至った。

即ち皇帝が各国の政治家等に面接される場合は、結果として本国政府を束縛するような言動を避けられたことは言うまでもないが、後に責任ある政府の代表間に交渉が開始された際に話をし易くする空気を作っておくことに意を用いられ、本国政府の方でもこのことをよく理解していたことと思う。例えば英国と仏蘭西との協商が成立したこともかかる好意的な気分が準備されていたからで、また露国との協商の成立も皇帝の御尽力により年来の確執が一掃されたためだと考えられるのであり、それには英国の皇后と露国の皇后が姉妹の間柄だったことも、両国政府間の意志の疏通を図る上で便宜を提供したに違いない。

またヴィクトリア女皇時代には英国の上流社会が米国を蔑視する傾向があったが、皇帝は努めて米国人を近づけられ、地位あるものと親しくされて、皇帝のかかる親米的な御態度は当時世人の注目を惹いて話題に上ったほどであり、言うまでもなく英国の対米関係の改善は他にも理由があっただろうが、皇帝が率先して実行されたことがやがて一般社会の風をなすに至った。今日の状態から考えると、そういう時代もあったかと不思議な感じがするに違いないと思う。なおもう一つ伝えておかなければならないことは、最初の日英同盟問題が起った時も、皇帝は真先に賛意を表されたのである。

以上大分話が長くなったが、思えば同じ時代に、しかも叔父甥の間柄にあってかくも性格、経歴を異にした二人の君主が現れたことは注目に価する事実であり、エドワード七世が名聞を求めず、終始その豁達な政治眼を働かせて事に処されたことは、近世史上稀に見る名君たる証左であって、カイゼルの名声が一世を風靡している間にエドワード七世が外国への温泉旅行などを試みつつ人心を収攬し、国際間に平和的な気分を扶植されたことは凡人の考え及ばぬことである。そしてここに見られる両者の態度にあまりに懸隔があるので、暫く回想に耽った次第である。

これからまた話を後に戻すが、バルカン半島が陰謀の巣窟だったことは前にも述べたが、その最も著しい例は、明治三十六年六月二十日の夜にセルビア皇帝ユーゴが宮中で虐殺された事件である。十九世紀の文明の時代に、かかる悲惨を極めた大逆事件が起ったのであるから、それが世界の耳目を聳動させたのは当然であって、列国はその首謀者及び関係者の処分をセルビア政府に対して要求したが、陰謀に加わったものはあらかじめ画策するところがあって、事件の直後に皇弟が瑞西におられるのを迎え、騒ぎに乗じて国民の代表者たちを招集し、全会一致で皇弟に帝位に即《つ》かれることを要請することに決定した。

それで皇弟はこれを諒として即位され、ピーター一世と号されたのに対して、列国はこの椿事を前にしてその態度を決めるのに困惑した。即ちこの新しいセルビアの宮廷は陰謀者たちの手で作られたもので、ほとんど陰謀に関係した者ばかりで組織され、これらの徒党を退けることは事情が許さず、一説には新帝も始めからこの陰謀に与り、少くともその間の消息を知っておられたとも言われていた。

セルビアのかかる国情に対応して、列強の政治家たちは道義を尊ぶ自国民を控え、文明の擁護者として、また王者の神聖を基礎とせる各自の国柄に鑑み、ピーター一世を承認すべきや否やについては、結局承認を差し控える態度に出る他なかった。しかして英国は率先してその公使を召喚し、他の列国もセルビアにおける新事態を認めるのを躊躇したので、セルビアの地位は非常に危くなり、治安を維持することさえ覚束なく内乱も起り兼ねない状態で、中欧諸国は混乱が近東全体に及ぶことを恐れて、ここにセルビアにおける新事態を暫定的に承認することにした。しかし各国政府はピーター一世の即位を承認するに当って特に希望条件を付し、陰謀の巨魁らを君側から除くことを求めたのであって、墺太利駐劄のセルビア公使が信任状を捧呈した時、墺太利の老帝は悪徒の一掃が望ましいことを相当に強い言葉で諷せられたということである。

とにかくそれでセルビアの国際関係については表面は一段落が付いたが、六月事件以来その首謀者たちは顕職に就き、旧悪を忘れて却って不忠の徒を除いたかのごとく忠義顔をし、皇帝は孤立して、しかも列国の公使は宮廷に出入する以上これらの者と接触しないわけには行かないために、国際上の交際は円満を欠き、ほとんど中絶した形で、殊に列国政府はその使臣に内訓して、事件の関係者たちが臨席する儀式的なことには出席してはならないと命令したので、勢い二、三の公使は賜暇を請い、或は所用に託して任地を離れ、ベルグラードの外交団は存在しないも同様になった。

これはかかる形式で気長に圧迫を加えることによってセルビア政府の反省を促すために取られた手段だったが、列国の反感を除くのに必要な処置を講じるだけの決断をセルビア政府がなし得るかどうか覚束なく、また一方列国も紛糾を醸すことを好まないので、事態は曖昧な現状維持の裡《うち》に推移した。それで露国はいかなる態度を取ったかと言うと、これは世人が最も注目するところだったが、墺太利政府が得た情報によれば、セルビア駐劄の露国公使はこの虐殺事件を初めより承知していたということである。と言うのは、露国公使館は王宮と向き合っていて、一方で大声を発すれば直ちに他方に聞える位の距離にあり、現に事件が起った当夜、公使の令嬢は館外の物凄い音声に驚かされ、寝室を飛び出して父の寝室に駈けつけ、戸を叩いても応答がないので、再三父の名を呼んだところがようやく戸が開いて父が現れ、落ち着いた態度で、決して館外に別条があるわけでなく、風雨が激しいので物騒ぎしているように聞えるだけだから安心して寝るがいい、と娘を慰撫したということであって、この令嬢は後に墺太利の領事館員と結婚し、或る日何気なく、その時の思い出を語ったとのことである。

それでこの事件は露国の仕業であるとまで聞かされたが、確かなことは解らなかった。しかしこの時の露国公使はイサリチョフと言って、三年前には当夜遭難された両陛下の結婚を世話し、結婚式に際しては露国皇帝を代表して結婚の証人となった人物で、その縁故ある方々の虐殺を傍観していた疑いは晴れなかった。その裏面に伏在していた事情は想像に余るが、とにかくこの一例にも見られるバルカン半島の情勢は、その時分の朝鮮半島における政情に酷似していて、この両地帯はそれぞれ欧州及び亜細亜《アジア》の両大陸の一角をなし、常に全大陸にも波及すべき騒擾の素因をなしたのである。

既に述べたごとく、ピーター一世はその周囲の要人たちに手出しすることが出来ず、その結果として外交団はほとんどセルビアから引揚げた形で、宮廷は宮廷としての体裁をなさず、何らかの形により解決が必要とされる状態に立ち至っていたが、ここにおいて露国皇帝から、そのたっての望みにより事件の関係者たちを是非君側より遠ざけられたしとの勧告があったので、彼らはようやく首都以外の土地に転任させられることになり、英国以外の公使は次第に帰任し、この時宜に適した斡旋に対してピーター一世は後までも露国に感謝していたと言われている。

かくして明治三十七年一月に至り、ウィーン駐劄のセルビア公使から、同国皇帝の親書を墺太利の老帝に伝達することを墺太利外務省に依頼し来り、前年の事変後六ヵ月を経てこの交渉があって、セルビアの皇帝は即位当時の事情に鑑み世界一般から指弾されていたが、とにかく表面はセルビアにおける新事態が列国によって承認される運びとなった。

三十六年の春に賜暇帰朝で日本に帰った。ウィーン在勤は既に五年続き、帰任するか否かは未定で同地を去ったが、日本に帰って見て著しく変ったと感じたこともなく、親戚と往来したり、政客の人たちと会合を重ねることで六ヵ月は瞬く間に過ぎた。同年四月に神戸で観艦式があって天皇陛下御西下になり、同時に大阪で内国博覧会が開催されてこれにも行幸あり、政府の当路者、元老始め多数供奉し、盛観を拝そうとする有資格者、政客が皆阪神間に集まったので、一時政治の中心が関西に移ったかのごとき感じがした。

この時有志の人々が会合すれば必ず日露関係が話題に上ったが、危機が迫りつつあることは当時既に一般に知れ渡り、それが国難の到来を予感させて世間の関心となっていた。それで私がその際に受けた印象では、元老を始め在野の有志は大体において名を求むるよりも日本の実利を考慮する方に傾き、満州において条約によって得た権利は勿論放棄しないが、第一の目的は朝鮮であり、朝鮮における日本の地位さえ確保出来れば満州においては多少譲歩するのは止むを得ないことで、一口に言えば、満州では得られるだけのものを獲得しておけば足りるが、朝鮮は死活問題であるから、朝鮮における我が国の地位は干戈《かんか》に訴えても保証しなければならないというのが、大多数の意見であるようだった。

もっとも満州問題の重要さを熱心に主張する国民同盟会を中心とした一派があって、相当な勢力を持っていたが、一般には大体今言ったような意見が強かった。それで私も当局の人々に幾度も面会して、日露交渉の成行き如何によっては朝鮮問題のために開戦に及ぶことは自衛上止むを得ない措置であり、対外的な立場から観察しても、また国民が当面の問題に対して有する理解と熱心から言っても、当然のこととして内外の同情を期待し得るが、満州問題で開戦することは内外の人気の点から言って極めて不利である。故に万止むを得ない場合は朝鮮問題で決裂すべく、その時は特に列強をして談判の顚末及び自衛上真に止むを得ざる日本の立場を了解せしむることの必要を進言したが、首相も外相も、内外の人気には十分の注意を払っているから安心してくれとのことだった。

この時外相は満州問題についてもかなり意気込んでいたが、結局それは朝鮮の保全を目的としての打算であって、事の軽重を誤るような見方ではなかった。それで私が日本を離れる時は、政府は満州問題で事を構えることなく、最悪の場合は朝鮮の存立及びこれに関聯した問題から最後の決断を下すものと了解して出発することが出来た。最初自分が賜暇帰朝の際は更に帰任する所は未定だったが、桂首相より、日露関係危機に迫りたる際墺国の位置は今後の成行きに重大な影響を及ぼすべき国柄であるから、当然再び帰任して貰いたしとの懇談であったので、全く切迫の際であり、直ちに帰任を決心したのだった。

私も神戸に観艦式を拝観しに来て、その時初めて新任の聯合艦隊司令長官の東郷中将に会った。言葉数の少い、飾り気のない、落ち着いた将軍と言った感じの人で、事ある時はこの人が全責任を負うだろうということを直覚した。そしてこれは後に山本(権兵衛)伯から聞いた話だが、日露の関係が悪化して来たので、聯合艦隊司令長官の位置が極めて重要なものとなり、その時の司令長官は中将の日高壮之丞で現にその位置にいるので、順序から言ってもそれが妥当であり、また日高中将はなかなか愉快な人物で、山本伯(当時海相)とも極めて親密の間柄であったが、ただ中将は総指揮官として自分の意見が多過ぎる人で、人心を収攬《しゅうらん》する点では東郷中将の方が優《まさ》っているというので、山本伯もここに思い到り、国家の非常時に際して私情を去って、思い切って日高中将に退いて貰い、東郷中将を司令長官に推薦したということだった。

しかし日高中将もこの時こそ御奉公の仕時と念じて居ったので、この更迭を快く思わず、山本伯と色々議論を交えられたようであるが、結局は納得されたとのことだった。山本伯はこの時は情誼上苦心したとの後日の物語りだったが、確かにそうだったろうと思う。殊に山本伯は東郷中将と個人的にはあまり親しくなく、また性格的にも違っていた。山本については色々と批評があるが、適材を得る点ではいつも非常に苦心した人で、海軍大臣に就任した時にその頃まだ大佐だった斎藤実（後の内大臣）を次官に抜擢して人々を驚かせた。

またこの他にも部下の任免に当って、海軍には薩摩人が多く、薩摩の海軍と言われたほどだったが、山本は多くの薩摩人を罷免し、人事上止むを得なかったのであろうが、同郷人には怨まれた。これは私も度々耳にしたことがある。

なお山本と東郷の交渉について、山本伯の昔話に、或る時兵学校の演習で、学生が練習船の帆桁《ほげた》の綱を渡るのを見ていると、敏捷に渡る者もあり、中には踏みはずす者もあったが、東郷は足下に気を付けて特にゆっくり渡って行ったので、伯はこれは今に何かやる男だと思ったと語ったことがあった。

日露交渉はその後ますます事態が険悪になって来た。即ち日本としては自衛の見地から満州、北韓の境界線の保障は絶対に必要であり、伊藤公の露都訪問以来我が政府の度々の申し入れにより日本が朝鮮半島の全部における優越権を固執することは明瞭であるにも拘らず、露国は満州に駐屯する軍隊を増強して南下の態勢を整える一方、朝鮮の北緯三九度以北（全土の半分）の地を中立地帯にすることを主張し、更に黒竜江、関東を統轄する極東総督府を創設してアレクセイエフ中将を総督に任命し、これに行政、軍事、外交に関する全権を委任したのである。このアレクセイエフは明治三十六年十月頃のことと記憶するが、露国皇帝に宛てて電文で、日本の国力は貧弱であり、現在日本が虚勢を張っているのは英米の煽動によるので、しかもこの両国の援助はいよいよの場合になれば当てにならず、それは日本も知っている。従って露国が強硬な態度を取れば日本は必ず屈服する、という意味のことを奏上している。

日露間の公文の往復は絶えず行われているが、外交上の形式は別として、極東問題に対する露国の根本方針がアレクセイエフ中将の電文に示された通りの見解に基づいていたことは、その前後に露国が取った行動から推して明らかである。当時の露国の態度は真面目に日本の相手になっているとは思われないものだった。そしてそれにも拘らず日本が最後まで隠忍した顛末は、関係文書に明載されて今に残っている。

九月になり、なるべく早く任地につきたいと思い、今度はシベリア経由で行くことにし、旅装を整えて荷物はウラジオストックに送るように手続きして、この機会に支那に立寄って少し視察して行きたいと考え、まだ時間もあったので同地に向けて出発した。

この時船が芝罘《チーフー》に寄港した。ここには日本の領事に水野という、外務省でも有望な人物で、私とも親しい間柄だったが、それがいたので、上陸して領事館に一泊した。ちょうど犬養毅と大石正巳も来合せていて、色々と話もあったが、それはそれとして犬養は碁の好敵手だったのでその晩は深更まで碁で過した。

それから翌日になって、旅順は芝罘の対岸にあり、アレクセイエフの本部も旅順なので、幸いに便船もあったので同地の視察に出向いた。その時アレクセイエフは不在だったが、ここで度々重要な会合があったことも報道されていて、何らかの意味で時局を反映する光景に接することを予期して行ったところが、別に変ったことはなく、ただ港に夥《おびただ》しい樽《たる》が積んであるのでそれが何かと聞いて見ると、皆ヴォトカだった。

町は実際戦争などは全く予期出来ない平静さで、ちょうど丘の上に小さなホテルがある、そこに日本人が雇われていたので客筋を尋ねて見ると、波蘭《ポーランド》の軍人が泊っているだけだということで、その日本人も、これから何か起るとは思われませんと言っていた。要するに、アレクセイエフの電文を見ても解るが、始めから相手を見縊《みくび》っていて、露国の軍部は日本が武力で立つことはとても出来ないという態度でいることが感じられた。しかしあまり長居して探偵と見誤られては大変で、船の都合もあるので四、五時間ばかりいて芝罘に戻った。

帰って見ると、大石、犬養は既に立った後で、その代りに当時海軍で非常に人望があった山下中佐（源太郎、後に大将）に会った。これは日露間の事態容易ならずと見て芝罘に滞在し、対岸の露国艦隊の行動を監視しているのだった。私はそれから天津に廻り、その時の天津総領事伊集院彦吉（後の外務大臣）に会い、一週間ばかり領事館に滞在した。その間に北京に行って内田公使（康哉、後に外務大臣）にも会ったが、別に変った話はなかった。

ところがそうしているうちに外務省から電報が来て、シベリアは段々物騒になって来たから、シベリア経由は見合せるよう忠告して来た。それで、幸い荷物はまだ積み出されてなかったので、予定を変更して印度洋廻りで帰任することにした。

ウィーンに着いたのは十月頃だったと思うが、十二月七日に宮中で各国の大公使に賜う定例の御陪食があり、食後皇帝は陪食者の一人一人と僅かな時間ながら御対談なさることになっていて、その時私には今度帰任したことを喜んでいると言われ、次に両陛下の御安否、それから露国の回答は日本に着いたかどうかについてお尋ねになり、また日本の軍備は完全に整っているという報道に接したが、日露間の各種の問題はなるべく平和的に解決されることを望むということなど、短い時間ではあったがお話があったので、日露の関係が切迫していることが欧州でも話題に上っていることを感じた。

翌年二月に外務大臣よりの訓令に基づき、墺太利の外務大臣に面会して四日付で露国政府に交付した我が最後通牒の写しを手交したところが、外務大臣はこれを一読して、別に表情を示さなかったが、実は今朝駐露墺国大使より本件について電報があり、その電文の末に大使の感想として、露国外相の考えではこの最後通牒が必ずしも直ちに開戦を意味してはいないと見ている、と付け加えてあったということを私に言った。これは極めて簡単な言葉ではあったが、後に他の方面から得た情報を綜合すると、そういう見方が露国の上層に行われていて、やはり日本与《くみ》し易しと考えていたものらしい。即ち露国外相が墺太利大使に洩らした言葉はこの空気を反映していたのであって、日本の旅順攻撃でかかる予想は覆《くつがえ》り、露国側にとっては意外だったことと思う。

いよいよ開戦となって、戦争に対する欧州人の態度は国により異なった形を取った。即ちこれを大別すれば、戦争の善し悪しという批判よりも交戦国と自国との関係、及び戦争が自国に与える影響如何によって生ずる感情が、交戦国のいずれかを贔屓にする各自の動機となっているように見受けた。そしてその結果欧州は二つの大きな集団に分れ、戦争というものが人心を刺戟することはこれは恒例であるが、今度の戦争はまた格別に社会一般の感情を攪乱して、一派は日本に同情し、他の一派は露国に味方して、おのおの熱烈に己れが選んだ側を支持する有様は、あたかもそれが自国における出来事でもあるかのごとく、極東の遠隔の地に起っている戦争とは思えなかった。

これは一つは交戦国が日本と露国であるためで、露国は近来欧州大陸においてその勢力を著しく増大させ、隣国に対してはほとんど命令的な態度に出ていて、現在までに日本がいかに顕著な進歩を遂げたにしてもとても相手にはなるまいとの見方が行われていたのにも拘らず、日本が大胆に宣戦したのに各国の人々は驚いて、息を凝らしてその結果を見守っているという有様であった。

墺太利は成行きについて直接の利害関係を持たないので、その点で態度を左右されることはなかったが、その宮廷と政府はバルカン半島において露国と表面提携しつつあり、それが欧州列国と土耳古との関係の基礎をなし、マセドニアの行政改革は露墺両国の共同工作によってでなければ行われる見込みなく、その提携は列強がこの問題について両国に信頼を寄せる所以《ゆえん》であるとともに、土耳古に対して両国の威信を維持出来るか否かを決定するものでもあって、そのために先年 Mursteg において両国皇帝の会見があり、締盟が行われたのだった。

従って政府系の新聞は、露国に関する記事はなるべく大きく扱って努めて同国に好意を示し、たまたま実情を無視することが出来なくて日本の武力を称揚することはあっても、終局は露国の勝利に帰することを主張し、東京よりもペテルスブルグからの報道に注意して、例えば二月八日の、日本海軍が打撃を蒙ったとの誤報は直ちに掲載したが、反対に露国側にとって不利な報道は出来るだけ簡単に扱って居った。また我が公使館に出入りする新聞記者たちは、かかる態度がバルカン半島における露墺両国の関係に基づくものであることを暗に仄《ほのめ》かしていた。

また宮廷及び政府は表面は露国に同情を示していたが、実際は必ずしもそうではなく、元来露国は他の欧州列国によって尊敬されまた信頼される国ではなくて、その欧州における政策は極東におけるものと同様に各国に猜疑《さいぎ》されていた。そして土耳古には多少の手心を用いつつ、墺太利に対しては常に押し付けるような態度を取るように見えた。そして私自身の感想を言うと墺太利政府の要人たちは露国の態度に密かに眉を顰《ひそ》め、その行動に表裏があり、その誠意には全幅の信頼を置いていないと思った。従ってその勢力が衰えることを念願する気分は一方に強く存在し、墺太利政府の内情を言えば今度の戦争は必ずしも慶事ならずとせず、むしろ政府としてはために重荷を下した気持ではなかったか位に思われた。

以上は墺太利としての日露戦争に対する態度を概括したものであるが、もっと詳しく言えば、その裏面には色々と込み入った事情があり、それらについてここで順序として話しておくが、全体から言うと、墺太利国内には日本に対する多分の同情が伏在し、これについては人種の関係に触れる必要がある。

墺太利にはスラーヴ人が千五百万人ばかり南北に散在し、平生より気脈を通じているのではないが、その宗族たる露国の危急の時に際しては同情し、また最近には露国の提唱による汎スラーヴ運動の影響もあり、プラーグでは反日的な示威運動が行われて参加者は露国万歳を叫び、同地に我が領事館はないので英米の領事館の前に集まって日本を罵倒した。またウィーンでは露国大使館の前に学生が集まって、今度の戦争において露国に同情する旨の決議文を手交し、この時大使が出て来て学生たちに挨拶したので、後にかかる行為は外交官としての慣例に反するものであるとの非難を受けた。また他にも類似のことが所々にあったが、結局スラーヴ人による付け景気の行動の域を出なかった。

この他に露国に同情を示した者の中に反猶太主義者の一派があったが、これも深い意味を持たず、ただ露国が最も積極的に猶太人排斥を行っていたので自然そこに相通じるものがあったわけで、ウィーンの市政もこの一派が独占するところとなっていたが、彼らは自力拡張のために露国に加担しているのだと言われていた。また一部の汎独逸主義者も、その趣旨はあまり明確ではなかったが、親露主義を独逸の外交の根本とするビスマルク以来の伝統に準拠してか、露国に対して同情を表明していた。即ちこれらはいずれも深い根拠があってのことではなかったのである。

なお貴族も墺太利では政治上の一勢力で、これを大別すれば墺太利、洪牙利、ボヘミア、及び波蘭の四地方の所属に分れ、平生は宮廷の指示に従って動いていたが、今度の戦争では洪牙利及び波蘭の貴族の大部分は日本に同情し、現に波蘭の或る伯爵は墺太利政府の露国に対する平身低頭主義を非難し、このままで行けば墺太利は露国に併呑されると言い、欧州の列強が憚ることを日本が敢行したことに対して非常な好意を持っていることを示した。これはディドゥジツキと言って私とも懇意な間柄で、議会の波蘭党の首領だった。洪牙利の貴族は更に積極的に日本に同情を示して、その勝利を望んで止まないという態度だったが、墺太利及びボヘミアの貴族は概して露国側だった。しかしそれも大勢から言えばあまり熱意はなかった。

なお一般社会の者は日本が従来取って来た、進歩的、開放的な政策に共鳴して、事態が日本に有利であることを望み、政府系その他二、三の親露的新聞も日本に対して底意あるわけではなく、政策からか或は事情を知らないために露国側に傾いたが、新聞雑誌の多数は日本に同情ある論説や記事を掲げ、しかも喜ばしく感じられたことは知識階級の中堅層をなす法律家、実業家、教授、学生らが日本側に立って、この戦争を日本が起した義戦と見ていたことであって、これは他の欧州の各国においても同様に言い得る徴候で、この種の同情者を異邦に持つことは戦争中我々の日常を始終慰めてくれた。

四　日露交渉（続）、ルーマニアとの条約締結問題、バルチック艦隊、宣伝戦

戦争に対する日露両国の態度を比較すれば、既にその一端は指摘したが、日本にとってこの一戦は実に死活問題であり、朝鮮の領土保全は自衛上日本の一貫した主張であって、国民もこれを最小限度の目標とし、我が政府はこれを世界の各国に対しても声明することに努めたが、露国としては本土を去ること数千里の地点に不凍港を設定し、朝鮮北部を軍事上の要地となす計画を立てる他に同地に林業の経営を目論み、その後援として満州に軍隊を増派し、しかしてこれらの地域と密接な利害関係を有する相手国たる日本の要求を重視して、実力によってその目的を達成しようとしたのであって、一年余にわたって日本の

融通性ある折衝に応ずることなく、武力により抵抗するだけの決断は日本に出来ないものと見てその計画を続行したのであるが、その予想に反して我が最後通牒に接して一驚を喫したのだった。

しかも宮中及び政府の一部の外には、極東における以上の成行きには通じているものがない故に、戦争が始まってから俄かに国民の敵愾心を呼び起す始末で、その上国民の感情は一致せず、一部には政府に反感を持つ者もあって、中にはこの機会を利用して帝制廃止を企てる一派さえあった。また他の列国は概して、日本が露国の侵略政策に対して自衛上止むを得ず立ち上ったとの見方をしていた。そして列国がかかる態度に終始したのについては、露国の外交が従来自己本位で列国間に信用されず、その専制政治は欧米諸国に疎《うと》まれていたのに対して、日本は進歩的な新興国で、外交においては信義を重んじるという印象を各国に与えていたという事実も、その有力な原因の一つだったと考えられる。

なお我が政府は戦争中常に列強に我が立場を理解させることに努め、多少の邪魔はあったが、最後まで列強間に信用を維持することが出来たのは、確かに我が政府の大きな成功だった。しかし終局の勝敗如何については、海外における初期の評判では、地理、国力、伝統的な声望等の諸条件を考慮したのであろうが、露国が優勢であることは明らかであるとなし、日本にいかに武力が備わっていても、持久戦となれば到底勝目はないというのが一般の観測で、私自身もこの種類の取り沙汰を度々耳にした。そしてウィーン駐在の露国大使はカプニスト伯という人で、平生あまり人望はなかったが、露国と墺太利との特殊な関係もあり、戦争中も相当に幅を利かしているように感じられた。勿論大使も自国の勝利を予想していたのだろうが、戦地からの報道が露国にとって不利になるに従い、大使の姿は次第に見られなくなり、その影も薄くなって、遂に帰国したように記憶する。こういうことは格別問題にはならないが、やはり深い印象を後まで残すものである。

それから話が少し先走るが、思い出すままに、ここでルーマニアとの条約締結問題について語っておきたい。露墺両国の間にルーマニア王国が介在し、これはバルカン半島において希臘《ギリシャ》とともにスラーヴ人種以外の二独立国で、国際関係では墺太利と最も親しく、独立以来泰西の文明を取り入れ、首府ブカレストは半島には珍しく設備されたる文化的な小都会で、同国人はこれを半島のパリーと誇り、人種もラテン系である。また露国とは年来ベッサラビアの国境問題で紛争が絶えなかった。私はウィーン駐在のルーマニア公使のギカという人と親しかったので、或る時雑談の折に偶然の思い付きのように、今日のような時代に日本とルーマニアとの間にまだ条約が締結されていないのは不自然な気がすると言ったところが、公使も同感の旨を表明し、これはその後も一再ならず我々の間で話題に上ったが、東京でもその必要を認め、明治三十六年九月に至り交渉を正式に開始すべき訓令に接した。帰任後、同年十二月に公使に面会し、これまでに個人的に話し合ったことでもあるが、我が政府はルーマニアと通商条約を締結する希望を有し、本使は閣下と会談して相互間に意見の一致を見ればなおウィーンにて交渉を開始し、その場合本使は全権として其の衝に当ることを申し入れた。これに対して公使は、その提議は我が政府においても名誉のこととして受諾すると考えるが、ただ目下ルーマニアは、墺太利、独逸、その他の隣国と締結した通商条約が満期になり、その改定を必要とする時期に達しており、この際特に日本と新条約を結ぶことは他に影響する所なきや否や、この点政府において研究を要することと思われる。ただし日本とは従来の行き掛りというようなものが何もないから別に支障はないことと思うが、御来談の趣旨は直ちに政府に報告して請訓しようと返事した。それで私は、ちょうど手許に日希通商条約の英文があったからこれを条文起草の参考のために御覧に入れると言って、公使に該書類を渡して引取った。

翌三十七年一月二十四日のルーマニア公使館の晩餐会に臨んだ際に、公使にまだ訓令に接しないか尋ねて見たところが、まだ何も言って来ないということで、その後も数回同問題に触れて見たが公使はいつも訓令を得ていなかった。そのうちに公使は帰国して数ヵ月間不在になり、再び帰任することになったので、この機会に懸案の事柄について尋ねようと思っていたところが、公使の方から我が公使館を訪問し、帰国中外務大臣が内話したところによれば、ルーマニア政府としては日本と通商条約を締結することはもとより希望するところであるが、日露両国が交戦状態にある現状に鑑み、露国の感情を害するようなことは避けなければならない関係上、条約締結はもっと適当な時期を待つことに決した旨を伝えた。なおこの時公使は続いて余談に移り、露国の外交官は自国が失敗を重ねているので神経衰弱になり、平生の横柄な態度は全く見られなくなったと語った。

私は以上の公使の内話を諒とし、ルーマニア政府の事情を察する旨の返事をして、ただ念のために条約の案文に対しては大体において故障がないかどうか尋ねたところが、原則としては何ら故障なしということだった。そして既に語った通り、ルーマニアは露国とは微妙な関係にあり、この際強いてこちら側の要求を通そうとしても成功の見込みはないので、この問題は後の時期に改めて交渉することにした。またその時公使が露国の外交官は平生に似ずひどく銷沈していると言ったのは事実であって、これは彼らに接している他の同僚からも度々聞かされていた。そしてウィーン駐劄の露国大使は遠からず帰国するという噂も伝えられ、戦争についての一般の人気がどのようなものであるかが窺われた。

このギカという公使はルーマニアの名門の出で、同国にとっては最も重要な位置であるウィーンに駐在するほどの人物であるので、平生から親しくしていたが、同地外交団の首席公使でもあり、この人と交際して少からず便宜を得た。或る時この公使の内話に、宮中で御陪食があった際に、皇帝の隣席に坐したので今度の戦争について色々と皇帝からお話があり、その一節に、露国皇帝は気の毒なことにアレクセイエフの悪い影響を受けておられるようだとのことだったが、同皇帝が実際は露国皇太后に悩まされていることについては皇帝は触れられなかった。また皇帝は戦地に二人の将校を派遣しておられ、絶えず情報が送られて来るということで、日本軍の作戦計画が優れていることを相当に褒《ほ》めておられた、更に戦争前にウィーンに在勤していた日本武官が軍の要職にあって働いているのを喜んでおられた、とそういう話を公使から聞かされた（この武官は藤井茂太大佐と言って、日露戦争では黒木軍の参謀長を勤め、後に中将になって罷《や》めた）。これはルーマニアは墺太利の同盟国のようなものであり、公使も長くウィーンに駐在していたので皇帝がこのように打ち解けて話をされたのであって、戦争中に日本の公使にかかる話をされては角が立つのである。

これは戦争直前のことであるが、外務次官の晩餐会に招かれた際、次官に日本から最近報道があるかと尋ねられた。その時は日本が露国と談判をしている最中で、次官の口振りでは満州における日本の権益について確かな報道がない様子なので、日本は別に新たに求むる所があるのではなく、ただ従来の条約上の権益を確保することを望んでいるだけであり、一方支那の主権は尊重し、これを犯す意志は少しもなく、この意味で露国と交渉しているのだと答えた。そうすると次官は、露国は信頼が出来ない相手でしょうから、と言ったので、満州における居留の特権については米国も同じような権利を持っていると付け加えると、次官が言うのには外務大臣はそういうことをよく知らない様子だとのことであった。なお朝鮮の保全は日本にとって自衛上絶対に必要なのだと言うと、次官は、いっそのこと朝鮮を占領したらどうですか、と言った。これは大ざっぱな、無責任な話ではあったが、満州と朝鮮に関する日本の態度は先方に了解出来たように見受けられた。

開戦後絶えず注意を要した問題は幾らもあったが、戦局に対する露国内の反響、シベリア鉄道の輸送力、バルチック海並びに黒海の露国艦隊の動向等がその主なものだった。何分に懸け離れた敵地間のことなので、正確な情報を手に入れることは相当に困難だったが、日本に同情を有する知人で敵の国情に明るいような者を露国内に派遣し、そういう人々が齎《もたら》す各種の情報を綜合してこれに基づいて判断する他なかった。それでこれから思い出すままに当時のことについて話したいと思うが、別に順序を立てず、話が前後することもあらかじめ断っておく。

露国の内情について言えば、開戦後最初に露国が採用した宣伝方針は、日本が国際法を無視して宣戦に先立って露国の軍艦を不意打ちしたと主張することであって、「ノーヴォエ・フレーミア」を始め各新聞は一斉にこれを宣伝の材料に書き立てて、内外に対して自国の立場を有利に導こうと努めた。これはもとより事実に反し、またかかる捏造を弁駁する必要もないが、露国では当時このことを盛んに言い立てて、露国は平和主義だったために戦争の準備もしなかったのだと唱え、日本は勝手に不法な戦争を始めたと宣伝した。

ところが国内には戦争が始まる数十年以前から帝政の顚覆を標榜する革命分子が四方に散在し、失政と見なすべき事件が起ればこれを機会に政府及び政体を攻撃して、常に己れの勢力の発展を図っていたのである。この時革命派の一団は、その策源地たる独逸のシュツットガルトで露語新聞を発行していたが、それが露国の大学生に宛てた檄文《げきぶん》を発表した。その大要は、日本が露国を不意打ちにしたというのは誤りで、実際は露国の極東における行動が戦争を惹起したのに他ならない。露国にとって満州の占領が実際に必要であるかどうか、また露国が極東において不凍港を絶対に必要とするや否やの問題は他日に譲るとして、現在では国を戦争に導きながら戦備を怠った責任者を究明することが焦眉の急である。これもすべて立憲政体を布《し》かないためにかかることになったのであって、今やこの国民の宿望たる立憲政体の成立を政府に迫って実現させる時機が到来したのであり、国民はこの目的の下に奮起すべきである、という主張であった。既に言ったごとく、これは大学生に訴えたものであるが、革命を必須とする根本的な意図から出発して、そのために旅順における露国の失敗を利用したものである。

それから次に掲げるのは開戦後間もなく戦争が露国内にいかに響くかについて、同国の国情に精通しているワルソー在勤の「モーニング・ポスト」の特派員でモンローという人がその観測を英国の本社に打電した原稿で、「倫敦タイムス」のスティードがその発送直前に、この際敵国の事情として御参考にと言って持参したものであるが、客観的に見て間違ってはいないと思うので、いささか長きに失する憾があるがその全文を引用する。

現下ノ戦争ガ露西亜帝国就中欧羅巴領露西亜ノ内国民ニ及ボス間接ノ影響ハ実ニ恐ルベ

キ勢力ヲ有スルモノノ如シ余事ハサテ置キ本年出師ノ為メ賦課スベキ諸掛リハ既ニ負担ノ極度ニ達セル農業社会ニ対シテ非常ナル重圧ヲ加フルニ至ルベシ元来露国ノ土地ハ名義上一種ノ小地主制度ノ下ニ耕作セラル、者ナリト雖モ実際ハ其反対ノ意味ニ解セザルベカラズ農民コソ却テ土地ニ所有セラルルモノナリ総テ農民ハ其自治体乃チ村ノ命令又ハ割附ニ従ヒ家族及ビ瀕死ノ家畜ヲ使用シテ一定ノ土地ヲ耕作シ其収得シタル生産物ヨリ一定ノ割合ヲ以テ其村全体ノ負担スベキ租税ノ中ニ各自ノ負担ヲ上納セザルベカラズ之レ恰モ蜜ヲ取リ去リタル社会主義ノ指針ト称スベキナリ然リ而シテ其家族団体ヨリ一定ノ労力ヲ貢献セシムル制度ノ下ニ於テ一家ヨリ一人ノ強壮者ヲ徴発スルハ取リモ直サズ夫レ丈ケノ負担力ヲ少クスルモノニシテ随テ其割合ニ租税及ビ生存ニ必要ナル全歳入ヲ減縮スルニ等シ故ニ二十万ノ若クハ三十万人ノ徴発ハ多量ニ労力ヲ要スル地方ニ影響ヲ及ボスコト尠ナカラザルベシ

農民ハ今ヤ何事モ顧ミルニ遑アラズ其慣熟シタル農耕ヲ廃シ而シテ寒冽ナル荒野ヲ横ギリ西比利亜（即チ農夫等ノ悪魔殿ニシテ其母国政府ガ囚徒ヲ送致スル所）ノ又其先キニ輸送セラレテ未知ノ人民否恐ラク数週前迄ハ嘗テ聞キモ及バザル人民ト戦ハザルベカラズ而シテ其後ニ残シタル貧村ハ直チニ租税ノ免除ヲ受クルニ非ズシテ反テ益々其負担ヲ増加セラルルナリ斯ノ如ク農民及ビ金銭ノ二重徴発ハ過去数年間生存ノ為メニ奮闘シタル地方ニ向テ強行セラルルナルベシ是レ乃チ出費多キ出師ニ伴フ避クベカラザル消耗費ヲ補フガ為メ起

ルトコロノ過重ナル負担ニ関スル事情ノ概観ナリ

尚進ンデ仮リニ露国ガ今一層危険ナル地位ニ臨ミタリト想像セヨ又其戦争ハ猛烈ニシテ長期ニ渉ルモノト仮定セヨ更ニ又将卒ノ勇気及奉公心ハ常ニ勝利ヲ保証スルニ足ラズト仮定セヨ而シテ民衆及ビ金銭ノ流出ハ戦闘ノ永続スルニ従ヒ弥々多ク益々頻繁ニナルト仮定セヨ其露国ノ内部ニ及ボス結果ハ果シテ如何ナルベキカ其賦課徴発ハ上下ヲ通ジテ社会ノ各方面ニ執行セラレ而シテ不平ノ観念ハ益々其度ヲ高メ遂ニスベテノ伝統ヲ圧倒スルニ至ルベシ要スルニ或ル点ヲ越エレバ貧者ハ其貧ヲ脱シ終ニ其理性ヲ失フモノナリ露国ハ輓近其国威ヲ発揚シ大ニ其領域ヲ拡張シタリ仏国モ亦一時大王（ルイ十四世）ノ下ニ其全盛ヲ極メタルコトアリ余ハ玆ニ於テ其相続者ガ既ニ死床ニ臨ミテ興味アル前途悲観的予言ヲ下シタルヲ想起スルヲ禁ズル能ハザルナリ

モンロー記ス

明治三十七年十月下旬にバルチック艦隊が北海において英国の漁船を襲撃した事件は、全欧州を震駭《しんがい》させた。即ち同艦隊が出港して日本に向う途中、約五十隻の隊を組んで北海に出漁中の英国の漁船に発砲し、そのうち数隻を撃沈して数十名の死傷者を出し、しかも露国艦隊は遭難者を救助することもせずに航行を続けたのである。当時は戦争が人心を刺戟していてバルチック艦隊の出港は特に注意を惹き、同艦隊が戦況にいかなる影響を及ぼすかについて広く議論が行われていた際なので、その出発後間もなく起ったこの事件は、すべての新聞の紙面を埋めることになった。しかしその論調は概して露国側の恐怖心に原因する暴行であるということに帰し、ただし露国政府は謝罪して賠償を支払うべきであると強硬に主張され、一方において英国政府は艦隊に出動準備の命令を発したことを公表した。また仏蘭西はこの事件の成行きを非常に憂慮して、両国政府に対して必要があれば調停の労を取ろうという申し入れまで行ったのである。

この時のウィーン駐劄米国大使はストアラーという人で、同国大統領とも懇意の間柄であり、その当時帰省中だったが、大統領の官邸に数日間逗留し、帰任の途中巴里にも立寄って数日を過したということだったので、帰任後訪問して何か聞き込みがあったかどうか尋ねたところが、大使は、米国は一般に日本に同情していて、殊に大統領の親日主義に至っては世間並みのものではなく、深く日本人及び日本の国情を研究した結果も見受けられ、日本の大使館員との交際も至って親密で、そういう人たちに対して個人的にも好意を持っているのが感じられたと語り、それから大使は帰任の途次巴里に滞在し、その聟が仏蘭西の代議士であるためにその縁故で仏蘭西の政客に多く接近する機会を得た由で、ちょうど露国艦隊の漁船襲撃事件の直後に行き合せたので自然この事件が話題に上り、当時の外相デルカッセは善後策について非常に苦心し、問題が起った数日間はその落着が遷延するのを気遣い、ひどく憔悴《しょうすい》したが、ようやく解決の見通しが付いたので初めて周囲の者に連日の苦衷《くちゅう》を洩らし、かのファショダ事件当時の危機切迫の状態も最近の苦心には及ばなかったと語ったそうだと大使は言った。

この時分仏蘭西は露国の同盟国で、場合によってはこの事件が破綻の切っ掛けとなるかも解らないので、デルカッセが心配したのは当然のことで、なおストアラー大使が当時信ずべき筋から聞いたところでは、もし不幸にして交渉が決裂したならば仏蘭西が実力でその同盟国を援助したかどうかは疑わしいということだった。また大使はデルカッセと米外相へイとの関係について語り、両氏が互いの意見を尊重することは大使自身断言するところであり、この二人は面識はないが、不思議に意気投合して、一方において申し出ることがあれば他方はこれをよく了解してそれが真実に世界平和に貢献せんがためであることを信じ、この両政治家の存在は現在の国際関係における意義ある事実として注目に価するものであり、その共同の力は将来世界の外交において非常に大きな働きをなすだろうと述べた。

この時大使は現下の戦争には言及しなかったが、媾和の段取りに至ったならば右の両氏は斡旋《あっせん》の資格を有しているとの見解に基づき、その任に当るべき人物を物色するならば一人は米国の外相として、また一人は仏蘭西の外相として斡旋を依頼するのに適当であるという意味を私に洩らしたのであった。

この漁船襲撃事件については結局英国が謝罪と賠償の件をハーグの国際裁判所に依頼し、

露国も同意して一段落を告げたので、この大事件もそういうことで一応片が付いたが、これは全く露国艦隊乗員の一時の狼狽から起った災難であり、それはこの艦隊の出動が戦争の成行きにいかなる影響を及ぼすかについて危惧していた人々に、かかる劈頭からの不祥事に鑑み、露国艦隊が東郷艦隊の相手として訓練の程度に相当に相違があることを感ぜしめ、今まで心配していた人々が大いに気を強くしたことを思い出すのである。また露国は言わば世界に恥を曝《さら》した結果になり、露国に同情していた者も多少落胆したことと思う。

なおこのバルチック艦隊の極東への出動は開戦以来問題になっていたことで、我が海軍においてはその真相を捉えるのに特に深い関心を有し、艦隊の勢力、出動の可能性、またその時期等については私の手許にも各種の情報が入ったが、正確な判断を下すことは甚だ困難だった。しかしその中で波蘭人の筋から齎される情報があり、これが事実に最も近いと思われた。そして結局は出動すると観測されるに至った時にこの椿事が起ったのである。

ところがその後艦隊の一部が地中海に現れてスエズ運河経由の航路を取りクリート島に碇泊して修理を行いつつありとの情報が入り、またこれについて政府の訓令にも接したので、その実況、勢力、動静等を調査すべく、平生日本に同情ある或る通信社の一員にその任務を委嘱したところが、快く引受けてくれて、オデッサを経由してクリート島に入り込み、見聞したままを数回にわたって打電して来たので、それをすぐに日本に申達した。オデッサを経由して行ったのは、兼ねてから露国黒海艦隊のダーダネルス海峡通過の噂が伝わっていたので、幸いオデッサにはこの通信員の知人で石炭商をしている者がいたために、何か参考すべき聞き込みもあろうと思い、オデッサ経由を依頼したのである。

この黒海艦隊の極東への進出はダーダネルス海峡通過を要するので、土耳古を始め巴里条約調印者、殊に英国にとって看過すべからざる国際問題を生じる事情にあり、その噂があるごとに新聞は勿論各国政府の神経を刺戟した。また一方露国の新聞には熱心に黒海艦隊の出動を主張する論者もあり、また同国の伝統にも似ず、海軍出身者まで公然と同艦隊の出港を主張する有様で、ウィーンの外交界でも関心を示すほどの局面を呈するに至ったので、念のために、黒海方面の情勢に地理的に直接の利害関係を有し、また墺太利とは同盟国同様の関係にあるルーマニアの公使に、本件につき何か聞かないかと質《ただ》したところ、特に耳にしたことはないが、巴里条約が存する間は全然不可能と思うという意見で、その後同公使は外務次官に面会してこの問題について質問すると、次官はこれを全く否定し、海峡通過は土耳古、それから殊に英国の地中海に対する関心もあり、両国は必ず抗議すべく、このことは明白であるから黒海艦隊の海峡通過は不可能であると断言した旨、公使がわざわざ来館して内話してくれた。これは同公使は外務次官に内輪の人として接しているので、本件に関する墺太利政府の見解を語ったものと信じた。なおその頃同じ問題について英国大使に会い、右の話をしたところ、大使もこの問題に注意していたと見えて私の話を政府に報告し、それが同政府の白書に掲載されているのを見たことがある。

そのような次第で、英国は地中海及びスエズ運河方面と密接な利害関係を有し、同方面のことを疎《おろそ》かにせず、またその他の情報を綜合して見て、黒海艦隊のダーダネルス海峡通過は事実上あり得ないことがほぼ確実になった。不思議なことにはこの黒海艦隊の動静の方が、海峡通過問題の関係で、バルチック艦隊よりも遥かに注意を惹き、新聞でも大きく扱われていた。

私が外交官として常に感じていたことは、任地の新聞業者に出来るだけ接触して土地の事情を聞き、この方面の人たちと懇意にすることがいかに必要であるかということであった。

大国の首府には、この方面の有力者が組織する団体の他に当地寄留の外国通信員の団体があり、ウィーンにおいてはこの方面とかねて懇意にしていたので、開戦になってから時に便宜を得た。殊に英米の新聞は実力があり、特派員の数も多く、人選もそれだけ念を入れて、「倫敦タイムス」の特派員などに至ってはどこに行ってもその地位にある者として相当の待遇を受けていた。また新聞業者から得られる後援の一例として、後年チェッコ・スロヴァキアの大統領になったマザリックは「倫敦タイムス」ウィーン特派員のスティードと平生から親しくしていて、殊にチェッコの独立の際にはスティードは「倫敦タイムス」の編輯長になっていたのでマザリックを積極的に声援し、また私もスティードとは懇意にしていたが、第一次大戦後の巴里媾和会議の時も人種問題で面倒を見てくれた。そして今度の戦争は日本にとって自衛の戦争であると観察していたので、英米新聞の海外特派員は本国の輿論を反映して日本に同情し、そのためにウィーン在留の英米新聞の特派員が示してくれた好意は、今日でも戦争中のいい記念として思い出に残っている。

なおこの新聞業者の話に付け加えておきたいのは、波蘭人で「クラカウ新聞」の社長であってウィーンの外国新聞組合長をしていたセパンスキイという人のことで、これは戦争中に非常に有益な情報を始終提供してくれた。またその社会的な位置から言っても政治問題等について相当に見識があり、極めて内容ある資料をしばしば提出してくれた。波蘭については後に更に述べたいと思う。

戦争に宣伝は付き物であって、これは文化が進歩するとともにその方法も発達し、今度の大戦で米国が行った宣伝がいかに大規模なものであったかは、人々の記憶に新たなことであると思う。日露戦争の時も敵側が採用したこの種の戦術は侮り難いものがあり、棄てておけば被害も相当に大きいことを考えなければならなかった。即ち露国は欧米諸国の各政府、国民の感情を迎えることに努めて、日本を様々に誣《し》いることを宣伝の一つの手段としていた。その一例として、我が政府は露国との紛争の発端以来その態度、主張を明らかにすることに努力したので、見識ある者は我が方の立場を理解していたが、欧州大陸の国民は視野が狭くて、英米人と異なり流言に支配され易く、露国は新聞その他の宣伝機関により、例の黄人禍とか、邪教信者とか、蒙古人種などの一聯の熟語を利用して排日気分醸成の材料に供していた。

それでその頃の人気に顧み、これを放置しておくことは帝国のために面白くなく、時局に不利な事態を招きかねないので、日本の開明主義は維新以来一貫していて、日本の態度は露国が宣伝しているようなのとは正反対であることをこの際明らかにすることが急務であると考え、洪牙利人で日本に好意を持っているヴァンヴェリーというブダペスト大学の教授に面会して、大陸に流布している邪説を排撃する仕事について相談したところが、教授は全く同感で快く引き受けてくれて、その意味の冊子を直ちに起稿することを承諾した。なおこの時、黄人禍云々の謬見は学識あるものよりも新聞に多く左右される普通人に信じられ易いので、冊子を書くについては、これらを対象にして努めて平易な言葉を用いることが好ましいという相談が調い、また英米人に対してはかかる予防策を講じる必要少く、主として独仏の国民を考慮に入れるべきであるとの教授の意見に基づき、独逸語と仏蘭西語で出版することにした。そしてこれを知名人、新聞、雑誌、大学、文化団体等に寄付し、また一般にも頒布すべく計画し、やがて教授は稿を終え、独逸語版は割合に早く出来上って売行きもよく、参考書として戦争中の意義ある出版物の一つだったと信じる（その趣旨は、日本の開明主義を説いて、黄禍論などは思いも寄らないことを指摘したものだった）。

この冊子が発行されてから間もなかったと思うが、或る日ウィーン駐劄のバヴァリア公使が来訪し、その話次ヴァンヴェリーの著述を見たかと尋ねられたので、手に入れたがまだ読んでないと答えると、公使はその内容を述べて自分も同感である旨を表明し、いやしくも識見ある者はすべて同じ意見であるに違いないと言い、次に、今度の戦争で皆日本の実力に驚いている次第で、黄人禍の説などは自然に消滅すべく、要するに大陸諸国の者は日本をよく知らないから一旦この種の流言が放たれればその当時は広く伝わるが、もとより為にする者の宣伝に過ぎないのであるから棄てておいても永続きはしない、と語った。それから調子を改めて言うのに、私は貴方に対して同僚間の打ち解けた話として、日本の将来について世間に現れた一種の観測を腹蔵なく述べるが、もし日本が今度の戦争で全勝するに至らば日本人の意気はますます昂まり、日本の国力を信頼する余り進んで亜細亜大陸保全の任に当り、清国もその意気に感じ、かの北米合衆国の国是たるモンロー主義のような政策が採用されて大陸に対する他国の侵入は阻止され、現状維持ということのみならず遂には、例えば膠州湾のごとき大陸における既設の外国の根拠地、租借地まで維持し能わざる事態に立ち至ることを懸念している者であり、この種類の意見は有識者間にも行われていて決して流言に惑わされ易い大衆に限られたことではない。勿論日本の開放主義は世界に知れ渡っているが、しかし従来の例を見ても戦勝国の国民が一度勃興すれば気概の奔逸は免れ難いものであって、日本もその趨勢に引き摺られることがないかどうか、これら欧州大陸の思慮ある一部の人々の戦局観である。勿論これは単に自分が見聞したことの内話に過ぎないことを御承知願いたい、と言った。

このバヴァリア公使は独逸大使と昵懇《じっこん》の間柄で、その領地に招かれて最近出向くのだとも言っていた。ところで同公使が話したことの中で膠州湾とモンロー主義の二つの言葉が殊に角立って聞え、独逸皇帝を聯想せざるを得ず、偶然に語られた言葉に過ぎなかったが、単に公使の思い付きではなく、当時外交団の間でこの種の臆測が行われていると思われ、とにかくこれは念頭に留め置くべきだと思った。私は公使に、それは断じて杞憂であり、私としては清国よりもむしろ欧州大陸方面が気掛りであると答えたが、この翌日「倫敦タイムス」のスティードにこの話をすると、スティードは同公使から直接それを聞いていて、公使の話は或る方面で同様の心遣いをしている向きがあるのと符合すると思ったということだった。なおスティードは、公使がヴァンヴェリーの冊子を独逸帝国首相のビューロウと自国バヴァリアの首相に一冊ずつ送ったと言っていたと告げた。これから見てもこの冊子が相当に注意を惹いたことが解る。

ヴァンヴェリーは元来日本の理解者で、戦争中は日本の支持者として殊に有名だったから、ここにその履歴を付け加えておきたいと思う。彼はブダペスト大学の東洋語学科教授で、多年中央亜細亜の諸国を旅行して、ペルシア、アフガニスタン等の事情に精通し、戦争が起る数年前から日本に同情を寄せ、日英同盟が成立した時はこの盟約を褒めて、英国が日本を同盟国とするのは怪しむに足らない旨を力説した。

日露戦争が起るに及んで、彼は墺太利、英国等の新聞雑誌に寄稿して露国の圧制、腐敗を暴露し、日本の正義と開放主義を称揚し、就中《なかんずく》彼が最も力を入れたのは黄禍論の排撃だった。この黄禍論は独逸、墺太利、仏蘭西等の一部に曽て流布した説で、日本の戦果を見て一部為にする論者が陳腐の文字を持出し、固陋《ころう》の説をなし、流言を放って日本の人気を抑えるのに大いに活躍した際におけるヴァンヴェリーの著書の発表は、露国、独逸の一部では反感を以て迎えられ、本人の手許に届いた通信でこの著述を非難して来たものも少くなかった。しかし黄禍論も時とともに次第に勢力を失い、大して問題にはならないで終った。

五　土耳古との条約締結問題について

日本がルーマニアと条約を締結しようとしたことについての始末は既に話したが、我が政府は戦争中に土耳古とも同様に条約締結の交渉を行って、これも不成功に終った。

土耳古はダーダネルス海峡問題については最大の利害関係を有し、また曽ては欧州大陸東部の大部分を併呑してウィーン近くまで攻め寄せ、欧州諸国を震駭させたほどの隆盛を極めた帝国であり、その皇帝は回教徒の法王ともいうべき地位にある国柄で、今日でも土耳古はとかく国際間に問題を起す存在であるが、そういう国であるにも拘らず土耳古と日本との間にそれまで外交関係が成立していなかったことは遺憾なことに思われ、土耳古に割合に近くのウィーンに勤務していて殊にその感じを強くした。それで私が賜暇帰朝中にそのことを政府の人々に話すと、当時は日露間の事情が切迫していた際ではあり、皆条約締結に賛成で、私が帰任の上は談判を開始すべき命令を受けた。

もっとも土耳古との交渉には相当の沿革があって、先年青木駐独公使が土耳古を旅行中に皇帝に拝謁した際に、皇帝より日土両国間に条約の成立を望むとのお話があったのがその端緒で、爾来ベルリンで土耳古大使と青木公使との間に数回にわたって意見の交換が行われたが、治外法権の規定を適用するや否やの点で一致せず、明治三十一年に至って井上駐独公使から日本政府の意向として、治外法権の一条は後日決定すべき案件として単に両国間の親交を約束して通商を許容するに止る大綱を協定することを提案した。しかしその後五年間、土耳古政府からは何らの応答もないままに過されて来た次第だった。

それで私はウィーン駐剳の土耳古大使に面会して、我が政府が両国間に条約の締結を見ることを希望し、本件については五年前にベルリン駐剳日本公使より貴国大使に覚書を御手交したるままにて今日に至りたるにつき、従来の行き掛りに鑑みここに改めて閣下に面会して引き続き御折衝も致すべく政府より訓令を受ける旨を述べた。

これに対して大使は、両国間の関係については自分もいささか尽した経験がある次第で、先年貴国軍艦が我が海軍の遭難せる士官を土耳古に送還された際の我が国民上下の歓迎は今に記憶に銘するところであるが、その当時自分は土耳古公使として希臘に在任し、貴国軍艦が帰国の途次希臘のピレウス港に碇泊中、その将士がアゼンスに往復して王宮に招引された時、自分は主任公使たるの気持で斡旋したことがあった。なお両国間に条約を締結する件については、その成り行きについては詳しくないが、土耳古においては既に条約は成立したのも同然に考えられた時代もあり、或る同僚は日本駐剳公使に擬せられて長途の旅の支度に焦慮したことを、当時の世間話として耳にしたこともあった。また両国間の国情には衝突を来すような点は何も存在せず、ただ治外法権の問題については、土耳古としては新たに締結する条約には一切これを認めない方針を取っていて、現にルーマニア、セルビア等との条約ではこれを省いた次第である。ただ希臘との新条約では、止むを得ず治外法権を認めたのであって、これは英、米、独等が頻りに希臘に力添えしたので、土耳古は遂に承認することを余儀なくされたのであり、今に残念に思っている、と語った。

それで私は、交渉が久しく中止された形になっていることは惜しむべきであり、両国間には元来国誼を増進する素地となるべきもの少からず、殊に近来は水陸の運輸発達して交通も頻繁になる傾向にあり、日本の名士、旅人の土耳古に巡遊する者は日々に増加しつつあるのみならず、両国はおのおの東西の一方に重きをなし、世界の政治問題に有力なる発言をなす立場にあり、相互間に今なお外交関係が存在せざるは時勢に添わざる憾みがある。

また我がベルリン駐劄公使より貴国大使に呈したる我が政府の詳細にわたる覚書については、未だ具体的に研究が遂げられ、意見の交換が試みられたことなく、双方の主張が到底相容れざるものや否や速断すべきにあらざるによって、今日のごとく懸案として棄ておくことは双方にとって不利なるべく、我が政府はこの辺の理由に顧み今回本官の帰任を機会として閣下に面議し、貴政府の御意向を伺い、閣下の御協力により進んで談判を開くの希望を開陳すべく命令せられたのであると述べた。

大使はこれに対して、公然本件を耳にしたのは今日が初めてであり、本国政府の意向は承知していないから差向き何ら申し上げることが出来ないが、お話を伺いたるについては直ちに委曲を報告して政府の指揮を仰ぐべしと答えた。

以上が初回の会見の要領で、この時はまだ日露開戦以前だった。私はこの土耳古大使が本国政府にどの程度に信任されているか心得ておきたく、また当墺太利外務省辺ではその人物に対する観察も行われている筈と思い、外務次官に面会してその意見を質したところ、次官が言うのには、同大使は在任既に十年近くになり、墺土両国間には相当問題もあるが、これまで信用に関するような事故がなく、話の取次役としては誠実にその役目を果すようであるとのことで、少くも不満らしい口吻は洩らさなかった。

なお第一に知っておきたく思ったことで、大使の本国における信用如何については容易に聞き質す手蔓《てづる》がなかった。殊に土耳古においては政府よりもむしろ皇帝の信任如何が問題であることに気付いたが、これを知ることは一層困難だった。しかし十年間もこの位置にあるということは異数のことで、恐らく相当に信任されていることが推測された。

私はその後大使より何ら回答に接しなかったので、公式に往訪して先年ベルリンにて我が公使より提出したる案文に対する土耳古政府の意向を尋ねたところが、彼は、遺憾であるが土耳古はこれに同意すること能わず。まず治外法権に関する事項を明瞭に解決することなくしては相談が纏まる見込みなく、この点を明瞭にしたる案文ならば喜んで評議すべしと答え、続いて大使は日土修交の必要を熱心に主張し、日本帝国と条約を結ぶことほど土耳古国民が歓迎することはないのであり、皇帝を始め微賤の匹夫に至るまで日本に対しては非常な好意を持ち、往年土耳古の軍艦が遭難した際の日本の義挙は同胞に多大の感銘を与え、彼らは日本を東方の偉大なる国家として景慕している。また日本の三十年来の進歩は世界の耳目を驚かし、土耳古はその興隆を嘆賞して止まざるところであり、両帝国は亜細亜大陸の両極端にあって相互の関係があまりないようであるが、実際は然らず、両国とも国際上の相手として常に苦しまされているのは露国であり、この点互いに深く同情すべき所以が存し、将来相与《とも》に謀《はか》って大いに共同の利益に浴する余地あることは疑いを容れないのである。しかも両国の版図は相接せざるを以て相互の利害が衝突する場合は想像が及ばないことであるから、利ありても害あるを予想すること能わず。また通商の利益も日本にとって大なるものあるべく、日本は既に世界的な地位を占め、政治的にも、また貿易上にも世界的な地盤を有しているが、土耳古は不幸にして欧州の一隅にあって列強に圧迫され、手足を伸ばすこと能わざる実状にある故に、今両国間に条約を締結するも或は日本ほどこれを利用する能わざるも知るべからず。しかし土耳古の有志は未だ母国の悲境に屈服せず、国内の宿弊を除き、国民の隆盛を図ることはこれら有志が希望して止まないところである。ここに条約の内容についてまず以て断言しておかねばならぬことは治外法権の一条であって、この点土耳古が到底譲ること能わざる理由は、土耳古今日の不振はこの憎むべき制度に胚胎《はいたい》するからであり、この制度の端緒は往年外国に些少の特権を与えたことに発している。即ち二百年来列国は次第に色々の機会に乗じてその些少の特権を拡張し、遂に今日のごとく帝都に十余の外国郵便局を置き、犯罪人を逮捕するのに現行犯の場合でも外国人に関する限りは、領事立会いの上でなければ警察は犯人を抑えることが出来ない状態である。そして国民はこれらの屈辱を憤激していつかこれを廃止する日を待ちつつあり、心ある者は皆この目的を達せんがために努力しているのであって、日本も曽ては同様の経過を辿って来たのであるからかかる事情はよく納得されることと思うが、斯様の次第であるから、土耳古のいかなる政治家も、今後新たに治外法権を設定することに同意することはあり得べからざることで、このことはくれぐれも了解ありたし、ということだった。

　これに対して私は、両国の修交を希望するについて言わんと欲することは大使が私に先んじて述べられたからこれに全く同感の意を表するばかりであるが、今回の交渉は自分が帰国中大臣に申請したことであって、両国間の談判が五年間中絶の状態にあることは今日の世界状勢が許すところにあらず。閣下は幸いに日本には縁故あり、当地に駐劄あるを以て自分が帰任後に再び交渉を開始し、閣下の尽力により事件を進行せしめたしとのことを以てしたるに、大使もこれに賛同してその政府の決定を以て訓令に接せられたり。付いては枝葉の問題に関しては議事そのこととしてこれを省き、治外法権について日本の見地を一応陳述したいが、土耳古が多年逆境に苦しみつつあることは十分に察してあまりあり、なるべく早く現状を脱せられんことを望む次第である。今ここに条約を結ばんとするに当り、日本に在留する土耳古人に対しては最恵国の待遇を与え、英米独その他外国人と同様の取扱いをなすのであるが、土耳古においては日本人に対して他外国人の待遇と異なる取扱いをなし、即ち土耳古の国民同様の立場に置くことはいわゆる最恵国の待遇にあらずして、斯様の条件にて両国間の国交を開始することになりては公平の処置と言うこと能わず。かくしては政府は我が国民に対してその義務を全うせざることになり、国民が政府を責むるも辞柄なかるべく、日本人に最恵国の待遇を与えずと言うにおいては土耳古にいかなる事情あるも、列国にはこれを譲与して日本にはこれを拒むと見なさるるを免れず、日本国民がこの待遇を得るを当然とすることは明瞭である。故に自分はこの点に付き政府に訓令を仰ぐに先立ち、閣下の御考慮を煩わして出来るだけ意志の疏通を図りたい、と私の希望を述べた。

大使はこの申し出に対して、治外法権に対する日本の意向はこれを了せり。貴国国民よりする時は御説のごとくなるべく、公平にこれを評するにおいては、治外法権の条項挿入は決して不当なる期待とは思わない。また両人の間で出来るだけ相談を纏めることはもとより同感で、もし書面を以て御意見をお示し下されば何回にても協議致すべく、自分は何ほどの労も惜しまず力の及ぶ限り調停に努むべしと答えた。

それで私は、単に外交官駐劄のことを主にして他は後日の問題に廻して案文を草して来たが、大使の一覧を得たいと言って草案を示したところが、大使はこれを一読して、これは極めて簡単に実行出来ることである。しかしこれほどのことならば現状に留めておくのと大差なく、わざわざ条約を締結する必要はないではないか、と言ったので、私は、自分はそうは思わない。このことについて何ら取り決めが行われていなければ、外交官を駐劄させるのにその拠るべき規定がなく、この案文が承認されて初めて公使を派遣することも出来て、両国政府の意向の交換も常道を踏むことになるので、この仮条約によってその道を開くのであり、通商の規定のごときはこれを後廻しにして差支えないと思う、と答えた。

そうすると大使は、いかにも通商の規定を後廻しにすることは差支えないと思いますが、ただ治外法権の問題に関する日本の主張に対しては、これは日本側の主張としては別に怪しむに足らないが、土耳古としてはこの問題を未解決のままにして交渉を進めることは政府が万々肯じ能わざることであって、これについて現在大臣であるジューフィク・パシャが往年我が大使としてベルリンに在任中、政府の命を受けて当時の日本公使に断言したことは爾来今日に至るも我が国の一貫した政策であり、およそ新条約を締結するには治外法権の問題を未決定に付せずにあらかじめこれを適用しないことを明言しておくことが前提たるを要し、何人が局に当るもこれを遵奉しなければならない行き掛りである、と大使は語った後に、更に彼が受けた訓令の一部を読んで聞かせたが、それは英文で書いてあった。

You are not to deviate at any price from the principle of non-capitulation. The Imperial Japanese Government seems to have under consideration two systems : namely 1. on condition of the most favoured nation clause; 2. to keep entire silence on the question of capitulation. Neither is commendable to the Imperial Turkish Government as no. 1 plan could give them right of capitulation which for reasons stated cannot be accorded, no.2 plan because it would always permit the Japanese Government to claim that right whenever they find it fit.

(貴殿は治外法権を認めないと言う原則を絶対に守らなければならない。日本帝国政府は二つの方策を考えているようであって、その一つは最恵国条款を適用することであり、第二は治外法権の問題には全然触れないという態度である。これらはいずれも土耳古帝国政府が承認し得ないことであって、それは第一策は彼らに治外法権を獲得することを可能にし、これは前記の理由により彼らに与えてはならない特権であり、第二策は彼らが適当なる時機にこの特権を要求する余地を残すことになるからである。）

これがその内容であって、私は大使がそれを朗読してくれたことを感謝し、次いで土耳古政府の態度が厳に失するとの感想を述べ、土耳古政府は土耳古における治外法権の問題については主権者の立場にあるのだから、他日仮りに日本政府より何らかの要求を試みることあるもこれを拒絶すれば足ることである。しかも日本政府は貴国の方針が確定して動かすべからざることを知れば、強いて求むることは無益であるから敢えてそのようなことはしないに違いない。それならば特に治外法権を否定することを約する必要はなかるべく、またこれに反して日本が治外法権を断念する旨を条約文に明記することは、前に述べた通り一方的な譲歩をなす結果になることを指摘した。

大使は日本が治外法権を放棄するの困難なる理由に対しては少しも口論することなく、むしろ当然の言い分として承引したように見受けられた。しかし彼は実際問題として治外法権の弊害を繰り返し、現外相は先年ベルリンにて本件を取り扱った当人であり、今改めて訓令を請うもその態度を変更することはないと自分は確信する。即ち土耳古においては治外法権ほど不評判な問題はなく、この不評判な制度を今改めて他国に適用することは、土耳古の政治家が断じてなさざることである。そしてこの問題を除けば日本は関税その他の面において列国が有せざる特典まで獲得することが出来るだろうと語り、これでこの日の会話は終った。

以上の経緯があって、私としては大使だけでは当方の提案に同意することは出来ないことを認める他なかったが、このCapitulation（土耳古に於ける外国人の治外法権）は歴史的な制度であって、土耳古が欧州の列強と交渉するに当り、外人に対して法律上特別の取扱いを約するを余儀なくされたことに始まる公法上の特定の取り決めであり、爾来これらの特典は拡張されることはあっても緩和されることなくして今に及んだのである。しかも相手国たる列強の全部がかかる特典を有していたので、土耳古にとっては非常な弱みであり、そのために自国内における外国の勢力は増大する一方であることが悩みの点であり、それがまた二百年来のことであって、土耳古側から言えば、曽て日本が経験したのよりも更に念が入った束縛だった。それ故に土耳古がこの問題について強硬な態度でその主張を繰り返す事情は理解出来たが、日本はこれを諒して大いに譲歩し、単に公使駐劄に関する取り決めを行おうとするに留めたるに拘らず、土耳古はこれに応じないで治外法権を要求せざることを仮条約において確約することを求めるのだった。

それでこの点については、日本側が前に述べた通りの理由から到底土耳古の要求に応じ得ないことは大使も理解したが、土耳古側は日本が或は今後改めて治外法権を要求するに至るかも知れないとの懸念からその余地を封じるために大使にも内訓して、かかる偏狭な、片意地な態度に出たことが推測され、要するに将来の日本政府の方針に不安を感じているというのが実情ではないかと思われた。しかしいずれにせよ先方の内情を出来るだけ知っておくことが今度取るべき方法を決定する上で必要であると思い、前述した土耳古大使館一等書記官のアッシム・ベイとは平生個人的に懇意にしていたので、彼に面会して最近本国から何か消息はないか尋ねて見た。

アッシム・ベイは、何らの報道にも接していないと答えた後に、更に彼一個人の私見として、土耳古政府が日本の提議に同意する見込みはほとんどないと思われる。別に本国の内部の醜状を暴露するつもりではないが、実情は、皇帝は評判もされている通り聡明な方であるが、その周囲の奉仕者は利己主義者で、国事に対してとかくの意見を述べ、上奏の案件について乗ずべき余地ある時すかさず横議を試みるのは通常のことで、この度の条約案には治外法権の放棄については一切確約することなきを以て、この輩は必ずこれを取り上げ、日本は差向きこれを曖昧に付するも他日機会を見てこの問題を持ち出し、もしくは何ら条約に規定されていないことでも曽て露国が取った手段に倣《なら》って無理に主張することなきを保証し難い（これは露国が土耳古との条約によって許可されていない区域で、しかも通商上少しも重要ではない地方に領事を任命して、これに認可状を与えることを土耳古政府に強要した事件を言うのである）。既に露国の前例があるに鑑み日本がこれに倣おうとしないとも限らず、然る時は治外法権の特権に均霑《きんてん》することを主張して忽《たちま》ち困難な問題を惹起するに至るべく、それ故にかかる仮条約はむしろ排斥すべしと論じて日本を誹謗《ひぼう》し、これら廷臣が条約の締結に妨害を加えることは最もあり得べきことであり、これは如何ともなし難い、とアッシム・ベイは語った。

これはいかにも奇怪な説に思われたが、彼は宮廷の内情を語ったのであるから、常識のある者が日本と露国とを同日に論じることはない筈で、敢えて釈明する必要なしと見て、私は、今度は日本政府が行った提議の主意は案文を一読すれば明瞭であって、領事館の設置、及び通商のことは一切これを省いた以上、他日両国政府が会議の上で領事館の設置等のことを改めて条約によって規定せざる限り領事の任命などはあり得べからざることであり、これらの点は大使にも明細に述べておきたるも、誤解なきよう十分に御助言ありたし、とアッシム・ベイに依頼した。

これに対してアッシム・ベイは、土耳古は従来列国との交渉で、条約によって規定されていないことでも習慣とか、或は他国の強制とかによって無理に押し付けられた例が少なく、土耳古の宮廷及び政府はこの点を非常に気遣い、従って、また今度の公使駐劄に関する交渉は、後日、治外法権の承認を強制する手段であると論じる者も絶えないことと思われ、結局治外法権を放棄する旨を条約文に明記せざるにおいては、日本の提案に対する土耳古政府の同意を得ることは困難だろう、と語った。

このアッシム・ベイは曽て最初の駐日土耳古公使の候補に挙げられたことがあるという

噂もあり、土耳古の大使館員の中では進歩的な外交官で、誠意を以て以上の経験を私に語ったものと認めた。そしてウィーンではこの上更に参考になる情報は得難いと推測し、コンスタンチノープルならばどうかと考えて二、三手蔓を求めたところが、皇帝の側近にイゼット・パシャという宮中にての勢力家があり、この人の知遇を得た邦人で中村という者がいて、貿易商として多年土耳古に滞在し、相当の人物なのでこれに旨を含めて、前記のイゼット・パシャに面会して世間話のついでに、日本に対する一般土耳古人の好感情は昂まりつつある一方であるのに、日土間に未だに外交関係がないのは不自然である、治外法権の問題等が障害となっているのか、と尋ねさせたところが、イゼット・パシャは自分も条約の成立を希望するのであるが、色々の事情があって思うように進捗しない。しかし今後も自分としては尽力するつもりだと語ったということで、それから相当な日数が経った後に再び面会した際に、中村がその後の模様に何か変化はないかと聞くと、イゼット・パシャは、自分は日土条約締結の必要について再び上奏したところが、陛下は目下時機が宜しくないから暫く待てとの仰せで、時機についての御懸念とは何か深い思召しがあらせられるかとも拝察したが、そのように仰せられた以上暫く差し控える他ないと思う。陛下のこの御懸念は或は旅順の陥落と奉天の占領を待ってとの御趣旨かも知れないので（この時は既に日露開戦以後だった）、自分はこれらの戦況が多少陛下の御意向に影響するのではないかと推測するから、その機会を利用してまた上奏を試みる考えである、とイゼット・パシャは語り、更に彼は、条約の可否については内々二、三の友人に相談したが、皆その締結に賛成であるからこの上も尽力する、と述べたということだった。

このイゼット・パシャはその方面よりの報によれば当今有力な宮内官と伝えられたが、ただこの談話は気軽な間柄の者と無責任に取り交されたものなので、どの程度まで信用していいかは解らなかった。しかし表面の交渉は再三の督促にも拘らず難関に遭遇するのみであり、土耳古政府よりすぐに応諾の回答を得ることは難しいと思われたので、やはりイゼット・パシャのごとき側近の方面に音信を通じて戦捷の報道を待ってこれを機会に運動を続行するのを上策となし、中村にこのことを委嘱した。

なおこれまでの交渉の経過を顧みて注意に上ることは、交渉進行上の障碍の原因が常に皇帝御自身にあることで、政府の顕官といえども御意に逆らうことは出来ないのであり、今その御躊躇の点を追究するに、一、露国に対する御遠慮、二、戦争中の日本が土耳古に対してしきりに国交を求めるのは露土両国間の関係に鑑み日本が特に土耳古を利用しようとすることに対する御懸念、三、治外法権についてはこれを放棄する旨が条約文中に明記されざる限り条約の締結は将来に禍根を残すことになるからこの際むしろ日本との国交を開始せざるに如かずとする見方、の三点にあったと断定された。そしてこの中で最大の難点は第一の点だったと察せられるのであって、土耳古の皇室は衰運に向いつつあり、国内には新式の教育を受けた者が増加してこれら新知識の所有者は皇帝に対して不満を抱き、そのために国内至る所に不穏の形勢が醸成されて皇室の基礎が危いので、皇帝は外国政府に後援を求めることを安全策の一つとしてこれに期待を掛けられたのである。

即ち当時の風聞では皇帝と露国との間に黙契が成立していて、帝室の安全については皇帝は露国に信頼しておられるとまで伝えられ、確実なことは解らなかったが、とにかく宮中、府中に露国の勢力が蟠《わだかま》っていたことは争われない事実で、この方面では日本と条約が結ばれるのを好まないことは明白であり、その成立を積極的に妨げたと考えられる。そして我が方の運動はひとえに戦果が上るのを利用して極秘裡に進められることを必要としたが、かかる形勢の下においては目的達成の見込みはほとんどないような状態だった。しかしながら一方においては、まだ輿論となるまでには至っていなかったが、新知識者並びに在野勢力一般の態度が極めて好日的であることは蔽うべからざる事実であって、戦況如何によってはこの方面の意向が問題の好転に多少寄与することが期待された。

なお皇帝御自身も日本に対しては好感情を抱いておられたと思われるのであって、青木公使が最初に拝謁した時は先方より条約締結を望む旨の御発言があったことは前述の通りである。そしてその後の土耳古を利用する云々のことは、いかにも当事者が抱きそうな疑惑で、初めイゼット・パシャが中村に、日本は当時戦争中なのでそのため特に土耳古との修交を欲するのではないかと尋ねたこともあり、これもその一斑を洩らしたのである。しかしイゼット・パシャは日本の同情者と見られた人で、前に挙げた日本に対する土耳古の疑惑三点のうち他の二点も要するに信用の問題で、信任ある日本政府の代表者が土耳古に滞在して誠意を披瀝し、皇帝を始め当局者に対してこれら疑念の一掃に努めたならば、皇帝も安心せられたことと思われる。

しかしとにかく実情としては日土条約の締結は差し向き実現不可能で、或る土耳古に駐在していて日本に同情ある外国の大使の援助を乞うことも一策と思われたが、私が離任するまでにはこれ以上交渉の進捗を見ることは遺憾ながら出来なかった。またこの間、土耳古の内情について数々の奇聞に接したが、いずれもこの国がいかに不健全な状態にあるかを例証するものだった。その一例として最後に述べておく。曽てバルカン半島視察のために従来より親交ある某教授の出張を煩わしたことがあるが、これはその教授が土耳古に滞在中に実地に見聞した話である。土耳古の顕官が露国の黄白を受けていることは各方面より毎々伝えられていることだが、また彼が日本との条約問題について、土耳古外務省の主任者と対談中に先方より入手した参考書類の中には一通の案文が入っていて、これは前にウィーンにおいて土耳古大使より日本政府に提出した条約の草案そのものであって、かかる秘密書類を無位無官の一外国人に提供するとは驚くべきことであり、後で聞いたところによると、教授は係員に内々心付けを与えたので大いに便宜を図って貰えたとのことだった。また土耳古では、官吏はその位置の高下により贈与する金銀に等差はあるが、金次第で意志を枉《ま》げることは常習であると言われていた。

以上は私がウィーン在任中の環境についての思い出話であり、その時々の出来事に対する取り扱い方を略述した断片に過ぎないが、その間最も私の注意を惹いたのは相手国の内情が統一を欠き、また複雑であることで、更にこれらの国々の政権はその君主が掌握するところであり、政治は国民全体の輿論とはほとんど没交渉で、その時の当局者の画策に従って行われていたのだった。即ち露国にしても、或は土耳古、墺太利にしても、各民族の一致した国論に基礎を置く政治は行われていなかったのであって、ここにこれらの国家の弱味があった。そして宮廷の威力が保たれている間は治安も維持され、また国際間にもその国は十分尊重されたが、主権者たち相互間に利害関係や感情問題で不和が生じると、宮廷も乱れて国家としての存在を保つことが困難になり、国内は治まらず、外国には機会あるごとに乗ぜられ、内乱或は戦争のごとき破綻を見るに至れば革命が起り、遂には国自体が亡びたのである。露、墺、土の三国はいずれもこの径路を辿ったのであって、国民の自治によらざる政治が行われて民意が伴わない国家は、有事の際に十分に国力を発揮することと能わず、国運も尽きるのである。

今日二回にわたる大戦争の結果として八カ国の君主制度は廃棄せられ、従来の政体をそのまま維持しつつある国家はむしろ少数に属し、政治組織がいかにも整わざることを痛感させる。然るにもし各国の政治家、国民が、その折々の政治、外交問題について適切な措置を講じて来たならば、これほどの大崩壊を見るに至らずにすんだのではないかと思われ、政治というものがいかに重要な問題であるかは、この半世紀の間に眼前に実証されたことを感じるのである。

六　露国大使との儀礼問題その他

戦争中は日露両国の使臣間の交際は中絶していたが、媾和条約批准後は機会を見て交際を開始すべきは当然のことで、これについてはウィーンに在任中意外な誤解を招いた問題が起り、簡単なことではあったが、戦後の余談として伝えておくのも一興かと思う。

或る時宮中に何かの儀式があって、外交団一同が参内した折、主席公使が露国大使も今日来合せているから御紹介しようかと言うので、宜しく頼むと答え、儀式終了を待って大使に紹介されたので握手し、二、三言葉を交えた後、大使の在宅の時日を尋ねると、平日は大抵二時から四時まで在館するとのことで、すべて儀式を抜きにして入来ありたしとの返事を得てその日は別れ、翌日往訪すると、大使が外出した後だったので名刺を置いて帰って来た。大使はその翌日答礼として来館し、官名の付してない名刺を置いて帰り、更にその翌日改めて官名を付した名刺を館員に持参させたが、私は両日ともに不在だったので面会しなかった。ところが数日を経て、前記の首席公使を介して大使からの伝言で、牧野公使が自分を訪問された時自分は不在だったので、名刺を残して帰られた答礼として自分は官名がない名刺を差し出しておいた。しかしながらかかる交際開始の場合の手続きとしては、両国代表者はあたかも同時に任地に着任したものと見なされるのが慣例であって、実際上着任に前後があることは問題にならず、従って両国代表者の資格の相違から言って公使は宜しく書面を以て大使に面謁を乞うのが正常の手順であると思う、と言って来た。

然るに当国駐劄の列国使臣間における交際開始の慣例としては、公使が先任大使に紹介を求める場合は書面を以て引見を申し込み、この時は大礼服着用ということになっているが、近頃はこの服装の点は略することになっていて、更に後任大使に対してはこの手続きを履《ふ》まず、偶然の機会に第三者の紹介で交際が開始される仕来りだった。即ち伝言の、同時着任と見なし、書面を以て面謁を申し込む云々のことは大使が先に着任している場合のことで、この露国大使は戦争中に赴任したのであるから正しく事実において後任であり、それを私が公使に指摘すると、公使は、実は自分も伝言の趣旨には反対した次第で、平和回復後両国代表者同時着任と見なす云々は新説であって曽て聞いたことがなく、現に日本公使は先任者であるから従来の慣例に従うのが正常であると信じる旨を述べたところが、大使はとにかく伝言して貰いたいと重ねて依頼した後に一言加えて言うのに、実は今後牧野公使と友誼を結ぶことは自分も求めるところで、ことさら難題を持ち出すわけではないが、見解上止むを得ないことなので、伝言を御依頼する次第だと述べたとのことだった。

私はこの伝言について熟考したが、いかにも牽強付会の説で、既に宮中での紹介により握手して言葉を交え、その時先方でも来訪は略式に願いますと言ったのであり、また名刺の交換もすんだのであるからこの際大使が望むごとくするのは無意味であると思い、前記の公使を訪問して重ねてその旨を伝え、自分の体面から言っても大使の気紛れな申し出に従うことは出来ない。勿論自分も大使と交際することは大切であると考えているが、今度の事件に関しては思い直すことは出来ない、と告げたところが、公使は自分も全然同意見であると言い、なお、大使は着任後まだ公然の受け日を催さないからいずれ内外人を招引することとあるべく、その折に角立てず社交的に往訪されたら宜しかろうということなので、これは当然のことであると答えて、この話の内容を先方に伝えて貰ったところが、大使はその上なお前説を繰り返すことなく、問題は落着した。このように大使の態度が豹変したのは、多分、館員もしくはその他の者に説得されたためと思われるが、察するに大使は敗戦後の自国の体面を繕《つくろ》わんとの心遣いから、かくのごとく無理な言い分を案出したものと推察した。

話は他に移るが、戦争中に羅馬《ローマ》教皇の日本に対する同情については度々聞いていて、或る時外務大臣の晩餐会で教皇大使館参事官と雑談中に、彼は改まった態度で言うのに、今度の戦争については教皇は最初から日本に同情を表していたのであって、両交戦国の主張を深く追究するまでもなく、従来両国政府が旧教に対して取っていた方針に既に顕著な差があり、日本は宗教の自由を許し、各宗教に対して差別を設けず、そのいずれを信ずるも内外人の自由に委せて来た。然るに露国においては、これに反して政府が国法によって宗教上の自由を束縛すること甚だしく、一例を挙げればそれで万事が解ると思うが、例えば希臘正教会（露国の国教）の信者が自分から望んで旧教その他の異教に転向しようとしても国法がこれを許さないのであって、その他諸般の施設にしても圧制甚だしきものあり、この点から見ても日本に対する教皇庁の態度が正しいことは明白であります、と語った。また続いて言うのに、教皇庁は日本との修交を望んでいると私は考えますが、日本には旧教信者も少くなく、互いに使節を交換して意志の疎通を図ることは双方にとって有利なことではないでしょうか、と述べた。

私はこれに対して、教皇庁が日本の政策を正当に理解せられたことは大変喜ぶべきことであり、使節交換も平和回復後は必ず実現の機会が到来するでしょうと挨拶したが、右はこの参事官一個の意見ではなく、教皇庁全体の空気を反映したものと考えられ、教皇庁の日本に対するかかる友好的な態度は、戦争中我が方に間接に少からぬ利益を齎《もたら》したのである。ただこの時分は教皇庁と仏蘭西政府との間に政治的な軋轢《あつれき》があり、両者相反目する関係にあったので、日本が教皇庁と表面俄かに条約を結べば各国の注目を惹き、露国の同盟国で教皇庁と非友好的な関係にある仏蘭西政府を刺戟することになり、少しでも戦局に悪影響を及ぼすことは避くべきであるので、時間の経過を待った後に交渉すべきだと思った。

これも余事であるが、在任中にジュスという国会議員で有名な地質学者と懇意になり、これは万国学士院院長の位置にあって学界に重きをなしていた人で、最初「倫敦タイムス」のスティードの紹介で面会してから時折往来していたが、これは日本の理解者で、戦争の成行きに深い関心を示していた。そして戦争が終局を告げるに及んで来館し、祝意を述べてから自分の感想を語って言うのに、日本の軍人がよく規律を守り、辛苦に堪えて勇敢に戦うことは我々が驚嘆して止まざるところである。けだしこれは封建時に鍛錬された武士気質がなお伝統的に残っていて、国民も質素な生活をしているために国の全力を戦地に注ぐことが出来たのであろう。しかしながら大戦争があった後に、物質的な進歩に伴って生活の程度が高くなり、安逸な気分を生じるのはとかくありがちなことであるが、日本も将来この弊に陥らないようにして、持ち前の質朴な、献身的な美風を擁護する必要があるのではないかと述べた。

また彼は続いて言うのに、我々は日本の天皇陛下の御盛徳に対して深い尊敬の念を持っている。我々は陛下が国内人心の強固なる統一を掌握され、陸海軍軍人に十分の戦果を収めしめ、また賢明な政治家を御採用になっておられると聞いているが、ついては不躾《ぶしつけ》ではあるが、陛下の御性格について少しく承ることが出来れば幸いである、と意外な質問を私にした。しかしいかにも誠意ある口吻なので、私は、我々日本人は陛下のことに関してとかくの批評がましいことを口にするのを憚るが、御誠意に対して一言するならば、我が陛下は理想的な君主であらせられる。また幸いに維新以来数名のおのおの特徴ある、有為の政治家がいて、陛下はその長所をお取り上げになり、個人的なお好き嫌いなく、御使用になっておられ、これらの人々は自分たちが陛下の深い御信任を蒙っていることを感じて、おのおのその特質に従って最善の努力を尽している。また陛下は御自身極めて質素であらせられ、奢侈《しゃし》はお嫌いで、国民の安否ということにひたすら御心をお注ぎになっておられる、と説明したところが、ジュス博士はいかにも納得が出来たという面持で頷《うなず》いた。

なお前にも言った通り、彼は万国学士院院長であるので、或る時日本の学士院の話が出て、彼は、日本の学士院が万国学士院に加入してはどうか、時々会合もあり、報告の交換もするので、有利でもあり、また便宜を得ることとあることと思う、と好意を表してくれたので、私はこの話を聞いて、前に文部省に在職したこともあり、内情は承知していたので、多分我が学士院に御厚意を伝えたら喜んで御紹介をお願いするだろうから、早速関係方に照会してその回答を待って改めてお願いしよう、と答えた。

翻って我が学士院の実状を顧みると不振を極めていて、会員には当時一流の顔振れを揃えていたが、その経費は年額僅かに一万円位で、研究費は勿論、印刷費、雑費も足らぬがちで、仕事に手も足も出ない貧弱な所帯であり、会員は絶えず当局に増額を迫ってはいても、相変らず予算の関係で実現出来なくて数年来懸案のままになっている有様で、ほとんど有名無実の学士院と言うべく、学界長老の名を連ねているばかりで、実際は名誉表彰の方便たるに止まる無意味な存在だった。それ故にもし万国学士院に加入する話が進んで、我が学士院が一つの国際的な機関になれば、それが動機となって官制も改正され、経費の増額も行われるだろうとの期待の下に、今言ったように進んでジュス博士に紹介を依頼した。

かくして日本では翌年の六月（明治三十九年）に従来の東京学士院が廃止されて、新たに帝国学士院の官制が発令され、文学と科学の二部が置かれ、その目的としては必要な調査研究を行い、海外の同種類の団体と気脈を通じて文化の興隆に寄与することになったので、学士院の事業御奨励のために皇室より金員の御下賜があり、その他の寄付金もあって経費の増額も実現された。そして毎年五月に総会を催して、その一年中学界において、研究調査に優秀な成績を挙げた者に対する表彰式が行われるのであるが、これは学界の年中行事の一つであり、その受賞者は一般学界に紹介されて羨望の的となるのであって、この帝国学士院における今日の隆盛を致したのは前述のごとく、ジュス博士の提案によって学士院が万国学士院に加入したことに端を発しているとも言える。

ここに一つの記念として残しておきたい挿話がある。明治三十八年五月二十八日に白耳義公使の午餐会に招かれ、「倫敦タイムス」のスティードの外は皆来着したが、公使はスティードももう来るだろうと言いわけするような口調で一言し、客はその間三々五々に打ち寄って世間話で五分ほど立った頃、スティードが慌《あわただ》しく入って来て遅刻を謝し、実は大変なニュースが入って仕事が手放せなかったので、それはバルチック艦隊が日本海で全滅した情報です、と言うや否や、一同は多大の感動を顔に浮べて、一斉に私の方を見た。そして公使は私に向い、今お聞きでしょうが、お手許に公報はありましたか、と尋ねたので、ありました、先刻入電しました、と答えると、公使は近寄って来て両手で私の肩を揺すり、Quel homme!（何という男だ）と言って、このようなニュースを何故一同に披露しなかったのだという気持を率直に表し、他の客も同感の様子で、代る代る私の所に来て祝意を表した。私は戦争中は得意も失意も表面に現すことを避けていて、この日も特に沈黙を守ったのでもないが、自慢したくもなかったのである。実は胸中に包み切れぬほどの快心を覚えながら午餐に出向いたのであって、それがこういう場面を出来《しゅったい》させたのは意外だった。この時のことは、スティードの『三十年の回顧』という著書に詳細な記事が載せてある。一概には言えないが、外国人はこのような場合に、それが機密に属することでない限り、別に自慢する意味からではなく、進んで事実をありのままに口外するように思う。

ウィーンを離任する日が近付いて、八月か九月にもう一つこのような事件があった。戦争終結後、洪牙利の代表者の一団が来館して、今度の戦争の記念として我々洪牙利人有志は申し合せて、大山、東郷の両大将に特製の軍刀を贈呈することに決定し、代表者がその軍刀を携帯して日本に渡航し、親しく両将軍に捧呈するようにしたい。ついては渡航中及び日本に滞在している間然るべくお取り扱い下さることをお願いしたく、目下その費用を調達するために全国の洪牙利人に寄付を募りつつある、という趣旨を述べた。その頃洪牙利人が日本を敬慕している有様はかねて新聞紙その他で毎回報道され、その頃ブダペストを通過する日本人は何の縁故もない洪牙利人たちに近づかれて歓迎されるほどの人気であり、右のような企てもいかにもあり得べきことに思われたが、ただその発起人たちの身分も解らず、且つ寄付金を募集中とのことでもあり、その際は単なる下相談として聞いておく他なかった。そしてついでの時に、外務次官にこの計画について何か聞き込みでもあるか、と尋ねたところ、一向何も聞いたことがなく、発起人たちの名前も曽て耳にしたことがないという返事だった。要するにその程度のことで、この話は私がウィーンを出発するまで改めて具体的な照会もなかったから日本に報告もしなかったが、或は何か故障が生じて立ち消えになったのかも知れない。これも当時の洪牙利における一時的な感激の現れだったのだろうと思う。

戦争中のウィーンにおける日本に対する同情の現れの一つとして、日本の赤十字社への寄付金を集めるために当地の赤十字社が大音楽会を催したことがあった。この時は当地帝室所属のオペラ専属で世界的な名声あるクルッ女史を始めとして、一流の歌手、演奏家が出演し、その中で波蘭出の十五、六歳の青年兄弟が優《すぐ》れたるヴァイオリンなどの演奏を行ったのは殊に喝采された。

なおこのクルッ女史は歌手として一流であるのみならず非常な美人で、英米を始め大陸各国の都会に巡業してその優れた美声を以て知られていた。この日の入場者は当地上流社会、外交団その他数千人に上り、我々も招待されて、肩身が広い思いをした。その時集まった金額は正確な数字は覚えていないが、巨額に上ったように記憶している。なおこの日出演してくれた名手たちに謝意を表するために後で公使館で午餐会を開催し、私も原稿を書いて貰って謝辞を述べたが、その席上、出演者各自の写真入りの記念帖を貰った。因みに露国に対するそういう音楽会などの催しはなかったように思う。即ち露国は一種のこわ持てはしていたが、あまり人気はなかったのである。

もう一つの催しは日本の美術を紹介するために、絵画、陶器等の展覧会を開いたことで、陳列品のことはその道の人に依頼して自分も伊万里九谷《くたに》物など多少出品したが、この時意外に感じたのは当地の貴族その他の蒐集品が多いことだった。その中でも目を惹いたのは古伊万里を和蘭で模造したもので、これは長崎からの輸出品を手本にして作られたのであって、多少伊万里の感じが出ていたが、一見して模造品であることが解った。即ちそれほど欧州には日本の美術品が流布し、また鑑賞されたのであり、この時の出品もそのようにして昔から伝わったものが多く、往時はアムステルダムに日本から船が入るとそのことを大陸の貴族その他に通知し、彼らは自分で出掛けるか、或は人を遣るかして入荷物品を買い求めるのである。日本の時代物が大陸の各地で見掛けられるのは、大概こういう筋道を経て入手されたものと思われる。

ウィーンは独逸の統一以前から欧州の外交に重きをなした国際的な都市で、伝統が古くて旧式なことが多く、その一例として感じたことは羅馬在勤中の経験と比較して、外交官が極めて鄭重に扱われたことである。即ち電信電話がない時代には、各国の大公使は臨機の処置を取らなければならないことがしばしばあり、また精神的にもその君主を代表するので、各国とも国内の優れた人物を選抜してその職に任ずることを常とし、ウィーンにはそういう時代の習慣が残っていて、大公使が馬車で外出する際には御者が帽子に徽章を付けており、交通警官は挙手して往来を整理し、また新任の外国使臣が国書を捧呈した後披露会を催して、この時は宮廷の式部官が侍立して来客者を一々紹介することになっていた。ただし公使の場合はこの式はなかった。

もっとも私が就任したのは五十年前のことであるから、今では全く昔の思い出である。当時大公使の宴会に招待された土地の者はそれを一種の名誉と心得て出席し、交際季節は春から初夏に掛けてであるが、その間に各外国使臣は十回位宴会を催し、またその返礼として方々に招待され、もとよりこれは任意によるのではあるが、なかなか忙しかった。殊に衣服の問題があり、こういう際に婦人は巴里の流行を追って意匠を凝らすのである。そして外交官はこの社交ということにも意を用いなければならず、徒労に見えるが、やはり何か問題が起きた場合は平生懇親の間柄でなければ話が円満に出来ないのであって、政府との折衝は事務的なことが主であるから構わないが、情報を得たり、各種の便宜を図って貰ったりするのは任国の各方面と連絡を保ち、個人的に信用を得ることに努め、語学、交際等に留意しなければならないのである。なおこのような心掛けは一層その必要が加わると思う。

話は違うが、ウィーンは物価が高い所で、そのために遠地からの留学生は伯林ほどいなかった。そしてこれは一見不思議なことのようであるが、ウィーンは鉄道が開設されたために物価が昂騰したということで、安くなったものは郵便切手と新聞紙だけであり、これは陸軍省の経理局長が編纂した物価表にも示されていた。以前は田舎からウィーンに出て来ても月に二十グルデン位で生活出来たということであった。そしてこの物価の関係で特殊の学問の他は日本の留学生も割合に少かった。

七　露国の内情、波蘭の形勢

露国内の事情は大体戦況を反映して推移して行ったと言える。そして日本に同情する縁故者から時々情報を提供されたが、これらを参考にして何らかの結論を得るためにはなるべく公平な、客観的な立場からなされた報告を精選する必要があった。我々が最も関心を持っていたのは、国内の秩序がどの程度まで乱れたならば露国にとって戦争継続が不可能になるということだったが、これは社会の要素たる生活状態とか、思想とか、財政、輸送、人種等の広汎な範囲にわたる諸問題の状況如何によって決せられることであり、いつ政治力の運用が行き詰るかは容易に判断を許さず、要するに事態の大体において正確と思われる観測に基づいておよその見込みを立てる他なかった。以下、当時入手した情報の二、三を掲げて見る。

かねてから、信頼していた某教授の現地視察による報告の概要を述べれば、露国間においては現政体並びに政府に反対の思想を抱くものは多数にわたり、彼らが提唱する政策に従って温和派から過激派に至る各派に分れ、また地域や人種によってその目標も異なっているが、近来政府の失態はいよいよ蔽うべくもなく、その威信地に堕ちて政府反対の諸派は急激に勢力を増し、平生ならば政府の圧力の下に沈黙している進取的な各分子は、秕政改善の大目的を達すべき時機熟せりと見て、小異を捨てて大同に就き、協力して積極的に事に当るためにその代表者が会同して、第一、政体、第二、人種、第三、手段の三項目について熟議した結果、政体は普通選挙に基づく民主主義的な政体として人種の相違によってそれぞれに自治制を許可し、手段については、前述の目的を達成するための手段方法は、各派が見る所に従って自ら一様ではないから、これは各派に任意の行動を許す方が却って効果的であるとして、その自由行動に任せて互いに束縛せざることにし、更にこの決議を平生連絡のある各方面に広く通告すること等の大綱を議決して、その趣旨を明らかにした宣言書を起草してこれを内外に撒布することに決定した。そしてこれは前述のごとき大同団結の運動としては要領を得た綱領である、というのであった。

また平生懇意にしていた或る新聞社の社長が来訪して内話したところによると、その同業者で友人のガンツという独逸人は約一ヵ月間露国内に遊び、その間に見聞したことについて感想を述べた書簡に、同人は露国に入国するに先立ち、学者その他相当の地位にある露国人への紹介状を多数用意し、入国後トルストイを始め各地の有識者に面会して今度の戦争についての彼らの意向を尋ねたところが、この方面における戦争の不評判に驚いたということで、それよりも更に同人が意外に感じたことは、戦争が既に開始された以上止むを得ないとして、この際露国の敗北を望む者が多いということだった。そしてその理由としては、現在国内の宿弊、また諸制度が固陋《ころう》であることは国民にとって堪え難いものがあり、何人も夜就寝してその翌日シベリアに送られる身とはならないことを期し得ない有様で、かかる苦境を脱することは国民が等しく翹望《ぎょうぼう》して止まないところであるが、官憲の圧迫が烈しいので尋常の手段で改革を行うことは望むべくもない。しかも国民がかかる次第でその非運を嘆じている際に今度の戦争が起ったのであって、この戦争こそ大改革を行う機会であり、これを実現するためには露国の敗戦を必要とする。即ち露国が戦争に勝った場合は従来の圧制が倍加されることは自然の数であり、従って革新の目的を達するためにはこの際露国が大打撃を蒙って、その階級制度、圧制主義及び官僚組織が根本的に国を誤った事実が暴露されなければならず、その前途において健全な発達を招来するにはむしろ敗戦こそ望ましく、戦争に際して自国の敗北を祈ることは不条理極まることではあるが、露国の革新は経験に顧み到底尋常一様の秩序的な進化に俟《ま》つことは出来ないのであるから、一時の不名誉を忍んで敗戦による覚醒を改革の契機とすることが将来のために得策であると、以上のような考え方がこのガンッという独逸人の見聞によれば露国内で広く行われているということだった。

また公使館に在勤している露語通訳生の福田某に露国から入手した材料に基づき、その内情の趨勢を調査させた報告の概要を示せば、明治三十七年十月以来の情勢は頓《とみ》に険悪になり、同国にとって不利な各般の形勢の裡《うち》に未曽有の大乱脈の徴候が出現しつつあり、目下正しく内乱、革命の寸前にあるというべく、各方面の報道に徴するに、全国が無政府状態に陥っていると見て差支えない。この際ウィッテは宰相の重職にあり、秩序回復に畢生の努力を試みているが、内報によれば同氏は既に二週間にわたり安眠を得ず、保守派と革新党の意見は全く隔絶し、ウィッテはその間に立ちほとんど為す所を知らず、或は有力者に援助を懇請し、或は国民に声明を発して静謐《せいひつ》な態度を維持することを求め、その苦心惨澹の状は、彼が日々施す応急姑息《こそく》の措置からも容易に推察することが出来る。然してこの無秩序の状態が今後果してどこまで進展するかはもとより予想出来ないが、既往に顧みる時はこの趨勢は民権の勝利に帰する他なく、既に今日までに勅諭により約束された諸事項がこの際直ちに履行の緒に付かば、国民の大部分は満足し、一時は秩序が回復されることとも思われる。しかしながら露国が名実ともに法治国となり、憲法政治が実現するまでにはなお多くの年月を要し、その間に多少の変遷は免れず、時には或は反動を来して保守派が擡頭することとも予想され、また開戦以来の露国の損失に加うるに内乱、革命の障害を以てすれば、露国が現在蒙りつつある有形無形の打撃は全く無慙《むざん》と言う他ない。事実、露国は有史以来今度のような屈辱を受けたことはなく、また国力をかくまで消耗したこともなく、この衰退は今後更に続いてその極点に達すべく、帝室並びにウィッテらの苦悶の状は見るに忍びないものがある、と福田の報告は大体以上のような趣旨だった。

　また別報によれば露国は異人種、異教徒が雑居し、相互間の軋轢が激しく、従来も政府がそのために悩まされていたことは顕著なる事実であるが、更に今回の戦争がこの方面に多大の影響を及ぼし、それが現在政府の窮状に一層の困難を加えている。ここに掲げるのはその種の出来事としては珍しくないが、戦争によってその範囲が拡大され、紛糾が激化した事件として当時注意を惹いたもので、コーカサス地方のアルメニア人と韃靼《だったん》人との間には従来闘争絶えず、相互の殺戮《さつりく》に日を送る有様で、今日に至っては政府の警察、軍隊も、常置のものだけでは暴徒を鎮圧し得ず、同地方は無政府状態に陥っているとのことだった。

この事件につき現地の状勢を説明すれば、同地方は帝都より遠距離の地にあり、中央の統治権滲透せず、アルメニア人は年来政府の圧制を恨んでいたところが、近年政府が寺院の領地、財宝を没収したために彼らの忿懣《ふんまん》は募り、或は列国政府にこの不法なる秕政を訴え、また一方この際完全な自治制を設置して中央政府の干渉を脱することを企てて各種の運動を開始し、当局もその対策に苦しんでいた折柄、韃靼人の方は浮浪を習慣とする民族であって規則立ちたる生活を営むことを好まず、専ら掠奪を以て生計の手段となしていたのが、近年に至り回々教徒の運動に加担してこれも露国の羈絆《きはん》を脱せんと図り、元来が剽悍《ひょうかん》な人種であるために官憲はこれにも悩まされていたところ、戦局はいよいよ不利になり、政府が声望を失うに従って政府に対するこれら異人種の畏敬の念はますます薄らぎ、この機に乗じて完全な自治権を獲得しようと同地方の住民全部が結束して中央に抗争するに至った。

ここにおいてコーカサス地方総督は大いに憂え、この騒動が中央政府にまで累を及ぼすに至らないようにとの苦心から、遂に極めて陰険な手段を講じて、いわゆる毒を以て毒を制するの方策に従い、異なった人種、宗徒間に伏在する宿怨を煽動して互いに闘争せしめ、これによってその鋒先を官憲より転ぜしめるべく努力した。またこの種の秘策はこれまでも政府によってしばしば用いられて来たのであって、例えばコサック人などが官憲に対して不平がある時はその感情を他方面に向けさせるために裏面に手を廻し、彼らをして地主たちに対して勝手な要求をなさしめ、これら地主たちの財産を強奪するにおいてはこれを大目に見るのである。また都会で貧民が窮迫して不穏の兆候がある時は彼らの宿敵たる猶太人の蓄財を掠奪させて官憲はこれを取締らず、内心大いに安堵するのである。

即ち今回の騒動においても総督は、アルメニア人、韃靼人間の年来の反目を利用して彼らの間に事を醸さしめたのであって、当時の海外に伝えられた報道から見てもこれは一小区域の騒動たるに止まらず、コーカサス地方全体にわたって人種と人種、及び宗教と宗教とが互いに闘争する大規模な争乱となり、総督単独の権力では鎮圧することが出来ず、遂に明治三十七年九月中旬に至り、満州に向うべく予定されていた二十一軍団の大部分を同地方に差遣するという非常処置が取られることになった。

この騒動は革命派の党員によって極めて巧みに利用された。開戦以来同派が最も盛んに活躍したのは波蘭地方とペテルスブルグであって、北海艦隊その他各方面に起った同盟罷業や暴動にその一端が窺われたが、コーカサス地方には石油業に数万の職工その他の労働者が従事していて、この地方に一つの純然たる工業地帯が形成され、従っていわゆる労働問題が発生する素地は既に出来ていて、社会党員はこの地方に乗り込んで来てその主義思想の普及に努力し、その勢力は著しく増大して更に発展の機会を狙っていた折柄、アルメニア人、韃靼人の騒動が出来《しゅったい》して、コーカサス地方は無政府状態に陥ったので、社会党員はたちまち資本家に対する示威運動として石油坑の設備を容赦なく破壊することを労働者に慫慂《しょうよう》し、この諸施設の大破壊は当時海外の新聞記事を賑わしたが、その毀損《きそん》の程度は深甚を極めた。即ちこの地方の労働者と資本家の反目が甚だしかったのみならず、異人種、異教徒の間でも石油業を妨害しようという宿志が強かったのであって、この擾乱に直面して政府はこれを制止する実力に乏しく、秩序は全く失われて暴徒は出来る限りの狼藉を働いた。

この事件について露国の主な新聞雑誌はその原因を政府が多年同地方の施政を誤ったことに帰し、「ロヴォ・ルス」という新聞は大別して、一、政府が土民に対して悪政を施したこと、二、労働問題を不問に付したこと、三、人種間及び各教徒間の憎悪を刺戟したこと等のためであるとなし、この事態は容易に鎮定することは出来ないが、多数の軍隊が同地方に派遣されたから相当の時日を掛ければ遂には秩序も回復されるだろうと結論していた。なおこの増援部隊は日本との媾和条約調印後も引き続いてこの地方に駐屯していたとのことである。

いずれにせよこの騒動は戦争中における露国内の大事件だったに相違なく、ただし遠距離の地に起った出来事なので割合に国外の注意を惹くことが少かったように思われた。そして極東における難戦苦闘に鑑み、政府としては大勢の挽回に全力を傾注すべき際に国内の各地にこの種の事件が頻発したことは、確かに露国の弱みを暴露したもので、そのために政府が大いに悩まされたことは想像に難くなく、殊に人口稠密《ちゅうみつ》の各都会に続発した暴動は国民の戦意が挫かれた大きな原因の一つであると思った。その中でも明治三十八年一月頃より露都において大規模な反政府運動が起り、大学生、職工等が露帝に請願書を捧呈してその回答を強要し、形勢不穏で、皇帝は郊外のツァーリスコエ・セロオの離宮に避難し、警察、軍隊がその周囲を固めて護衛に努めたが、請願の群衆は回答を得ようとして皇帝の首都への還御を叫び、一方警察、軍隊は群衆を制することに熱中してここに大混乱を生じるに至った。そして軍隊は遂に群衆に発砲し、群衆は激昂して棍棒その他手当り次第の凶器を手にして執拗に抵抗し、全くの市街戦となって、一説によればこの時の死者千五百人、負傷者四千人に達したということである。

更にこれは右の事件と前後してではあったが、ワルソー、キエフ等の都会にも革命党の秘密本部の指揮によって反政府運動が続発し、その際に掲げられた要求は、自由の獲得、自治制の確定、国会開設、兵役延期、一般の怨嗟の的たる戦争の停止、失政の責任追究等、多岐にわたっていたが、これら数年来懸案となっていた問題も、直接間接に戦争の影響で再び切実な要求として提出されるに至ったのである。

かくのごとく政府としては内憂外患に苦しんでいた際に奉天の大敗戦の報道があったので、その結果人心はますます動揺して革命運動は一層熾烈《しれつ》となるべく、私はこの辺で政府がかかる情勢に鑑み何らかの形式で媾和の申し出をするのではないだろうかと推測して、最も信用していた日本の同情者で露国の事情に精通していた或る波蘭人にその意見を求めたところが、彼も最近の事情に多大な注意を払っていたが、彼の所に齎された内報を検討した結果、まだ政府としては媾和の端緒を開くだけの決心は付いていないと認めるという意味の返事を内報してくれた。察するに、露国の軍部には有力な将軍連の中に持久戦を頑迷に主張する向きがあり、またバルチック艦隊に期待を掛けている者もあり、その種の内報に接しているのでかく返事して来たものと思った。しかし五月に至り日本海海戦の確報があってから数日後に彼からの内報に、今日となり、露都よりの内報もあっていよいよ媾和の機が熟して来たので、念のためにお知らせすると言って来た。

ここで戦争中の波蘭の立場について、少しく付け加えておきたい。

同国は文化の程度も比較的に高く、波蘭人は露国の圧制に最も苦痛を感じている国民なので、一度はその羈絆を脱せんとして過激派が反乱を起したこともあったが、露国の官憲、軍隊によって鎮圧され、波蘭人は却って従前より一層厳重な取締りを受けることになったのである。そして今度の戦争は露国の興廃を決すべく、その成行きが波蘭人の安否に及ぼす影響も大きいので、彼らは戦争の経過に非常な関心を持ち、また戦況が露国にとって不利になるほど政府は国内の人心の融和を図って、波蘭人に対する取締りも緩和し、この傾向は敗戦を重ねるごとに一層顕著になったので、彼らは日本の戦勝を希望して止まなかったのである。もっとも波蘭には従来社会党が多く、その主張には根柢があって、他方面における同党の運動に参加する者もあり、そのために常に騒乱の危険があるので、官憲の監視は厳重を極め、各方面に講じられた治安維持の措置には隙がなかった。

しかしこれとは別に国内には有力な中堅分子があって、貴族、知識階級、地主等がこれに属し、穏健な保守陣営とも言うべきで、専制政権にはもとより反対であるが、前記革命分子の政治的な軽挙には動ぜざるのみならず、むしろ彼らの運動を極度に警戒していて、この自重派の首領は前に述べたディドゥジッキ伯で、墺太利帝国議会では六十余名の代議士を率いていた。これは「倫敦タイムス」特派員のスティードの紹介で私に面識を求めて来たが、波蘭の形勢も解るので喜んで引見し、親しく交際するようになった。伯は波蘭人の立場を説明して、波蘭は一八六三年の反乱に失敗し、その結果受けた虐待の経験から、今日では進んで反抗するよりもむしろ大勢を静観して、不平分子の時折の脱線は止むを得ざるも、自分たちの党として他日政府が一般に譲歩する時は自然他人種と同様に特典に与《あずか》ろうとする方針であると述べ、この意見は先に私が帰省している間に露領波蘭人のドゥモスキイがわざわざ日本まで密かに渡航して、天皇陛下に捧呈した意見書と同様の趣旨であると言った。なおこの意見は同国人中二、三の地位ある者が等しく洩らしたところで、穏健派は一様にこの考えであると見受けた。

ところが社会党の運動は意外に効を奏し、同情者も次第に増加し、同党は進んで穏健派の地盤に喰い入り、波蘭内の大勢は却って過激派に制せられる傾向にあったが、同国の一知人からの書簡にも、社会党の運動は同胞全体の助成金と海外同情者の寄付金によって支弁され、この党は秩序的な組織を持ち、今や機先を制して露国内でも政府反対の中心勢力となるに至り、波蘭においてもほぼ同様で、穏健派はこの事実に顧み、国民全体が社会党運動の渦中に捲き込まれることを恐れて同国人の狂奔を警戒しつつある有様だとの通信もあった。それでディドゥジッキ伯が来訪したのも、日英等の同情者がこの優勢な社会党を援助するようなことがあっては前途が気遣われるので、あらかじめ自分らの態度を明らかにし、波蘭の立場を説明して参考に供して貰いたいためだったのである。

なお伯の余談に、独逸は露領波蘭に密使を入り込ませ、国民を煽動して暴動を起させ、鎮定し難いことを見込み、露国の同意を得て国境を越えて軍隊を繰り出し、鎮撫に当らせることを目論見つつありとのことで、あまりに奇警に思われたのでこれを信じるのを躊躇していると、伯は真面目になってこの説を支持し、この種の密使を派遣するのはもとより独逸政府ではなく、そういうことを事業とする私立団体があって、政府はかかる陰謀を取り締るのも利用するのも、その時の都合で勝手に処理するのだと語り、そのような裏面の行動はそのまま呑み込めぬので聞き流したところが、彼は証拠もあるとまで強弁した。もっとも独逸のこのような手段を信じていたのは伯だけではなく、同様の密報は他所からも伝わり、波蘭政界ではこれを事実と認めていたようである。なお伯はこのことを日本政府に内報して貰いたいとまで言っていた。

要するに、同国はいずれの党派にしても露国の勝利は中央政権の強化を意味するので日本が勝つことを祈っていたのであって、日本海におけるバルチック艦隊の全滅は波蘭人が挙《こぞ》って慶祝した事実であった。

ここで自分の体験を語って、日本の勝利がいかに波蘭人を喜ばせたかを示したいと思うが、前記の伯爵とは個人的にも親しくなり、その領地に招待されたことがあった。もっとも戦争中は行くことが出来なかったので、九月に媾和条約の締結された直後、露国の国境に近いゼスポルの伯爵の領地に到着した。汽車が停車場に着くと、儀仗兵のような服装をした一隊が整列していて、この地方の代表的な人々が出迎え、何か公式な出来事のような光景に接して一驚を喫した。これは僻遠の地に日本の代表者が来るというので、なるべく鄭重に迎えるように伯爵の注意があったために、このように大袈裟なことになったのだと思った。伯爵の本邸は大規模なものではなかったが、夫人を始め家族が総出で歓迎し、翌日は同地方の有志者を招待して盛んな宴会があり、席上来会者はいずれも日本に対する謝意を述べた。

その翌日、土地の村長、村会議員等四、五名が来訪して日本の公使に面会したいと言っていることを伯爵が取り次いだので、引見すると、いかにも質朴、純真な感じの人々で、それが言うのに、今日まで露国の圧制の下に我が同胞は個人的な自由、また土地所有権、学校の用談等の色々な点で制限され、堪え難きを忍び忍びして来たところ、今回の戦争で日本の天皇陛下のお蔭で露国が敗北した結果、我々が受けていた束縛が解かれ、我々には完全に公民の資格が与えられた。これはひとえに天皇陛下の賜物であり、陛下は我々の恩人である。今我々はその代表者たる閣下に謁見してお礼を申し上げるから何とぞ執奏を願いますという意味のことを述べて引取った。ところがその翌日また隣村の代表者が来てほぼ同様のことを言った後に、帰ろうとする際に改まった調子で、日本の天皇陛下は我々の救済者であり、かかる大徳の方は万歳の後には天国にお昇りにならなければならないから、是非洗礼をお受けになって戴きたい。我々はそれを祈りますから何とぞこの請願をその筋に御伝達願いたい、と誠意を籠めて陳述した。これはいかにも突飛な申し出に思われたが、この人々の衷心からの願いであることが明らかなので、感動せざるを得なかった。

その時の旅行は伯の好意に応じるための友人間の訪問に過ぎなかったのにも拘らず、いかにも目立って、一種の示威的な行動のようにも見え、中立国に駐在する公使の立場として穏かではないので、主人の了解を求めて翌日帰途に就いた。そして後日ウィーンで伯に会ったところが、彼は笑いながら、あの時早くお引揚げになって却って宜しゅうございました。御滞在が延びたならば全波蘭人が押し掛けて来たでしょう、と私の同地方での人気を誇張して冗談半分に挨拶した。

ゼスポルよりの帰途、友人に懇請されてザコパネという洪牙利の国境近くの山間にある遊覧地に立ち寄った。ここは気候もよく、景色も勝れていて、我が箱根に似た所があり、ホテルの設備も相当整っていて、有名なサナトリウムもあり、この町に寄ったついでに参観した。夜は土地の有志者十数名が開催してくれた歓迎晩餐会に臨んだが、これもやはり日本に対して感謝の意を表するための催しだった。

波蘭の旧領地は、露・独・墺によって三分されていたが、墺領が露・独の領分と比較して割合に取締りが寛大であるので、波蘭人が集合して同胞間の共通の問題について談じ合うのに墺領は都合のいい場所を提供していた。そして政治的には三分されていたが、波蘭人はそういう逆境にあるために相互間の思い遣りは却って行き届いているように見受けられた。また独領では波蘭人を独逸の国民に同化させる政策が取られ、土地などは強制的に政府によって買い上げられることもあり、かかる行政的な措置に堪えられず墺領に移住して来る波蘭人も相当あった。

晩餐会の途中で、当地のザモイスカという伯爵夫人から急使が来て、夫人が経営している女学校に是非公使の御来臨を願いたいということであり、当夜の主人の説明によればこの女学校は特色がある有名な学校で、なるべくならば御覧を願いたいと言われたので私は、実は翌日出発する予定だったのであるが、折角の案内なので承諾した。それで翌日その学校に行くと、校長のザモイスカ夫人が出迎えてまず校長室に案内し、学校の沿革について説明した。

それによると、この学校は最初独領に設置したが、官憲の監督が喧《やかま》しいので遂に堪え切れなくなって当地に移転した。この学校を設立した目的は、我々は一世紀以前には独立王国の国民だったのであり、現在では分散して他国の占領下に置かれ、差別的な待遇を受けるという悲惨な境遇にあるが、我々同胞は曽ての波蘭王国の国民たる祖先の後を受けてその抱負及びその伝統的な精神を我々の子孫に伝えるために、特に歴史の観念を失わずにいることが必要であり、それには将来の子孫の母たるべき女性に、基礎的な教育を授けるのが最も有効であるとの信念の下に、この学校を経営している。従って学科は歴史に特に力を注ぎ、同時に裁縫、料理等の主婦に必要な稽古もさせている、と大体右のようなことを聞かされた。

説明が終って校内を案内して貰ったが、いかにも何か精神が籠った雰囲気が感じられた。それから暫く休憩して、今度は夫人が言うのに、職員、生徒を講堂に集めてあるから暫時臨席されて我々の感謝の挨拶をお受け願いたいということなので、講堂に行くと、四方の壁に波蘭の国旗が掲げてあり、夫人は挨拶の後に、閣下の前で伝来の王国時代の国歌を合唱することを許されたいとあって、数百人の者が一斉に王国時代の国歌を歌ったが、その時の光景には同情を禁じ得ないものがあった。これもしかし国際的にはいささか穏かならざる場面だったが、行き掛り上の咄嗟の事件で致し方なかった。

今回の旅行では、都会を遠く離れた辺鄙の地方で数日間を過して、戦争の影響がこのような土地にまで及んでいるのを体験して驚く他なかった。殊に全くの僻村の住民たちが天皇陛下の御盛徳を讃えるに至っては感激の極みで、外交上の働きなどでは到底挙げ得ない成果であると思った。

旅行中に認《したた》めた家信の一節に、ゼスポルに来てからはまるで殿様の御通りのような有様で、住民は質朴であって、露国の暴虐に打ち克った日本帝国の代表者をよほど慕わしく思ったのだろうが、老若男女多数出迎えたので、陛下の御盛徳の及ぶ所限りなしと非常に有難く思った、と書いたが、これはザコパネのホテルで認めたものであるから、当時の自分の気持がそのまま現れていると見て差支えない。

日本が波蘭に施した恩恵について言えば、露国が戦争に敗けた結果、人心収攬の政策に従って波蘭人は虐政から解放されて公民たる資格を獲得し、これは自力では到底望まれないことを他力によって付与されたのであるから、これに対する感謝の念が想像以上に深甚だったことは了解出来ると思う。なおこれは決して部分的な現れではなく、例えば我が政府は戦争中に日本軍の捕虜になった波蘭兵の境遇を憐んで彼らと国元の同胞との通信に便宜を与えたので、その取扱いに当った前記のセパンスキイもこれらの捕虜からの通信に接して、日本軍が捕虜の扱い方が親切であることも書いてあり、同人はこれは日本の文明主義の現れとして仰敬し、日本のためならばとの心懸けより時折露国の内情を通報してくれたが、彼の報告は偏頗《へんぱ》でなく、いつも公平な観察で、各方面からの情報の中で最も信頼が置けた。

波蘭には前にも言った通り各種の党派があり、過激派は日本が波蘭の内政に立ち入って彼らを声援し、官憲に反抗する勢力の後楯となることを望んだのであるが、穏和派は反対に、現在は官憲に悩まされていても後日の成行き如何によっては前科者のような扱いをされるのは却って同胞のためにならないとの見地から、波蘭国内においての日本の積極的な活動は避けて貰いたい意向だった。また事実日本は同国の内情には干渉しなかったのである。

八　日露戦争の余波

日露戦争はその影響から見ると実に世界的な大事件だった。そしてこれに直面した我々が勝利を祈願する一念に貫かれていたことは言うまでもないが、戦地は露国を去ること数千里の距離にあり、言わばかかる遠地の出来事として随時報道される戦況に対して露都の人心及び国内一般にいかなる反応が認められるかは、我々にとって最も注意を要する事柄であって、これについて出来るだけ正確な情報を集めることに苦心したのであり、その結果入手した材料の概要は既に折に触れて述べて来た通りであるが、当時最も信用するに足る報告をしてくれたのは、波蘭人の友人セパンスキイだった。彼は露国は波蘭にとっても日本と共同の敵国であるから、その内情を明らかにして日本政府の参考に供する意味で、常に誠意を籠めて根拠ある事実を蒐集して通信してくれたのである。

それでここに掲げる文書も、戦争中における露国の革命運動の重要な資料としての価値がある文献とも見るべきものであり、また特に要領を得ているので、重複の嫌いはあるがそのまま引用するのである。

波蘭「クラカウ」市一九〇五年一月三十日

セパンスキイ記ス

露国ノ現状ニ関シ事実ニ基キ左ニソノ梗概ヲ叙シ閣下ノ高覧ニ供ス

露国ニ於ケル政体改革及ビ憲法制定運動ノ危険ハ既ニ数年以来広ク国内ニ伝播シ深ク人心ニ透徹シ居リタリ然レドモ此唯文学上及ビ新聞紙上ノ言論若クハ伝説ニ止リ未ダ基礎アル独立ノ政党アリシニアラズ従ツテ統一モナク首領モナク一定ノ方針ヲ有セズ又敢テ組織的運動ヲ起シタルモノアラザリキ如何トナレバ此ノ機運ヲ醸成シタル分子ハ厖大ナル露西

亜帝国ノ各地ニ散在シ且ツ後援者ナク一定ノ根拠ヲ欠キ団結力ヲ有セザレバナリ貴族ハ皇帝独裁政治及ビ国教ノ擁護者トシテ特典ノ下ニ安ンジ而シテ何事モ言ハズ又富裕ナル商業家ハ毫モ利害痛痒ヲ感ゼズ農夫ハ無智蒙昧貧困ナル奴隷ニシテ教会ニ隷属シ皇帝ヲ以テ神ト同等視スル他ニ単ニ社会ノ辺隅ニ一団体ヲナスニ過ギズ独リ政治家僧侶及ビ軍人ノ集合体アリ以テ露国ヲ活動セシメソノ政権ヲ掌握シ居レリソノ他ハ唯各工業地ニ於ケル多数ノ労働者アルノミ社会民主党ハコレ等労働者ヲ以テ一大勢力ヲ構成セシメタリト雖モ未ダ政治上ニソノ勢力ヲ及ボスニ至ラズ単ニ社会ノ一勢力トシテ団体ノ利益ヲ増進シソノ物質的改良ヲ図ルニ過ギザリキ

斯クノ如ク社会ノ形勢ハ危険ノ虞リアリタリト雖モ未ダ暴発ヲ来スニ至ラズ然ルニ戦争ノ災厄ハ一党政治ノ積弊ト相俟ツテ人心ヲ騒乱スルニ至レリ思慮アルモノハ皆此ノ時ヲ以テ活動スベキ時機ナリト信ゼリ然シテ今ヤ三箇ノ運動ハ新ニ開始セラレ即チ革命党虚無党無政府党コレナリ此ノ三派ハ（ソノ露国内ニ於ケル党員ノ数及ビ計画ハ今マデ明瞭ナラズ且ツ首領ハ皆瑞西英国等ノ諸外国ニ住居セリ）暗殺（プレーウェー《Pleve》事件ノ如キ）、其他兇行手段トシテ爆裂弾ヲ行使シ以テ露国政府ヲ威嚇シ並ニ他ノ進歩派ヲ奨励スルコトニ一決セリ貴族等モ一方ニ於テハ形勢ノ推移ニ鑑ミ革命ノ動乱ヲ恐レ同ジク一党政治ノ無責任ナル弊害ニ倦キタレバ俄ニ「ゼムストヴォ」（Zemstvo. 議会）ヲ招集シテ非常ノ覚悟ヲナシ禍ヲ未然ニ防ガンコトヲ皇帝ニ迄奏セリ此ノ上疏ハ誠実ナル奏議ニテ正当ニシテ無害ナル改革ヲ懇願スルニ過ギザリシモ右「ゼムストヴォ」ノ上奏ハ露国開闢以来始メテ自由ノ声ヲ発シタル稀有ノ出来事ニシテコレヲ始メトシテ立憲運動ハ遂ニ一般トナリ市町村又コレニ加担シ一時ハ抑圧ヲ免レ全露国ヲ通ジテ憲法制定専制廃止ヲ呼号スルニ至レリ又同時ニ全欧州ニ盤踞セル社会民主党ハ大ニ露国ノ実情ニ顧ミ発展スル所アリソノ首領等ハ単ニ露国ノ各団体若クハ各民族ノ利益ヲ個々別ニ図ルノミニテハ以テソノ効ヲ奏スルニ足ラズトナシ国民的感情及ビ愛国心等ヲ以テ綜合的大勢ヲ作リ並ニ進歩派ノ同盟援助ヲ求ムルノ必要ヲ認メ彼等ヲシテ労働者ノ旗幟ニ立憲政治ノ要求ヲ標榜スルニ至リタルナリ

此ノ他又別ノ運動アリ戦争ハ露国ノ経済ヲ全然沈滞セシメ製造場ハ労働者ヲ解雇シ為ニ職ヲ失ヒタル者数万ノ多キニ達シ予備兵ノ動員ハ遂ニ農夫ノ絶望ヲ招キソノ結果国外ニ逃亡シ若クハ暴動ヲ起ス者アルニ至レリ今ハ即チ全国民挙ツテ専制ヲ排議シ平和ヲ希望スル動機トナレルナリ以上ノ勢力ノ下ニ社会民主党（露国間ニ完全優位ナル組織ヲ有スルハ唯此ノ党派アルノミ）ハソノ運動ヲ開始シ運動者ハ編隊ヲ招集スルニ一決セリ然レドモソノ首領等ハ今日ノ労働者ハ純粋ノ田舎漢ヲ都会ニ移住セシメタルニ過ギズシテ智力ニ乏シク皇帝ヲ以テ神ト崇メ父トシテ尊ミ慈恵ノ根源ナリト信ズルガ故ニ到底彼等ヲ以テ革命軍ヲ組織スル有力ナ材料トスルニ足ラザルヲ知リコレヲ適宜教育スル唯一ノ方法ハ広ク彼等ヲシテ不幸ノ民トシテ皇帝ノ膝下ニ訴願セシムルニアリトシ過般「聖ペテルスブルグ」ニ於ケル上奏運動ヲ実行セシメタルナリソノ行動ハ武器ヲ有セズ平和穏便ナリシト雖モ然モ此ノ

時ヨリ始メテソノ政治的及ビ社会的旗印ヲ翻シタルナリ右首領ハ此形式ノ運動ハ相当ノ結果アルヲ予想セリ果セル哉皇帝及ビ政府ハ暴力ヲ以テコレニ応ヘ実ニ諸新聞所報ノ如ク痛ク無辜ノ人民ヲ虐殺シタルヲ以テ皇帝崇拝ノ念慮ハ遂ニ労働者ヲ去リ首領等ハ始メテソノ希望ノ一部ヲ達スルコトヲ得タリ右上奏運動ハ国民ヲ教訓シテ正ニ来ルベキ革命ニ備ヘシメ又労働者ノ無識ヲ補ヒ並ニ従来露国内ニ根拠ヲ有セザリシ進歩派ヲ独立セシムル為ソノ階梯ヲ作リタルモノナリ

而シテソノ後右運動ハ政府ノ暴圧ニヨッテ塞止シタル如キモ実ハ然ラズ立憲及ビ社会的運動ハ同盟罷工トトモニ各所ニ蔓延シ遂ニ波蘭マデ波及スルニ至レリコレ唯序幕ニ過ギズ将来ハ左記ノ事実ヨリ見ルニ至ルベシ

一、政府ハ効果ナキ幾分ノ改革ヲ行ヒ国民ヲ瞞着セントスルコト

二、自由党及ビ社会党ハ将来必ズ破裂スベキ革命ヲ準備スルコト

三、過激党極端論者及ビ無政府新党ハ何レモソノ慣用手段ヲ用キ全国ニ瀰漫シテソノ革命的兇行即チ暗殺爆裂弾等ノ行使再燃スルコト

四、右改革ノ準備ハ現状ニ於テハ地方的ニ自ラ一定ノ順序方法成リ立ツベキコト

五、露国ノ財政及ビ経済上ノ衰退ハ益々ソノ度ヲ高ムルコト

六、「クーデター」及ビ宮中ノ騒動相次イデ起ルベキコト

七、但シ露国内ノ事変ガ戦争ニ及ボスベキ結果ハ未ダ何人モ予想スルヲ得ザルコト

波蘭ニ於テハ他地方トハ稍々ソノ状態ヲ異ニシ内務大臣「ミルスキイ」公（Mirsky）ノ巡回ニ際シ波蘭人ハ彼ニ覚書ヲ提出シテ単ニ現行法令ノ改正ヲ求メタリ即チ特別条例ノ廃止一八六三年以来継続セル永久戒厳令ノ停止「ゼムストヴォ」及ビ「デーヨス」（市会）ヲ招集シテソノ自治ヲ図ルコト国語ノ認定宗教ノ自由裁判所寺院及ビ学校ニ自由ニ出入スルコト等主トシテ実際的ノ要求ヲナシタルノミ而シテ露国ニ於テ運動ガ漸クソノ端ヲ開クニ際シ波蘭ノ進歩派（穏健派）ハ波蘭人ノコレニ加ランコトヲ恐レテ予メコレニ加担スルコトヲ拒絶シタリコレニ反シ国内ノ社会党ハ此ノ運動ヲ波蘭マデ及ボシコレヲ煽動セントシ波蘭内ノ社会党ハコレニ応ジ大ニ攪乱シツツアルモ今日ニ於テハ波蘭人ノ大体及ビ社会党以外ノ穏健党ハ未ダソノ時機ニ非ズトシ且ツ波蘭若シコレニ加ルニ於テハ露国ガ更ニ暴虐ナル処置ニ出ヅベキヲ知リ少シモ軽動スルニ至ラザリシナリ波蘭人ハ露国ノ事変ガ断然タル解決ヲ見タル後ニアラザレバ同国ノ改革ハ望ミナシト信ジタルナリ而シテ露国進歩派ハ一八一五年「ウィーン」会議後「アレキサンダー」一世ガ波蘭ニ譲与シタル憲法ヲ基礎トシタル同国ノ自治制度ヲ要求スベキコトヲ声言セリ

次ニ波蘭ニ於ケル労働派ハ二派ニ分レ一ハ国民社会党ト称シ波蘭ノ社会党コレニ属シ他ハ万国社会党ト称シ「ブンダ」（Bunda. 労働組合）コレニ属ス而シテ此ノ徒ハソノ大部分猶太人ニシテ露国ヨリノ逃亡者及ビ独逸ノ猶太人ヨリ成ルヲ以テ多数ノ独逸分子ヲ含ムコト明カナリ彼等ハ「プロシヤ」ノ警察官ノ指揮ヲ受ケ居レリ且ツソノ中ニハ独逸ノ密使ア

リ時々上司ノ指嘱ヲ受ケ党員ヲ煽動スルコトアリ元来独逸ハ波蘭ニ紛争ヲ醸ショツテ露国ヨリ援助ヲ請求シ来ランコトヲ企図シタルモノノ如シ即チ一八六〇年「ビスマルク」ニヨリ独露間ニ締結セラレタル辺境ノ安全ヲ目的トシタル協商ノ規定ヲ活用セント欲シタルナリ

最初前記「ビスマルク」ハ波蘭ニ於テ一揆及ビ同盟罷工ヲ起サントシタルモ波蘭社会党ハコレニ反対シタレバ事成ラザリシガ過般「聖ペテルスブルグ」ニ於ケル虐殺事件ニヨリ凡テ労働者ノ連合一致ヲ宣言スルニ至リ今ヤ社会党マデモ同盟罷工又示威運動ヲ計画スルニ至レリ元来彼等ハ政治上ノ要求ヲナスニ非ズ又憲法ノ制定ヲ希望スルニ非ズ一ニ労働者ノ目的ヲ満足セシメントスルニアリ然レドモ同時ニ一党政治ソノ他政府部内ノ組織ニ対シテ頗ル嫌悪ノ念ヲ抱キ民権ノ復興国語ノ認定及ビ信仰ノ自由ヲ渇望セリ

波蘭人ハ労働派ニ対シ同情ハ表シ居ルモ未ダコレト合致シテ活動スルニ至ラズ徐々ニ時機ノ至ルヲ待チ居レリ従ツテ革命運動ニ対シ何等準備シタルモノ非ズ然ルニ労働派ノ示威運動ハ勢ヒ虐殺ノ惨禍ヲ生ズベキモ既ニ社会党ハ連日露国ノ顕官憲兵指揮官等ニ対シ兇行ヲ企テ爆裂弾ヲ盛ニ行使シツツアリ即チ「ワルソー」ニ於テ「ロッヅ」其他ニ於テ既ニ社会党ノ暴動起リ警察官及ビ「コサック」兵ハ此ノ機ヲ利用シテ家屋商店ヲ破壊シ無辜ノ人民ヲ掠奪シ若クハ拘留スル等例ニヨリ暴行ヲ逞シウセリコレ正ニ来ラントスル革命ノ序幕ニ過ギズ惟フニ遠カラズ波蘭ニモ社会党中革命ヲ企ツルモノアルベク露国ノ革命党ニ応ジ

テ正ニ一大飛躍ヲ試ミルニ至ルベシ未来ハ実ニ暗澹タリ我等波蘭人ハ今ヤ過渡期ニアリ（終リ）

今一つ露国における社会革命運動に関する情報があるが、これも散逸させるには惜しい気がするのでついでに掲げておく。これは同年五月二十九日、即ち日本海海戦の翌日、聖ペテルスブルグから発送し来れるものであった。

当地ハ「ロジェストウェンスキイ」艦隊ニ付キ色々ノ風聞伝播シ人心恟々タリ政府ハ新聞ニソノ記事及ビ電報ノ掲載ヲ禁ジタリ艦隊ノ敗報宮廷ニ達スルヤ「ニコラス」二世ハ泣キ叫ビ手足ノ置キ所ヲ知ラズ「ワシリチコフ」侯（近衛将校ニテ皇帝ノ寵臣ナリ）「ザースコエ・セロー」ヨリ当地ニ来リ居リシガ右電報ノ為直チニ引キ返シタリ

我ガ党ノ機到レリ平和ヲ要求スル決心ナリ「ウィッテ」ハ全ク宮廷ニ勢力ヲ失ヒタルヲ以テ不遇ニ憂鬱シ居レリ今後当地ニ如何ナル椿事ヲ起スヤモ知ルペカラズ我々ハ腕力ヲ以テ立憲政体ヲ得ルノ決心ニテ各党ト連絡シ目的ヲ達スルマデハ暗殺ト暴動ヲ止メザル方針ナリ今回ノ大失敗ヲ口実トシテ愈々平和ヲ強要シ若シ聞カズンバ「ニコラス」二世ヲ暗殺スル決心ナリコレマデ此ノ企テハアリタルモ彼ハ暗愚ナルヲ以テ彼ナキ後ハ太公族ガ帝位ニ即クハ却ッテ不利益ナルヲ以テ容赦シ置ケリ然レドモ今ヤ斯クノ如キ大失敗ヲナシタル

以上最早彼ヲ殺ス他ナキナリ云々

露国は敗戦後、姑息ながら従来の虐政を改めて各種の禁制束縛等を解き、辛うじて全国的な内乱を防止して帝政を維持することが出来たのであるが、十年の後に第一次世界戦争の末期に臨み遂に崩壊し、多少の曲折を経て今日のソ聯を形成するに至った。そして帝政時代と比較して、ソ聯治下の各民族の境遇が果して現在理想的に改善されたかどうかは暫く措《お》くとして、今日ソ聯そのものは米国と対立してこれと覇を争う国柄となっている。即ち露国は日露戦争の結果その帝室の基礎は大いに揺ぎ、帝国としては第一次世界戦争をその最後の段階として遂に滅亡したのであり、それを歴史的に通観する時は、日露戦争における敗北がかかる結末の序幕となったとも言える。またその後同国の発展に徴するに、諸民族を結集して歴史上未曽有に大規模な連合国家を構成することになったのであって、その手引きを為したのは日露戦争だったのである。

これは余談であるが、日露戦争後およそ三十年も立ってからのことである。昭和十年に私の所に波蘭の大学教授で文学博士の肩書きあるピスコルという人から手紙が来て、それには次のようなことが書いてあった。即ち自分は今ディドゥジツキ伯の伝記を編纂していて、それについてお尋ねしたいのは、日露戦争の時に閣下が同ディドゥジツキ伯爵家に御滞在中の事情に関し色々な噂が今なお伝えられ、故デ伯は波蘭党の首領だった関係上、閣下が同邸に来られた際に露領波蘭に内乱を起すことについて御両人が相談されたということで、それは日本と波蘭と協力して共同の敵に当ることが両国にとって有利であるからそういう計画を立てられたのだと言われているが、もしそれが事実であるならば波蘭の近世史上、また従ってデ伯の生涯においても重要な事件であるのでこれについて明細な御指示に与《あずか》りたい、という意味のことが書いてあり、右につき質問の箇条を挙げて問い合せて来たのであった。

これはいかにも意外な手紙で返事する必要はないと思ったが、先方は相当の地位にある人で、そのままにしておくわけにも行かなかった。当時、波蘭人の中にはこの機会を利用して事を起し、日本に加勢すべしと主張する一派もあり、現に開戦の直後、波蘭の社会党首領の Witold'yodko 等より私に宛ててこの戦争に参加したしとの提議を申し込んで来たこともあった位で、この社会党は同国における一勢力ではあったが、中堅的な存在ではなく、右の申し出には勿論取り合いもしなかった。しかしこの戦争に対して波蘭人がいかなる態度を保つべきかは、同国に取りては確かに重大な問題であり、過激派は好機逸すべからずとして直ちに共同作戦に出ることを主張し、これに対して波蘭の中堅層の間では、日本の勝利を切望することに変りはないがまだ終局の見透しが付かない際に軽々しく事を醸すべきにあらずとの自重論が優勢だった。そしてとにかくかかる雰囲気の中に日本の公使が波蘭に現れたことが色々の揣摩臆測を生み、後までも噂されたということはあり得べきことで、デ伯爵の本邸は露国との国境に近くて流言蜚語《ひご》も起り易い土地であり、ピスコル博士の問い合せも、これらの伝説をその後三十年も立ってなお耳にするのでその真偽を確かめたいとの動機からであることは明らかなので、私は当時の事情を尽して事実無根であることを回答しておいた。

この博士は昭和十年に日本に来たが、その著作は波蘭語で出版されたので、その後当時の事実に関係がある部分だけ英訳して寄越してくれた。今その文面から引用するに、

一九〇四年二月八日に、旅順の攻撃により極東に戦端が開始されるに当り、波蘭人は絶えず自分たちの敵として反抗して来た露国が他国と戦争を開始する時は、常に多大の関心を抱くのであるが、今度はその讐敵に対して、極東において同盟国を得た心地で稀有の希望を抱いた。

ということを述べた後に当時の波蘭の国内状勢を説明し、末文に私がデ伯を訪問した際のことに関聯して、次のごときお伽噺のような一節が記載されている。

公使の滞在中、村人は色々の趣向を尽して公使を歓待し、或る時は農民の結婚式に招待

して土地のお祭りの風俗を紹介し、「マズルカ」という伝来の古風の舞踏を催して興を添えた。

またこの一文の末節はあまりに剽軽《ひょうきん》であるが、そのまま伝えておく。

公使が伯爵邸に滞在中ヴァシルという従者が公使に付けてあったが、彼はいずれ公使から心付けを与えられることを期待し、十クローネは間違いなしと考えていたにも拘らず、公使は同邸を去るのに際して一文も渡さなかったので、ヴァシルは失望の念を抑え切れない気持で公使が立った後の部屋の掃除をしていると、卓上に置かれた灰皿の下に百クローネの札が二枚挟んであるのが目に付いた。これが公使の奥床しい遣り方で、ヴァシルにとってはそれは大変な金額だった。彼はこれに平生の貯金を加えて近所の土地家屋を買い、俄かに地主になったので後輩の羨望の的と化した。そして三十年後の今日に至ってもなおこれは付近の物語として残っていて、心付けの金額はその間に段々大きく噂されて、十年後には千五百クローネだったということになり、三十年後に筆者ピスコル博士が伯爵の領地に行ったところが、そこの老農がその金額は確かに二千クローネだったと確信を以て言い張り、そのためには誓言することも辞さない様子だった、と書いている。

なお一言付け加えておくが、私が伯爵を訪問したのは一九〇五年九月に平和が回復された後で、それまで伯爵の招待に応じるのを延期していたのは、上記のごとき誤解を避けるためだったのである。

既に何度も言ったことがあるが、今日のごとき世界情勢に直面して私が想起せざるを得ないのは、国際関係がいかに諸民族の安否、運命を強力に支配するかについて私自身が体験した幾多の深刻な実例であり、その経緯を私は次々に語って来た。そして私の任地ウィーンはそういう種類の出来事を観察するのに、地理的にもまた政治的にも好都合な条件を備えていたのである。今日の世界の形勢は個々のイデオロギイの対立であり、言わば円形と方形の構想が並立し、両者がこの並立の状態を保ったまま平和的に各自その分を守って他に干渉することなく、互いに他方の存在を容認して国交の常態を維持して行くということが可能であるかどうか、それが問題の焦点となっているのであるが、顧みるに日露戦争当時、即ち今から四十有余年以前は露国の帝政時代で、その後第一次世界戦争までは、大体からいうと国際事情は百年以前からの行き掛りに支配されていたと見ることが出来る。

この間に起った事件で欧州の和平が問題にされたほどのものは、多くの場合露国の態度に端を発している。例えばクリミヤ戦争、露土戦争は、いずれも露国の思惑に出でているのであり、この時代の露国の膨張の動機には地理的な理由、即ち不凍港の獲得とかダーダネルス海峡の通行権とかというようなことも与っていたが、また一方においては露国にとって因縁が深い一種のイデオロギイである汎スラヴ主義に基づく政策の遂行が、絶えず眼目とされているのが認められた。そして私がウィーンに在勤していた時代は、大陸の東方にこの種の動きが最も活潑だった時期であるが、この間実際に平和を破るまでには至らなかった。しかし日露戦争中に露国と関係が深い土耳古、ルーマニア、墺太利、洪牙利等は、露国に気兼ねして懸案の日本との条約締結を留保したり、或はその日本に対する同情が表立たないように努めたりしたのである。また一方セルビア、ブルガリア等のスラヴ系の諸国は、戦争中母国に累を及ぼさざるために対外問題に慎重を期し、独逸のごときさえも外交上露国との交渉に重きを置いたのであって、実に露国の存在は欧州大陸の平和が維持されるか否かについて決定的な役割りを演じていた。

言うまでもなく、当時露国の主権は皇室にあり、皇室の側近にある少数の政治家と軍隊とが露国を支配していたが、今日では専らイデオロギイ、即ちコミュニズムの理想の下に少数の幹部がクレムリンにあり、国民を代表している形で軍備を充実し、統一された形式に従って政治外交を行っている。しかしながらその活動の範囲は国内に限らず、いわゆる汎スラヴ地区はもとより全世界にそのイデオロギイを扶植し、そのためには必要に応じて軍隊を行使する方便も憚らない熱意がその行動に認められる。然して第二次世界戦争における勝敗の如何に拘らず各国内に乗ずべき思想的な混乱状態が出現したので、この機に大規模の宣伝或は裏面工作を応用してその目的を達成することに努力しているのであり、四大陸にわたってその手先が出没せざる所なく、かくまでに洩れなく手配することがよく出来ると思う。

勿論各国国内に発生した変調そのものが自然かかる策動に迎合する不健全分子を産出し、これはソ聯にとっては誂え向きの雰囲気で、これらの者は或は宣伝の先鋒となり、或は情報係りの役目を務めて、ソ聯の政策遂行を有力に援助している。そしてこの状態は米国を始め数百年来デモクラシイの本場である諸国が、おのおのその生命ともいうべき政体の維持上放任し得ない危険を感じつつあり、今まではそれらの諸国が言論の自由を尊重する建前から、それほどこの種の活動に注意していなかったのであるが、時とともに次第に攪乱の徴候が顕著になって来た実情に鑑み、現在では公然鎮圧の処置を講じる情勢に立ち至っている。またここにおいて責任ある地位の政治家が率直にソ聯の態度を非難攻撃するなど、従来見られなかったような断乎たる意志発表を行い、もはや和戦を決する一歩手前の状態に到達しているとまで極論する批評家もある。

事ここに至っては、米ソ両国の首脳者がいかにこの行き詰りを打開するかが問題であり、米国は既に最後の注意を示しているように察せられるが、ソ聯はこれに対して今までのところむしろ言論の上で争い続けていて、米国ほどは実際的な意志表明を行っていない点において、事態を平和的な解決に導く余地が存在するようにも観察される。いずれにせよ、双方ともに戦争を好まないことは事実であるべく、責任者において平和的な解決を行う意志及び実力があれば流血を見ずしてすむのではないかと思われる。しかしながらソ聯にとって共産主義の普及はその生命であり、ただしその実践の跡を見るに、大きな障碍に遭遇すれば一時後退して後の機会を待つという漸進的な政策が取られている実例が少くない。またソ聯が仕事をする上で現下の世界状勢はいかにも好適な条件を具備していて、ソ聯は今が目的達成の時機であるとの見通しの下に動いているようにも見え、これは現在最も憂慮すべき問題である。

顧みれば、四十年前には露国は侵略を主とし、イデオロギイの宣伝を従としていたのであって、またその目標となったのは露国に隣接する方面に限られていたのであるが、現在では事情が逆となり、イデオロギイが主で侵略が従であり、しかもイデオロギイの普及は全世界を対象としていて、己れの政体は資本主義の諸国と相容れずとの中心観念から出発して、そのイデオロギイを全世界に普及して初めて己れの基礎が確立され、以て資本主義の民主国諸国を凌ぐことが出来るというのがソ聯の行動の眼目のようである。とにかく今後二十世紀の世界歴史における大きな変動の主因は、既往百年と同様に露国であると見られ、それ故に将来も同国の国情の研究はますます重要性を帯びて来ると言うべきである。

（以下、下巻）

〈巻末エッセイ〉蓬莱山荘

吉田健一

曾て英国大使館の館員から聞いた話に、牧野さんが大使館に晩餐会か何かに招待されて来て、話を始めると、食卓を囲む他の人々は皆牧野さんが言っていることに聞き入って、誰も何も言わなくなるということだった。牧野さんの英語は、流暢なのに任せて、英国人に負けずに喋り立てると言った風のではなしに、言うことを考えながら、ぽつりぽつり話すという感じのものだった。併しこの話をした館員によれば、その英語の美しさは最早英国でも滅多に聞けないもので、ヴィクトリア時代に生活した自分の父祖達の英語、又延《ひい》てはヴィクトリア時代そのものを思い出させるのだそうだった。ヴィクトリア時代と言えば、英国がその隆盛の絶頂に達して、英国人が最も豊かな、最も落ち着いた生活を営み、或はもっと具体的に言えば、瓦斯《ガス》灯がぼやけた明るみを投げているロンドンの霧の中を、シャアロック・ホルムスがベイカア街に向って辻馬車を走らせるというような光景が、他の様々なことを想起させる時代である。コオナン・ドイルの小説には、そういう一つの時代が生きている。

併し牧野さんが体現していたものは、それよりももっと大きなものだった。米国の歴史を研究している或る友達の話では、米国の歴史はその建国時代に止めを刺し、当時の世界では疑いもなく最も優れた軍略家だったワシントン、最も偉大な科学者だったフランクリン、又綜合的な天才として如何なる時代にも稀な人物たるジェファアソンなどの、不世出の人材の輩出に比較すれば、その後の歴史は寧ろ平凡に見えるということである。そしてその後米国が遂げた発展のことを思えば、これも全く同じ意味で、日本の近代史はここ当分の間、明治の創業時代に止めを刺すと言うことが出来るのではないだろうか。

チェスタアトンという英国の批評家がディッケンスとコオナン・ドイルを比較して、ドイルはシャアロック・ホルムスという一人の人物を創造したことを誇って差し支えないが、ディッケンスがドイルだったならば、ホルムスが乗っている辻馬車の御者も、ホルムスを迎える門番も、傍に寄って来る新聞の売子も、一人としてシャアロック・ホルムスでないものはなかっただろうという意味のことを言っている。そういうディッケンスの小説の豊穣な性格はそのまま、明治維新という一時代に当て嵌《はま》るものであり、この時代には、貧農にも伊藤博文の気概があった。牧野さんはこの時代に生れて育った。

彼は、西郷隆盛のことを大西郷と言い、弟の西郷従道のことを西郷さん、或は西郷従道さんと言った。上野の山に銅像になって、僅かに我々の記憶に残っているこの偉人に可愛がられて、牧野さんはその少年時代を過した。牧野さんにして見れば、当時自分が直接に受けた印象から言って、西郷隆盛のことを極めて自然に、大西郷と呼ばずにはいられなかったに違いなくて、又彼が西郷従道さんと言う時、その声には、自分が長年親しんだ先輩に対する愛敬の念が籠っていた。牧野さんは屢々《しばしば》、その頃の人間と比較すると、今の人間は小さく見えると言った。そして自分と今の人間の相違には気付かない様子だった。

恐らく牧野さんは、自分の生涯と、明治維新以後に見られる日本の発展の歴史が、常に余りにも密接な関係を保って並行していた為に、実際に自分が生きている時代の相違を感じなかったのかも知れず、又その意味で、そういう相違は本質的には存在しなかったとも言える。併しもっと皮相な意味では、この牧野さんと、牧野さんが生きている時代の食い違いは、満洲事変が始った頃から急に目立つようになった。いつだったか、そういう時代に入った後に、牧野さんが、どうせこのヒットラアとかムソリニとかいう連中が長続きする訳はないのだからと、何の感慨もなしに、極めて当り前な話をしている調子で言ったので、奇異な印象を受けたことがある。イタリイがアビシニアを併合し、ヒットラアが独軍をチェッコ・スロヴァキアに進駐させる、と言った事件が続発していた時代に語られたこの言葉は、例えば、「板垣死すとも自由は死せず、」というような、悲壮な印象を与えるものではなくて、我々が今日、「ヒットラアもムソリニも駄目になってしまったが、」と言うのと同じ淡々とした響を持っていた。

皇室に対する牧野さんの態度にしてもそうだった。満洲事変以後、そういう問題が喧しくなって、「不敬」という言葉が、曾てのヨオロッパでの「瀆神」と同じ位に、それが現実に持つ影響によって恐れられ始めてからも、牧野さんは寧ろ全く無関心に振舞った。或る時、陛下がどこかをお通りになるのに牧野さんが行き会い、沿道の警備に当っていた巡査が余り煩くお通りの際に取るべき態度に就て注意を与えるので、たしなめてやった、と後で話したことがある。げらげら笑ってやったという出来事もあるのだが、これは何でも牧野さんが車に乗っていた時で、それがどういう場合だったか覚えていない。牧野さんにとっては、陛下のお通りということが通行人に暗い、重苦しい印象を押し付ける筈のものではなくて、それをそういうものにしようとする人間の行動が滑稽に見えたのである。今度の戦争に入って、この問題が国民には決定的な負担となった後にも、牧野さんは、天皇を神様と崇めるというような馬鹿げたことがあるものかという考えで、そういう話をして聞かせても、実感が伴って来ない様子だった。これはヒットラアやムソリニの話と同じことで、今だからこそ当り前なことのように思えるものの、当時そういう常識的な建前を少しも変えずにいるということが如何に困難だったかは、反対の方向への現在の気違い染みた行き方からも充分に推測出来る筈である。

それは牧野さんが皇室を否定していたということとは、凡そ反対のことを意味している。牧野さんに接していると、大政奉還とか、明治維新とかいうことが、その為に多大の犠牲が払われ、幾多の困難が除去されて漸く実現を見た、或る広汎な運動の目標、従って又、一つの正銘の理想だったことが感じられた。近代の日本はこの理想が達成された結果であり、その日本は牧野さんがその生涯を通して徐々に築かれて行くのを見たもの、又その形成に自分自身が始終添っていたものだった。一つの会社なり、雑誌なり、自分が築き上げた事業というものが、一人の人間にとって何を意味するかを考えるならば、日本というものが牧野さんの頭の中でどのような位置を占めていたかが察せられる。そしてその中心には常に皇室があった。

このことは牧野さんの「回顧録」を読んだ印象の中で、最も強いものである。これを書く時の牧野さんの態度は、自分が直接に見聞したことだけを記述するというのだった。併し読んで見れば、明治維新から第一次世界大戦に至るまでの、政治、外交、文化に亘る日本の歴史だという感じがする。従ってそこに語られた夥しい事実は、例えば、製糸工業の発達も、憲法発布も、日本海の海戦も、原敬の暗殺も、凡て牧野さんにとっては個人的な事件だったのである。この日本海海戦の勝報に接した時のことに関して、「回顧録」第二巻に、如何にも牧野さんらしい一節が出ている。公使として、オォストリアに在任中のことである。

……明治三十八年五月二十八日に白耳義公使の午餐会に招かれ、「倫敦タイムス」のスティードの外は皆来着したが、公使はスティードももう来るだろうと言いわけするような口調で一言し、客はその間三々五々に打ち寄って世間話で五分ほど立った頃、スティードが慌《あわただ》しく入って来て遅刻を謝し、実は大変なニュースが入って仕事が手放せなかったので、それはバルチック艦隊が日本海で全滅した情報です、と言うや否や、一同は多大の感動を顔に浮べて、一斉に私の方を見た。そして公使は私に向い、今お聞きでしょうが、お手許に公報はありましたか、と尋ねたので、ありました、先刻入電しました、と答えると、公使は近寄って来て両手で私の肩を揺すり、Quel homme!（何という男だ）と言って、このようなニュースを何故一同に披露しなかったのだという気持を率直に表し、他の客も同感の様子で、代る代る私の所に来て祝意を表した。私は戦争中は得意も失意も表面に現すことを避けていて、この日も特に沈黙を守ったのでもないが、自慢したくもなかったのである。実は胸中に包み切れぬほどの快心を覚えながら午餐に出向いたのであって、それがこういう場面を出来《しゅったい》させたのは意外だった。この時のことは、スティードの『三十年の回顧』という著書に詳細な記事が載せてある。一概には言えないが、外国人はこのような場合に、それが機密に属することでない限り、別に自慢する意味からではなく、進んで事実をありのままに口外するように思う。（三四六―三四七頁）

当時、露国艦隊との海戦の結果は日本の運命を左右するものと考えられていて、牧野さんにとっては一身上の大事件というようなものよりも、遥かに深刻な意味を持っていたに違いなくて、日本海軍の勝報に接しては欣喜雀躍《きんきじゃくやく》するか、黙って「包み切れぬほどの快心」に堪えているか、その何れかの態度に出る他なかったと思われる。そして牧野さんは、欣喜雀躍する質の人間ではなかった。

併し一度牧野さんが、それに近い表情を浮べたのを見たことがある。それは浜口内閣の時ではなかったかと思うが、日本で最初に普選による総選挙が行われて、牧野さんの別荘があった鎌倉の町を歩いていると、方々に選挙の速報が貼り出されていた。その時の結果はどの党が勝ったかは覚えていないが、無所属で出た鶴見祐輔氏の最高点を始めとして、当時、進歩的と見做《みな》されていた分子の進出が目立った。牧野さんは、始めての普選の結果としてどういう人間が選ばれるか、余程心配していたらしかった。そして鶴見氏の得票数などを見ると、顔を少年のように上気させて、「やはり日本の国民は信頼出来る、」という意味のことを言った。牧野さんがあのような顔をするのを見たのは、その時だけである。

牧野さんが鎌倉に別荘を建てて住んでいた、大正の末期から満洲事変が始るまでの時代が、牧野さんにとっては最も得意の時期だったのではないかと思う。それは日本が世界の一等国としての地位を一応確立して、最も平穏な状態にあった時代でもある。左翼運動が発達する余地が生じる程、平穏な時代だった。牧野さんは、今の日本は自分が作ったのだというようなことを思う先に、そして又そう思うのには、維新の先輩等の記憶が鮮か過ぎたに違いないが、自分が知っていた昔の日本がよくこれまでになったという感じを持っていたことが、その常々の口吻《くちぶり》から察せられた。その満足が鎌倉時代には牧野さんにあった。二階堂の別荘の敷地は、まだその辺が一面に畑だった頃に、そこの地形が気に入って買い取ったもので、そこに隠居する積りで家を建てた。まだ内大臣の職に在ったが、何れは後任の人物を得て無事に退職が適う考えでいたらしくて、又牧野さんの平生の理想から言えば、内大臣は実質的には一種の閑職であるべきもので、この平和な時代にはその理想も実現が近いかに見え、時には一週間の半分以上も、この二階堂の別荘で過すことがあった。

別荘と言っても、東京には官舎があるだけで、この二階堂の家が唯一の私邸になっていた。牧野さんは附近の山の名前に因んで、そこを蓬莱山荘と名付けた。家の普請や庭にも趣味を持っていたから、この二階堂の家は随分念が入ったもので、機会がある毎に建て増しをしたり、庭の為に植木や庭石を探したりしていた。京都のどこかに行った時、丁度この庭のここに置くのにいいと思って買って来たのだと言って、庭のそういう石の一つを示されたことがある。それは事実、初めからそこにあったような感じの石だった。又牧野さんはよく散歩に出掛けた。一度は金沢まで歩いて行って、そこの茶屋で休んでいると、偉い人が来るかも知れないから支度をして置けと警察から電話が掛って来た話を茶屋の婆さんがしているので、逃げ出したことがある。

それが満洲事変、と言うよりも、五・一五事件の頃以来、牧野さんの境遇は急激に変化して行った。現在では、何となくよくないことを凡て保守反動と言っている。その頃は、何となくよくないことが共産主義であって、それがやがて自由主義になり、牧野さんは自由主義の巨頭に目された。君側の奸《かん》を除けという訳で、警察は戦々兢々《きょうきょう》とし、そのうちに葉山の御用邸に陛下の行幸がある時は、鎌倉署の手では牧野さんの別荘まで警備し切れないという理由で、牧野さんが鎌倉に来ることを警察署が拒否した。丁度二・二六事件の直前に、牧野さんが退官した頃のことと記憶するが、その為に牧野さんは鎌倉の家を売って、東京の渋谷の借家に移った。

そう言うと可笑しいが、牧野さんは暗殺ということに就ては長い経験を持っていた。事実、明治以後の日本の歴史は暗殺の連続であり、「回顧録」に記されたものだけでも、大久保利通、森有礼、伊藤博文、原敬と、刺客の手に倒れた四人の近親、先輩、後輩の名が挙げてある。これ等の人々の死を悼む気持は紙面に溢れているが、身近に迫る危険というようなことに就ては、牧野さんは一向に平気で、以前と同様に銀座を歩いたり、歌舞伎や映画を見に出掛けた。尤も、日支事変が始ってからは、国家の非常時というので、好きな歌舞伎も見に行くのを止めた。

昭和十一年の二・二六事件の時には、二十六日の早朝に電話があって湯河原に行って見ると、夕方になって漸く宿屋から連れて行かれた百姓家のような所に、牧野さんが近親の女達に取り巻かれていた。皆もうこの世の終りだというような顔をしている中に、牧野さんだけがいつもと少しも様子が変らなかった。牧野さんは蕁麻疹《じんましん》の療治に湯河原に来ていて、まだ直っていないことも解っていたのでその寒い百姓家に端坐しているのを見ると、みじめな気持になった。牧野さんは時々、早く東京に行って参内しなければならないと言うのだったが、湯河原の警察署の人達が麻痺状態に陥っていて、車の手配がされたのは深夜に至ってからのことだった。

それも、牧野さんは直ぐに東京に連れて行かれたのではなくて、危険だというのでそれから又何日かの間、横浜の小さな家に匿われた。父が奔走して、そこから連れ出して先ず品川の原邦造氏の家に移し、その附近に怪しい人間が現れたということで、それならば却《かえ》って軍部のものに気付かれないだろうという訳だった。当時の士官学校の直ぐ裏で、鈴木さんという人の家で、お名前は忘れたが、志賀直哉氏の令妹が嫁がれた先である。これは鈴木さんという人の家で、お名前は忘れたが、志賀直哉氏の令妹が嫁がれた先である。牧野さんが参内したことを朝日新聞社の電光ニュウスで見てから暫くして、呼ばれて行って見ると、二階の大きな、日当りがいい座敷に牧野さんが安楽椅子で日向ぼっこをしていた。横浜の隠れ家にいる間に頸《くび》に出来た瘍を漢法の薬で療治していたが、それは別として、何ともいい心地がよさそうに見えた。二階は広い芝生を見降していた。持病の蕁麻疹が発したのも、在官中の終りの頃に国際聯盟脱退問題などでひどく心痛した為で、それが今は退職し、事件の処置もあらまし付いて、一時的にもせよ、反軍的な気分が世間を明るくし、牧野さんもそれを感じていたようである。後に聞いた所によれば、この時に自由主義的な勢力がもっと擡頭《たいとう》するだろうと思ったということである。兎に角、鈴木さんの家にいる間、牧野さんは如何にも楽しそうだった。鈴木さんの御家族も、皆牧野さんが親むことが出来るような方々ばかりで、そういう人達を前にして牧野さんは話題が尽きないと言った風であり、鈴木さんは、家庭教師をただで雇ったみたいなものだと冗談を言われた。

政府側と決った憲兵が、その頃は何人も鈴木家の玄関に詰めていて、その一人が持っていた右翼系の赤新聞を見せて貰うと、牧野前内府が事件後、直ちに参内しなかったのは怠慢であると攻撃してあった。

この頃のことのみならず、パリの媾和《こうわ》会議以後から今度の敗戦に至るまでの記録が、「回顧録」の一部として残されなかったのは惜しいことである。初めからの約束で、「回顧録」の範囲はパリ媾和会議までということになっていたが、そこまでの筆記が終れば、宮内大臣就任以後のことは、何年か何十年か先に発表することにして、引き続いて口述して貰えるかも知れないと思っていた。まだそのまま残っている鎌倉の二階堂の家を見る毎に、牧野さんがそこから引越さずにいたら渋谷で罹災《りさい》しないですみ、鎌倉の温暖な気候に健康を保証されて、まだ何年か生きていたに違いないという気がする。

日支事変と太平洋戦争は、今では一つの連続したものとして我々の記憶に残っている。その間、牧野さんは渋谷の家に住んでいた。別に家を建てることを断念してその借家を買い、「牧野さん」と言えば、渋谷のその家が頭に浮ぶ程度に、それは牧野さんの何代目かの住処《すみか》となった。牧野さんが以前から考えていた隠居生活はそこで実現されることになり、それが誰も考えていなかったような不自由な、そして恐らく、当人にとって気に染まない時代に入ってからのことであることを牧野さんは甘受した。隠居したら、春や秋には京都に旅行したいというようなことを、在官中にはよく側近のものに洩らしたそうである。そういうことは思いも寄らない時代になっていた。

併し以前から、親類の人々を集めて団欒するのが好きで、渋谷の家でもそういうことが始終あった。どうかすると何十人も来ることがあって、三島、大久保、秋月、伊集院などの家の、昔からの顔馴染みが渋谷で集ると、その中心となって談笑しているのは、昔ながらの牧野さんだった。

「文學界」の同人を中心とする文士達と付き合ったのも、渋谷の家に住んでいた頃である。横光利一氏、小林秀雄氏、河上徹太郎氏、林房雄氏、中村光夫氏などが、牧野さんの所に来た。最初にそういう集りがあった帰りに、横光さんは、「名僧と言った感じですな、」と評した。河上さんが、「どうして我々と付き合いたいんだろうな、」と言うと、横光さんは、「それは天皇陛下と同じ年のものが、どういうことを考えているか知って置きたいからですよ、」と答えた。牧野さんは横光さんの「寝園」を読んで、「西洋の小説のようだ、」と言った。林さんの「西郷隆盛」も、当時発表されたものは皆読んでいた筈である。河上さんや小林さんに就ては、ああいう人達がもっと世間を指導する気持になってくれるといい、とよく言っていた。

或る時、牧野さんがそういう人々を赤坂の星ヶ岡茶寮に招待したことがあった。牧野さんは酒は全然飲めなかったが、若い頃からの経験で酒席には馴れていた。廻りのものが酔って来ると、自分も陽気になる、と語ったことがある。この時集った顔触れは前記の五氏だったように記憶している。酔いが廻って来て、牧野さんの隣の席にいた林さんは頻《しき》りに牧野さんに自伝を書くように勧め始めた。それは「松濤閑談」が随筆の形で「文藝春秋」に連載されていた頃のことである。牧野さんは、自分のようなつまらないものが自伝を書いてもしようがないと言って、固辞していた。牧野さんがそういうことを言っても少しも不当な卑下には聞えない人間だったのは、いつも真面目に自分をつまらない人間であると考えていた為だと思う。林さんが余りに熱心に勧めるので、それでは牧野さんに御迷惑だと言って小林さんが林さんと席を代えると、早速林さんと同様に、自伝を書くように口説き始められたので、大笑いになった。

「回顧録」第一巻（本書六三頁）に出て来る小林さんと林さんの、西郷隆盛の性格を廻っての問答が行われたのも、この時のことである。

太平洋戦争の戦局が進展するに連れて、そのような会合も出来ない相談になり、親類が集ることも稀になった。そしてその頃になって、牧野さんが最も信頼していた近親の人々が続けざまに死んで行った。客の出入りは相変らずあって、内閣の更迭《こうてつ》などに就ても、牧野さんに対して色々な申し入れが行われた様子であるが、政治問題に容喙《ようかい》することも、例によって峻拒していたようである。

昭和二十年五月に渋谷の家が焼けて、牧野さんは千葉県の柏に疎開した。初めは二間ばかりの小さな家に入り、それからもっと大きな家があって、そこに引越した。終戦の年に、牧野さんは八十四歳だった。

終戦にする為にどれだけ苦労したかは知る由もないが、それを最後の御奉公と考えたことは確実である。「もうこれからは若いものの時代なのだ、」と口癖のように言っていた鎌倉の頃のことと思い合せて、今は会社の寮となった二階堂の家と同様に、人間の運命の測り難さを感じさせられる。牧野さんがどういう気持で終戦後の事態を迎えたかは、察しが付き兼ねる。いつだったたか、「七十年の努力が無駄になって、振り出しに戻った、」と洩らしたことがある。この気持も、日本の復興が徐々に実現されるに連れて薄らいで行ったようであるが、星ヶ岡で自伝を書くことを拒絶した牧野さんが「回顧録」の口述を承諾した動機の一部は、そういう感情にあったのではないかと思う。昭和二十一年の春に、河上さん、中村さん、それから伊集院清三君と柏に出掛けて行ったことは、「回顧録」の後記に書いた通りである。

終戦後は、牧野さんの肉体的な衰え方が目立った。病気になり勝ちで、それは境遇によるものでもあった。柏は比較的に物資が豊富であるのに、食事に出る料理も、年取った病人の口に上せるようなものではなくて、冬に炭が不足していることもあった。牧野さんはそれが当然であるという顔をして、無頓着に衰えて行った。これに因んで、牧野さんの全盛時代のことを思い出す。何かの集りで、或る外国人か、それはその頃よくいた、日本人の前で平気で英語で喋る種類の日本人だったかも知れないが、兎に角誰かが英語で牧野さんに、

「貴方のような grand seigneur（貴族）が、」と言った所が、牧野さんは意外な顔付きをして、「私は士です（I am a samurai)、」と答えた。

牧野さんが自分をつまらない人間だと思っていたことは前に書いたが、自分は自分であるという確信は別にあり、それは牧野さんの場合、顧みて自分の公的な生涯に就て悔いる点がないということと同一であるように見受けられた。

常識に徹するという平凡な覚悟がこの稀有な自信を生じて、それが最後まで牧野さんを支えていた。

その年の一月にその最期が来た。牧野さんの死顔は美しかった。度々近親のものの死に接して、棺の中に切り花を入れる習慣を味気ないものに思っていたが、牧野さんの死顔はその周囲の花まで美しく見せて、花に囲まれているという感じが、この仕来りを頷けるものにした。

柏の火葬場は野原を控えた雑木林の端にあって、牧野さんの屍体を焼く煙が冬の澄み渡

った空に昇って行った。その時始めて、島木健作の「再建」の一節を理解することが出来た。それは主人公が刑務所の独房にいて、病死した同志の屍体を焼く煙が空に昇って行くのを眺める所である。主人公がそれをすがすがしいものに感じたという形容が、その時その所を思い出させて、その意味を教えて呉れた。
百日祭に柏の家に行くと、牧野さんの字が掛っていた。

生無一日歓　死有万世名

これは牧野さんが書いたものにしては珍しい内容のもので、それが柏での晩年に完成された、その生涯の所信だったのだと思う。

（初出未詳）

『回顧録』全三巻　一九四八―四九年　文藝春秋社
　上下巻　一九七七―七八年　中公文庫

文藝春秋社版（全三巻）内容
　第一巻（幼年時代～文部次官時代）一九四八年一月刊
　第二巻（伊太利在留～明治天皇の崩御）一九四八年十二月刊
　第三巻（外務大臣時代～巴里媾和会議について）一九四九年十二月刊

一、改版にあたり、巻末に「蓬萊山荘」（新潮社版『吉田健一集成』第五巻所収）を増補した。
一、本文中、明らかな誤植と思われる箇所は訂正し、難読と思われる語にはルビを付した。
一、本文中に、今日の人権意識に照らして不適切な語句や表現が見受けられるが、著者が故人であること、執筆当時の時代背景と作品の文化的価値を考慮し、原文のままとした。

中公文庫

回顧録《かいころく》（上《じょう》）

1977年12月10日　初版発行
2018年5月25日　改版発行

著　者　牧野《まきの》 伸顕《のぶあき》

発行者　大橋 善光

発行所　中央公論新社
〒100-8152　東京都千代田区大手町1-7-1
電話　販売 03-5299-1730　編集 03-5299-1890
URL http://www.chuko.co.jp/

DTP　柳田麻里
印　刷　三晃印刷
製　本　小泉製本

Published by CHUOKORON-SHINSHA, INC.
Printed in Japan　ISBN978-4-12-206589-5 C1123

各書目の下段の数字はISBNコードです。978－4－12が省略してあります。

中公文庫既刊より

よ-5-8
汽車旅の酒 吉田健一
旅をこよなく愛する文士が美酒と美食を求めて、金沢へ、そして各地へ。ユーモアに満ち、ダンディズムが光る汽車旅エッセイを初集成。〈解説〉長谷川郁夫
206080-7

よ-5-11
酒談義 吉田健一
少しばかり飲むというの程つまらないことはない――。飲み方から各種酒の味、思い出の酒場まで、ユーモラスに綴る究極の酒エッセイ集。文庫オリジナル。
206397-6

よ-5-10
舌鼓ところどころ／私の食物誌 吉田健一
グルマン吉田健一の名を広く知らしめた「舌鼓ところどころ」、全国各地の旨いものを紹介する「私の食物誌」。著者の二大食味随筆を一冊にした待望の決定版。
206409-6

よ-5-9
わが人生処方 吉田健一
独特の人生観を綴った洒脱な文章から名篇「余生の文学」まで。大人の風格漂う人生と読書をめぐる随想集。吉田暁子・松浦寿輝対談を併録。文庫オリジナル。
206421-8

よ-5-12
父のこと 吉田健一
ワンマン宰相はワンマン親爺だったのか。長男である著者の吉田茂に関する全エッセイと父子対談「大磯清談」を併せた待望の一冊。吉田茂没後50年記念出版。
206453-9

よ-24-7
日本を決定した百年 附・思出す侭 吉田茂
偉大なるわがままと楽天性に満ちた元首相の個性が描き出した近代史。世界各国に反響をまき起した名篇が文庫にて甦る。単行本初収録の回想記を付す。
203554-6

タ-5-3
吉田茂とその時代（上） ジョン・ダワー　大窪愿《げん》二《じ》訳
戦後日本の政治・経済・外交すべての基本路線を確立した吉田茂――その生涯に亘る思想と政治活動を日米関係研究に専念する著者が国際的な視野で分析する。
206021-0

タ-5-4
吉田茂とその時代（下）
ジョン・ダワー
大窪愿二訳
長期政権の過程を解明。諸改革に見る帝国日本と新生日本の連続性、講和・再軍備を巡る日米の攻防、内部抗争で政権から追われるまで。〈解説〉袖井林二郎
206022-7

よ-24-8
回想十年（上）
吉田　茂
政界を引退してまもなく池田勇人や佐藤栄作らを相手に語った回想。戦後政治の内幕を述べつつ日本が進むべき「保守本流」を訴える。〈解説〉井上寿一
206046-3

よ-24-9
回想十年（中）
吉田　茂
吉田茂が語った「戦後日本の形成」。中巻では、自衛隊創立、農地改革、食糧事情そしてサンフランシスコ講和条約締結の顚末等を振り返る。〈解説〉井上寿一
206057-9

よ-24-10
回想十年（下）
吉田　茂
戦後日本はどのように復興していったのか。下巻では、ドッジライン、朝鮮戦争特需、三度の行政整理など、主に内政面から振り返る。〈解説〉井上寿一
206070-8

よ-24-11
大磯随想・世界と日本
吉田　茂
政界を引退したワンマン宰相が、日本政治の「貧困」を憂いつつ未来への希望をこめ、その政治思想を余すことなく語りつくしたエッセイ。〈解説〉井上寿一
206119-4

こ-14-1
人生について
小林秀雄
人生いかに生くべきか——この永遠のテーマをめぐって正しく問い、物の奥を見きわめようとする思索の軌跡を辿る代表的文粋。〈解説〉水上　勉
200542-6

た-5-3
高橋是清自伝（上）
高橋是清
上塚　司編
日本財政の守護神と称えられた明治人の足跡。海外を流浪した青年時代、帰国後大蔵省に出仕するも飽きたらず、銅山経営のため南米に渡るまでを綴る。
206565-9

た-5-4
高橋是清自伝（下）
高橋是清
上塚　司編
失意の銅山経営から帰国後、実業界に転身。やがて日本銀行に入る。そして日露戦争が勃発、祖国の命運を担い、外債募集の旅に赴く。〈解説〉井上寿一
206566-6

各書目の下段の数字はISBNコードです。978－4－12が省略してあります。

は-5-2
田原坂　増補新版
橋本昌樹
西南戦争の激戦・田原坂の戦いを、独自の分析と実証による史眼によって乃木希典の連隊旗被奪事件から書き起こした戦記文学の佳篇。松本清張絶讃。
206543-7

い-16-5
城下の人　新編・石光真清の手記㈠　西南戦争・日清戦争
石光真清
石光真人編
明治元年に生まれ、日清・日露戦争に従軍し、満州やシベリアで諜報活動に従事した陸軍将校の手記四部作。新発見史料と共に新たな装いで復活。
206481-2

い-16-6
曠野の花　新編・石光真清の手記㈡　義和団事件
石光真清
石光真人編
明治三十二年、ロシアの進出著しい満洲に、諜報活動に従事すべく入った石光陸軍大尉。そこで出会った中国人馬賊やその日本人妻との交流を綴る。
206500-0

い-16-7
望郷の歌　新編・石光真清の手記㈢　日露戦争
石光真清
石光真人編
日露開戦。石光陸軍少佐は第二軍司令部付副官として出征。終戦後も大陸への夢醒めず、幾度かの事業失敗を経てついに海賊稼業へ。そして明治の終焉。
206527-7

い-16-8
誰のために　新編・石光真清の手記㈣　ロシア革命
石光真清
石光真人編
引退していた石光元陸軍少佐は「大地の夢」さめがたく再び大陸に赴く。そしてロシア革命が勃発した。近代日本を裏側から支えた一軍人の手記、完結。
206542-0

は-73-1
幕末明治人物誌
橋川文三
吉田松陰、西郷隆盛から乃木希典、岡倉天心まで。歴史に翻弄された敗者たちへの想像力に満ちた出色の人物論集。文庫オリジナル。〈解説〉渡辺京二
206457-7

す-26-1
私の昭和史（上）　二・二六事件異聞
末松太平
陸軍「青年将校グループ」の中心人物であった著者が、実体験のみを客観的に綴った貴重な記録。上巻は大岸頼好との出会いから相沢事件の直前までを収録。
205761-6

す-26-2
私の昭和史（下）　二・二六事件異聞
末松太平
二・二六事件の、結果だけでなく全過程を把握する手だてとなる昭和史第一級資料。下巻は相沢事件前後から裁判の判決、大岸頼好との別れまでを収録。
205762-3

各書目の下段の数字はＩＳＢＮコードです。978－4－12が省略してあります。

S-24-8
日本の近代8
大国日本の揺らぎ 1972～
渡邉昭夫
沖縄の本土復帰で「戦後」を終わらせた日本だが、石油危機、狂乱物価、日米貿易摩擦など、内外の試練をうけ続ける。経済大国の地位を築いた日本の行方。
205915-3

S-25-1
シリーズ 日本の近代
逆説の軍隊
戸部良一
近代国家においてもっとも合理的・機能的な組織であるはずの軍隊が、日本ではなぜ〈反近代の権化〉となったのか。その変容過程を解明する。
205672-5

S-25-2
シリーズ 日本の近代
都市へ
鈴木博之
西欧文明との出会いは、日本の佇まいに何をもたらしたか。文明開化、大震災、戦災、高度経済成長——変容する都市の風貌から、日本人のアイデンティティの軌跡を検証する。
205715-9

S-25-3
シリーズ 日本の近代
企業家たちの挑戦
宮本又郎
三井、三菱など財閥から松下幸之助や本田宗一郎ら消費者本位の実業家まで、資本主義社会の光と影を担った彼らの手腕と発想はどのように培われたのか。
205753-1

S-25-4
シリーズ 日本の近代
官僚の風貌
水谷三公
この国を動かしてきた顔の見えない人々——政党勃興、戦時体制、敗戦など社会情勢の変動が、行政機構に与えた影響を探る、ユニークな日本官僚史。
205786-9

S-25-5
シリーズ 日本の近代
メディアと権力
佐々木隆
「社会の木鐸」「不偏不党」「公正中立」その実態は？知られざる新聞の歴史を豊富な史料で描き、現在のメディアが抱える問題点を根源に遡って検証。
205824-8

S-25-6
シリーズ 日本の近代
新技術の社会誌
鈴木淳
洋式小銃の導入は兵制を変え軍隊の近代化を急がせた。洗濯機の登場は主婦に家事以外の時間を与えた。新技術の導入は日本社会の何を変えたのだろうか。
205858-3

S-25-7
シリーズ 日本の近代
日本の内と外
伊藤隆
開国した日本が、日清・日露の戦を勝ち抜いて迎えた二十世紀。世界は、社会主義によって大きく揺すぶられる。二部構成で描く近代日本の歩み。
205899-6